本书系国家社科基金一般项目"我国绿色技术创新与诱发机制研究"（16BJL038）研究成果

本书受到云南省哲学社会科学学术著作出版专项经费资助

Research on Inducing Mechanism of
Green Technology
Innovation in China

中国绿色技术创新
诱发机制研究

党国英　刘朝阳　著

中国社会科学出版社

图书在版编目（CIP）数据

中国绿色技术创新诱发机制研究/党国英，刘朝阳著.—北京：
中国社会科学出版社，2022.4
ISBN 978 - 7 - 5227 - 0057 - 1

Ⅰ.①中…　Ⅱ.①党…②刘…　Ⅲ.①绿色经济—经济发展—
影响—企业管理—技术革新—研究—中国　Ⅳ.①F124.5②F279.23

中国版本图书馆 CIP 数据核字（2022）第 062858 号

出 版 人	赵剑英
责任编辑	刘晓红
责任校对	周晓东
责任印制	戴　宽

出　　版	中国社会科学出版社
社　　址	北京鼓楼西大街甲 158 号
邮　　编	100720
网　　址	http://www.csspw.cn
发 行 部	010 - 84083685
门 市 部	010 - 84029450
经　　销	新华书店及其他书店

印刷装订	北京君升印刷有限公司
版　　次	2022 年 4 月第 1 版
印　　次	2022 年 4 月第 1 次印刷

开　　本	710 × 1000　1/16
印　　张	17.5
插　　页	2
字　　数	262 千字
定　　价	99.00 元

凡购买中国社会科学出版社图书，如有质量问题请与本社营销中心联系调换
电话：010 - 84083683

前　言

工业部门在我国 GDP 中所占份额于 2016 年快速上升为近 50%，产业迅速增长的同时伴随着化石能源的高消耗与高排放，经济发展付出了高昂的资源环境成本代价。如何摆脱经济发展与生存环境的重大危机，低碳化、清洁化、绿色化是必由之路。环境保护与生态文明的国家战略指引着社会的绿色转型与技术创新的绿色发展方向，通过创新驱动，大力发展绿色经济成为时代的呼唤。绿色经济通过不断提升资源利用强度，降低能源消耗与污染排放提高资源环境绩效，促进绿色增长。绿色技术创新通过实现要素资源的最优配置，在提高投入产出效率的同时改善环境质量，实现经济发展与环境保护的"双赢"，是我国实现创新驱动与绿色发展战略的核心手段它通过技术工艺改进与产品的绿色化不但有助于节能减排，还能实现产出的持续增长，对于突破我国普遍面临的资源环境压力，助推产业结构绿色转型，实现经济在新常态、新阶段下高质量发展具有重要的实践意义。

绿色技术创新初期研究主要关注环境规制对企业微观决策的影响，存在两种主要观点：新古典学派认为，政府环境规制的不断严厉提高了企业的生产成本，增大了预期的投资风险，对提升企业生产效率与竞争力产生不利影响。"波特假说"则认为，环境规制不但通过激励企业的绿色技术创新产生创新收益补偿，而且有利于提升企业的市场竞争力。理论观点的差异引发了大量关于环境规制与绿色技术创新之间关系的检验研究，绝大部分研究结论证实了"弱"波特假说的存在，得出适度的环境规制能够引致企业的绿色技术创新行为。但"强"波特假说在实践中是否成立却未能得出一致结论。后续研究侧重从技术创新层面考察企业选择绿色技术创新时的态度，从企业规模与协同创新分析绿色创新行为的影响因素，认为垄断性市场更有利于促进企业的绿色技术创新，经济激励相比政府的直接管制更能诱发绿色技术创新。

国内外学者对诱发绿色技术创新的影响机理研究虽取得了丰硕的成果，但绝大多数研究基于单一的环境规制或传统的技术创新视角，忽视了绿色技术创新的"双重市场失灵"需依据"丁伯根"法则，结合环境规制与创新政策设计有效的政策组合以激励绿色技术创新的诱发与"双赢"目标的实现。鉴于此，本书立足我国绿色技术创新实践，结合环境规制与技术创新理论，系统深入研究绿色技术创新的诱发机理与作用机制，不仅丰富了内生经济增长理论，也促进了创新经济学、规制经济学与环境经济学的融合发展。采用心理学领域应用广泛的 MPLUS 结构方程模型实证检验环境规制对绿色技术创新的直接作用与间接影响，拓展了经济学研究中对中介与调节作用的分析思路与研究方法。

本书在厘清绿色技术、技术创新与绿色技术创新内涵的基础上，基于外部性理论、环境规制理论与创新理论，结合经济学与管理学知识，把诱发绿色技术创新的因素归结为双因素综合模式，认为诱发技术创新的因素可分为内生性因素与外生性因素。内生性因素构成绿色技术创新的内生驱动力，包含企业家的绿色技术创新意识、对经济利益的追求、绿色导向与绿色能力及创新风险。外生性因素形成了诱发绿色技术创新的外部环境与外部推力，包括科技进步的推动、市场竞争与合作、社会需求的拉动与制度的合力效应。政策规制下，内生性因素与外生性因素交互作用、相互影响，诱导并触发我国企业的绿色技术创新。

环境规制、创新政策、环境规制与创新支持混合政策诱发绿色技术创新的传导路径与作用机理存在差异。环境规制存在两种传导路径，一种通过增加企业短期的遵循成本与长期的竞争优势获得收益补偿对绿色技术创新产生直接影响；另一种通过其他中介变量的间接传导作用于绿色技术创新，直接影响与间接作用共同在不同的环境规制强度下对企业的成本—收益产生影响，进而诱发企业做出不同的绿色技术创新选择。创新补贴与知识产权保护是创新政策作用绿色技术创新的主要途径。政府创新补贴对于企业绿色创新的影响具有不确定性。无论政府采取直接的资金补贴，还是间接的税收优惠，政策的作用效果在不同情形和方式下有所不同，只有将二者有机结合才会产生最佳效果。知识产权保护通过资源的有效配置、内生化外部收益、减少技术转移的不确定性及合理化收入分配四种途径激励绿色技术创新。环境规制与创新支持混合政策对绿色技术创新存在三种作用机制：第一，不存在研发支持政策下，环境规制政策对绿色技术创新具有促进作用，数量规制与价格规制的政策效果相同，但创新的收益分配方式不同。第二，研发支持（补贴）政策对提升企业的绿色技术创新水平存在显著的影响。第三，研发支持与环境规制政策存在直接的互动耦合效应。政府的研发支持政策有助于促进环境规制对绿色技术创新水平的提升。

鉴于我国工业部门各行业数据相对全面与完整，可通过相关指标的构建与测度获得经验分析所需原始数据，且其涵盖了我国绿色技术创新具有代表性和典型性的资源产业、能源产业及农业的二产行业，本书利用我国工业部门 35 个行业 2004—2015 年的面板数据，基于绿色技术创新诱发的基本理论，实证考察不同类型环境规制政策、创新支持政策及环境规制与创新支持政策的组合对我国工业行业绿色技术创新的三种类型：末端处理、清洁技术及绿色产品创新的作用机制与影响。

（1）环境规制的绿色技术创新效应表现为：直接管制对工业行业的绿色技术创新具有较显著的影响，对末端处理具有积极的推进作用，对清洁技术与绿色产品创新具有一定的抑制效应，对绿色产品创新的抑制作用更强；市场激励对工业部门的绿色技术创新影响同样显著，对末端处理具有积极的助推作用，对绿色产品创新存在消极的抑制影响。对清洁技术的影响因中介变量不同而有所差异：以绿色研发为中介时，对清洁技术具有积极的推动作用；以绿色技术扩散为中介时，则呈现出消极的抑制效果。

（2）创新支持的绿色技术创新效应显现为：工业行业的绿色技术

创新具有显著的路径依赖特性，绿色技术创新程度越高，对技术存量的依存性越强。研发资本对绿色技术创新助推效应的发挥具有一定的时滞性。创新补贴与知识产权保护两种创新支持政策对我国工业行业三种不同创新性的绿色技术创新的影响经历了从不显著到显著、从负向到正向的变化过程。

（3）环境规制、创新支持与绿色技术创新混合效应体现为：环境规制与创新支持两类政策对我国的绿色技术创新均存在一定的促进作用。两种绿色技术创新政策之间相互补充、相互促进，协调发展。创新支持在环境规制对绿色技术创新的促进中起到了积极的推波助澜作用。

我国绿色技术创新政策重构需建立在解锁路径依赖，促进市场发育，实现绿色技术进步与经济、社会协调发展的预设背景下，按照权衡不同类别政策的利弊、把握绿色技术创新政策的演进方向与演进思路的基础上，从科学制定绿色技术创新政策、完善绿色技术创新政策运行机制、丰富政策管理类型、强化政策特性控制及优化环境与创新规制组合五条路径实现我国绿色技术创新政策的重构。

目　录

第一章

导　　论

第一节　问题的提出

党的十九大报告提出，必须坚定不移贯彻创新、协调、绿色、开放、共享的发展理念，坚持人与自然和谐共生，我国将通过实行最严格的生态环境保护制度助力实现青山绿水、建设美丽中国，形成绿色发展方式和生活方式。环境保护与生态文明的国家战略指引着社会的绿色转型与技术创新的绿色发展方向，通过创新驱动，大力发展绿色经济成为时代的呼唤。绿色经济通过不断提升资源利用强度，降低能源消耗、污染排放与碳排放强度提高资源环境绩效，促进绿色增长。绿色技术创新强调以节能环保、减少污染排放为创新目标的清洁技术创造与应用，它的大力推广扩散是实现绿色经济的重要手段。

工业部门作为经济主体在我国经济高速增长过程中具有举足轻重的作用，在我国 GDP 中所占份额显著增加，从 20 世纪 50 年代初的 17% 左右上升为 2016 年的近 50%。然而，工业快速增长的同时伴随着化石能源的高消耗与高排放，传统的高投入大排放的粗放型发展模式是造成环境与经济不断背离的根源，我国经济发展为此付出了高昂的资源环境成本代价。如何摆脱经济发展与生存环境的重大危机，转变传统发展单纯追求经济增长的粗放型模式，统筹、协调经济发展与环境保护，寻求资源节约与环境友好的可持续发展模式，走"低碳化、清洁化、绿色化"是必行之路。清洁低碳、节能环保、资源的循环利用等绿色技术与可再生能源产业的快速发展，助推产业结构绿色转型与生产生活方式的绿色化发展，是破解"环境—经济"怪圈，实现资源环境协调发展的重要方式。自"十一五"规划到随后的"十二五""十三五"规划以来，我国单位 GDP 能耗与二氧化碳排放连续降低近 17 个百分点，单位工业产值污染排放强度相比 10 年前下降 90%以上，凸显了我国坚持绿色创新发展理念的积极成效，也预示着深入实施绿色发展战略的坚定决心。绿色技术创新通过实现要素资源的最优配置，在提高投入产出效率的同时改善了国家的福利水平，不断满足人民日渐增长的美好生活需求，是我国供给侧结构性改革下实现经济绿色发展的必由之路。

第二节　研究意义

绿色技术创新为我国全面建成生态文明社会的目标提供了必要的技术支撑，是破解经济增长与资源环境困境的核心手段，在我国生态文明建设与绿色发展中的作用日益凸显。绿色技术创新通过技术工艺改进与产品的绿色化不仅有助于节能减排，还能实现产出的持续增长，对于突破我国普遍面临的资源环境压力，助推产业结构绿色转型，实现经济在新常态、新阶段下高质量发展尤为重要。

绿色技术创新的双重外部性引起双重市场失灵问题，企业缺乏进行绿色技术创新投资的激励，政府自然成为引导企业进行绿色技术转型的重要推手。国务院早在 2015 年发布的《中国制造 2025》中就将创新驱动与绿色发展作为基本方针，党的十八届五中全会进一步提出了把"创新"与"绿色"作为未来发展的重要理念，凸显了创新与绿色发展在国家战略中的重要地位。绿色技术创新实现了创新与绿色发展战略的高度耦合，是推动我国可持续发展的关键手段。

与绿色技术创新直接或间接相关的理论与经验研究，对深入探究其诱发机理，指导绿色技术推广与扩散奠定了理论基础，发挥了不可或缺的指引作用。但多数较深入的研究都基于国外的理论与实践，对指导我国的绿色技术创新发展意义有限。绿色技术创新的思想在我国虽然出现较早，但受经济发展水平与发展阶段的限制，绿色技术创新缺乏发展壮大的土壤，在我国还处于起步与发展阶段，其诱发也远非单一的环境规制或一般的技术创新手段所能激励，具有其特殊性。因此，立足新常态下我国现阶段绿色技术创新现状，结合环境规制与技术创新理论，科学深入地探寻绿色技术创新的诱发机制与作用机理，不仅丰富了内生经济增长理论，也促进了创新经济学与环境经济学的融合发展。

绿色技术创新涵盖了环境保护与技术创新双重目标，是政府运用"有形之手"进行规制与激励的重点领域。大量的现有研究集中于如何改善环境质量的政策设计，忽略了技术创新激励政策与环境规制手段相结合产生的"$1+1>2$"的复合影响，据此，聚焦技术创新与绿色发展，探寻创新激励与环境规制两种政府政策对绿色技术创新的作用机制及影响效果，不但拓展了绿色技术创新政策研究的视角，而且针对现有研究主要围绕环境规制考察绿色技术创新问题提供了必要和有益的补充。

第三节　文献回顾

面临经济增长与环境质量下降的双重困境，西方工业化国家于20世纪60年代引发了社会生态运动（王伯鲁、王筱平，1996），各国都在积极寻求绿色可持续发展，全球掀起了绿色革命的浪潮（陈飞翔，2000）。Braun 和 Wield（1994）首先提出了发展绿色技术的思想，在此基础上，产生了以寻求资源节约与环境保护的技术创新行为（Shao，J. H.，Fei，X. X.，2008）的绿色技术创新概念。绿色技术创新初期的研究主要关注环境规制对企业微观决策的影响，存在两种主要观点：新古典学派的代表人物 Gray，W. B.（1995）指出，政府环境规制的不断严厉提高了企业的生产成本，增大了预期的投资风险，对提升企业生产效率与竞争力产生不利影响。以 Porter 和 Linde，V. D.（1995b）为代表的学者则提出了著名的"波特假说"，认为环境规制从长期来看，不仅通过激励企业的绿色技术创新产生创新收益的补偿，而且有利于提升企业的市场竞争力。理论观点的差异引发了随后大量关于环境规制与绿色技术创新之间关系的检验研究，绝大部分研究结论证实了"弱"波特假说的存在（Misiolek，1989；Kemp，2000；Popp，2005；Yang，2012），证实了政府对环境规制的力度适宜时，确实能够引致企业的绿色技术创新行为。但关于"强"波特假说在实践中是否成立，现有的研究却未能得出一致的结论。李婉红等（2013，2015）先后通过不同区域、产业的经验研究得出，排污费制度对不同地区制造业的绿色技术创新存在差异化的影响，表明了"波特假说"的成立存在空间异质性。他们的研究结果还证实了环境规制的不完全性，进一步得出"波特假说"在满足一定的条件下成立的非普适性。

在后续研究中，学者侧重于从技术创新层面来考察企业选择绿色技术创新时的态度（Bernauer，E. and Kammerer，S.，2006）。多数研究从企业规模与协同创新方面分析绿色创新行为的影响因素（Foxon，T.，2009），基于市场结构出发的少量研究表明，垄断性市场更有利于促进企业的绿色技术创新（程宣启，2015），绿色技术创新的经济激励相比政府的直接管制更能诱发绿色技术创新（许晓燕，2013）。还有部分学者基于战略管理，结合企业的内生性因素思考影响企业绿色战略的效果，并探讨绿色战略对建构持续竞争优势的作用。企业的绿色发展目标、绿色计划的可行性及绿色发展的迫切性共同形成绿色创新的战略架构（Borjesson，2006）。通过技术流程改进与产品创新不断提升资源使用效率，使企业在降低生产成本的同时凭借差异化产品获得市场竞争优势（Porter，1995b）。实施绿色创新战略的企业不仅能够降低规制遵循成本，还能取得更好的经济与环境绩效。但少数学者注意到仅从绿色发展视角或创新视角难以消除绿色技术创新所具有的"双重外部性"，应依据政策制定的"丁伯根"准则，结合环境规制与政府创新支持政策，形成两类政策不同工具手段的组合，通过不同政策的耦合与互补，实现对绿色技术创新全面有效的激励（Acemolgu，2012；何小钢，2014）。绿色技术创新的理论与经验研究为全面深入理解其内涵拓宽了视野，也为进一步探究绿色技术创新的诱发机理与作用机制夯实了基础。

一 绿色技术创新诱发因素识别研究

（一）诱发绿色技术创新的经济理论

1. 环境经济学

环境经济学主要研究如何运用经济杠杆将环境成本内部化，避免和解决环境资产市场失灵引起的资源配置无效率问题。主要涉及外部性与产权制度理论。如果个人或企业的消费或生产行为对旁观者的福利产生了影响，但并未给予或获得补偿，此时外部性就会存在。按照事件行为对外部影响的方向，可分为正外部性与负外部性。环境经济学致力于解决不存在必须为获得外部收益而付费，或者为施加外部成本而付出代价的交换制度的不完全市场所产生的负外部性问题。纠正环境负外部性问题存在两种思路，一种是根据"谁污染，谁付费"的原则，通过征收"庇古税"的方式得以内部化企业的外部环境成本。另一种则是依据产权理论，通过对环境资产初始产权的明确界定，激励产权所有者对环境资产进行保护。以科斯为代表的产权理论认为，当交易者能够无成本地建立一个明确的产权制度，这种产权制度应具有完全指定、排他性、可转移及有保障的特征时，就能够建立一种避免市场失灵的完全市场，从而有效地配置市场资源。环境经济学的核心思想在绿色技术创新中的应用主要在于利用外部性理论与产权理论，消除资源环境公共物品引起的市场失灵，从而削减对环境的负外部性，使绿色技术创新具有绿色效应。

2. 创新经济学

基于创新经济学视角看待绿色创新问题，首先应该理解绿色创新本质上也属于创新，虽然两个名词的定义有所不同，但绿色技术创新从属于技术创新，是普通技术创新目标的绿色化与具体化。因此，从一般创新理论对绿色技术创新按照绿色特征展开分析具有一定的指引作用。企业在创新过程中既包含正向外溢效应，也存在对其他外部经济主体的不利影响。企业通过创新活动不仅获得效率的提升与竞争力的增强，同时也为其他企业和整个行业的技术进步与市场扩张产生边际成本接近为零的正向溢出，从而获得正外部性。与此同时，由于创新活动的技术研发与生产要承担高昂的成本代价，面临市场与政策环境的极大不确定性，创新主体在承受高成本与高风险的压力下获得的创新成果收益将通过市场外溢给其他企业，从而难以获取高成本应有的利润回报，为此给创新企业带来不利的影响，从而造成负外部性。绿色技术创新相比普通商品在技术研发与扩散过程中始终产生正的外部溢出效应，故与环境经济学更多考虑负外部性不同，对正向溢出效应的关注是创新经济学研究绿色技术创新问题的核心。所以，创新经济学为深入分析绿色技术创新的发展机理与拓展研究视野提供有益的补充。

3. 发展经济学

发展经济学立足发展中国家国情，以实现经济增长摆脱贫困从而获得长远发展提供理论支撑。该理论经历了三个发展阶段：第一个阶段发现，经济体在发展初期必须依靠政府将有限的人、财、物资源用于重点建设项目，从而保证最大限度实现资源的有效利用。企业通过绿色技术发展绿色产业的过程中，不可避免地面临成本的约束、制度的支持、技术瓶颈的制约与配套制度的建立及完善诸多障碍，只有借助政府的计划手段才能得以有效发挥。第二个阶段意识到，政府的作用力量有限，市场机制不可或缺。绿色需求是绿色产业发展的前提和保障，只有不断提升市场经济的发展水平，强化消费者绿色意识与绿色产品需求，才能不断推动绿色产业向前发展。第三个阶段认为，市场不能取代政府的作用，市场机制与政府力量应互相补充，灵活运用。在我国绿色发展背景下，只有结合制度力量与市场机制，绿色产业才能逐渐兴起并得到快速发展。

一般技术创新理论强调了技术推动和需求拉动因素在解释创新活动中的作用，认为技术在产品开发的初始阶段起着重要的推动作用，而需求拉动因素在扩散阶段逐渐变得重要。环境资源的公共属性使开发新的环境友好型技术在经济上不能获得显著的激励，需要扩展一般创新理论分析规制政策对创新的影响。政策规制通过市场需求、企业的技术力量及与企业特定要素结合对绿色技术创新产生联动作用，需求拉力、技术推力、环境与创新政策及政策与市场的交互融合共同构成了诱发绿色技术创新的驱动力量。

（二）绿色技术创新的诱发力量

1. 需求拉动

Cleff 等认为，以客户为导向的绿色产品需求是诱发绿色技术创新的动力之源，市场机制在绿色资源配置中具有支配性作用。Kesidou 等研究发现，在诸多影响绿色创新的因素中，市场的拉力起着关键的作用，对企业是否实施绿色技术创新决策具有重要影响。市场需求可以区分为用户与企业需求、公共采购需求及出口需求，它们都会对绿色技术创新产生影响。首先，受用户和企业绿色意识与环境责任的影响，体现出对环境友好与资源节约型产品的需求，这种需求触发了企业的绿色技术创新；其次，政府的绿色发展目标与责任及"绿色采购"是绿色技术创新的重要需求拉力；最后，国际市场对绿色无污染、低能耗产品的持续重视与相关清洁技术工艺标准形成的技术壁垒，成为国内企业实施绿色技术创新的一种重要的出口需求拉力。齐国友等基于制造业的实证研究认为，国外客户需求能够促进绿色产品创新与绿色过程创新。Claudia 利用非参数匹配技术，基于 28 个欧盟成员国与瑞士和美国的企业数据，证实了公共采购需求对企业采纳与扩散绿色制造技术具有重要作用。需求拉动正在形成促进绿色技术创新的一股新生力量逐渐受到学者的关注。

2. 技术推动

学者主要从企业的技术能力、政府资助的绿色研发与环境管理体系三个方面研究技术推动对企业绿色技术创新的影响。

从创新经济学理论出发，企业的技术能力是推动绿色技术创新的重要能力，主要包括企业开发新产品与新工艺的实物资本和知识资本。技术推动诱发绿色技术创新的研究表明，知识存量质量与通过研发获得的技术能力对于宏微观层面的绿色创新采纳与扩散至关重要，研发创新所获得的技术积累与能力提升不断诱发新的创新，簇生技术集聚专利池。这一路径依赖性特征被 Baumol 刻画为"创新孵化创新"。创新活动给企业带来新的市场机会并使企业有把握捕获收益时，投入研发培育新的创新才能对企业产生激励。依赖申请专利与市场结构，使创新外溢最小化的方法对创新者非常重要。然而，企业规模大小与技术创新效果是否存在必然联系还不能得出定论。一方面，专利权赋予创新者垄断的权利，垄断的市场结构能够解决独占性问题，保证企业获得垄断利润。另外，小企业必须通过持续的技术创新获得竞争优势以打破原有的垄断市场结构才能在激烈的市场竞争中得以生存，持续的实质性创新成为促生企业技术进步的不竭动力。

企业内部的绿色资源要素是企业从事绿色研发，进行绿色技术创新，获取持续竞争力的基础。Fischer 等表明，技术推动和企业内部因素相互交织所反映的企业组织能力与环境实践有助于促进绿色技术创新，它们可借助环境管理体系（EMS），结合环境目标与生产决策，通过识别污染减少机会，实施能够持续改进生产方法与环境行为的计划。当前主要存在欧洲委员会的环境管理与审计体系（EMAS）与世界标准化组织 ISO14001 两种环境管理体系。大部分实证结果发现，环境管理体系（EMS）的实施有助于促进绿色技术创新。Rehfeld 等考察了环境组织、环境措施对德国企业绿色产品创新的影响，结果发现不管是引入环境管理与审计体系（EMAS），还是企业通过环境 ISO14001 标准认证，都会对企业绿色技术创新产生积极影响。Wagner 调查了环境管理体系（EMS）对绿色技术创新的影响，发现环境管理体系（EMS）对企业绿色工艺创新存在积极的正面影响，但对绿色产品创新并无影响。Rennings 等以实施环境管理与审计体系（EMAS）的企业为对象，分析环境管理计划的成熟度、战略重视度、学习过程的异质性特征对绿色技术创新的影响。结果表明，环境管理体系是绿色技术创新的关键决定因素，绿色工艺创新主要取决于环境管理体系的成熟度，环境管理体系的详细设计对激励绿色技术创新具有重要作用。Ziegler 和 Nogareda 在此基础上研究了环境管理体系（EMS）与绿色技术创新之间可能存在的潜在反向因果关系，借以表明实施环境管理体系是绿色技术创新所引致的结果，发现环境管理体系（EMS）与绿色技术创新之间的确存在双向联系，绿色技术创新受到企业组织能力，特别是环境管理体系（EMS）的激励。Inoue 等以 ISO14001 认证企业为对象进一步证实，企业实施环境管理体系的时间越久、经验越丰富，就越有利于促进绿色技术创新。

3. 政策引致

新古典理论框架下，经济主体以利益最大化作为行为准则，政府不能完全依赖企业承担绿色环保责任，必须通过规制手段与创新激励政策鼓励、支持企业从事绿色技术创新。Acemoglu（2012）认为，仅从绿色视角或创新视角难以消除绿色技术创新所具有的"双重外部性"，从而无法根本解决绿色技术创新的激励，只有考虑碳税与研发补贴的政策组合，才能得到有效的规制结果。

（1）环境规制政策。

根据环境经济学外部性理论，如何内部化外部环境成本是解决外部性的根本途径。因此，环境规制诱发绿色技术创新的研究一直成为绿色技术创新研究的焦点。学者主要从"波特假说"是否成立及在什么样的条件下成立入手，到目前为止，政府的直接管控与市场激励对绿色工艺与绿色产品的异质性影响成为绿色技术创新研究的主流。随着研究的进一步深入，命令控制型与市场激励政策手段的不同组合，政府规制与创新支持政策的耦合对绿色工艺创新、绿色产品创新的影响效果研究将成为未来研究趋势。

第一，"波特假说"评述。政策引致是绿色技术创新最根本的机制之一，最早始于波特（1991，1995）的研究，其假定一个设计适当的政策框架可以为企业提供技术创新激励。他们的基本理论与传统研究形成了鲜明对比。传统研究认为，环境规制一定会增加服从企业的内部成本，从而会对一个国家的国际市场竞争力产生负面影响。Porter 在 1995 年的研究中批判了传统的环境规制研究假设，认为技术水平并非静态不变，环境规制对企业的竞争力影响呈现动态变化。他们认为，在技术变化的动态背景下，因服从环境规制所增加的成本对国际竞争力的不利影响会通过因规制所提高的创新绩效部分得到补偿。

存在三种环境规制作用机制：首先，设计良好的政策会让企业明确其可能存在的无效率，并进行更好的技术选择；其次，环境规制有利于企业减少创新活动结果的不确定性；最后，环境规制会对企业的成本产生压力，从而激励企业从事节约成本的创新活动。Jaffe 等深入了 Porter（1995）的研究，对原始波特假说的实证研究结论进行分类。第一类称为"有限波特假说"，认为确实有必要进行政策工具设计，而只有特定类型的环境政策才既能激励创新又能增强整体竞争力。第二类称为"弱波特假说"，认为环境规制体系对企业竞争力并不存在决定性的影响，但总能激励特定种类的创新，从而可以部分补偿环境规制服从成本产生的竞争力损失。第三类称为"强波特假说"，认为政策引致的创新收益完全能够弥补因服从环境规制引起的边际成本增加进而导致的竞争力损失。换句话说，严格的环境规制促进了企业与国家竞争力的提升。

少量文献对"有限波特假说"进行深入研究。Requate 对不同政策设计对技术创新绩效影响的文献进行总结认为，在竞争性市场，市场激励型政策工具通过价格机制提供激励的效果优于命令控制型环境规制政策，它们给予企业更多激励寻求最小化环境规制成本的最佳方法。他还认为，不管短期还是长期环境政策，由于排放许可证在新技术扩散之后价格下跌，排放税相比补贴政策在引致技术创新方面更为有效。这些结论印证了波特的最初设想，认为命令控制型政策工具只有在满足：一是不能强迫企业采用特定（或最好）的技术；二是不断增强环境规制的严厉程度；三是明确规制过程并保持政策的连续性的特定条件才具有引致创新效应。Costantini 等以更宽泛的视角研究了"有限波特假说"，表明能源政策组合下高效的政策设计非常重要，不连续的政策组合可能对环境友好型技术的应用及扩散存在负面影响。反之，当技术政策能够有效支持环境政策时，可帮助企业快速应对外部环境约束，环境规制能有效提升能源技术的国际竞争力。

学术文献对"弱波特假说"做了更为详尽的研究，基于宏微观视角分别展开。Jaffe 等基于美国制造业 1973—1991 年的面板数据分析发现，采用研发费用作为创新活动的代理变量时，结论支持弱波特假说，而以专利数作为代理变量时，并不支持弱波特假说，并认为用专利数而不是绿色专利作为代理变量是结论无显著效应的根本原因。Brunnermeier 等利用美国制造业三位 SIC 码 146 家企业 1983—1992 年 10 年面板数据发现，排污费对绿色专利申请数有显著影响，空气与水污染检查的次数对绿色专利申请数有不显著的影响。Mazzanti 等研究了欧盟 2006—2008 年行业数据发现，具有更多规制的部门更可能采纳减少二氧化碳排放的创新活动，排放密集型企业上游部门合作伙伴的创新活动更有利于减少碳足迹。微观视角上，Popp 以 1972—1997 年 186 家美国工厂为样本，发现二氧化硫排放交易对绿色技术创新具有积极影响。Barbieri 集中研究了汽车产业，提供了欧盟不同环境政策引致效应方面的证据，如税后燃料价格、环保汽车税、二氧化碳标准和欧盟排放标准等对企业绿色专利活动的影响。此外，Mazzanti 等还分析了欧盟汽车报废指令（ELVs）的创新引致机制，认为经济型政策工具动态效应的关键依赖于产业链及引入激励的净成本分配方式，技术创新与复杂产业链的创新路径依赖于产业间的激励转移。换句话说，经济政策工具提供的激励可从上游或下游产业链转移，政策工具的最终效应取决于市场自身的创新能力。宏观视角上，De Vries 等通过研究二氧化硫环境规制对全国技术发明专利数的影响证实了弱波特假说，Johnstone 发现可再生能源部门中政策引致机制的有力证据，并推断不同政策工具对不同的可再生能源技术具有异质性效应，不同效应的差异主要取决于技术成熟度。Nesta 等基于 Johnstone 等的研究，证明在竞争性市场中，可再生能源政策具有更强的引致效应，他们的研究结论对"弱波特假说"提供了有力支撑。

"强波特假说"的研究文献重点关注环境规制与企业竞争力之间的关系，此问题一直是引致效应争论的焦点。Jaffe 的早期研究认为，环境规制不利于生产效率的提升，而随后的宏观研究却否定了这一结论，证实了波特效应的存在。Costantini 等采用引力模型对欧盟 15 国 1996—2007 年进行研究，发现环境政策对出口竞争力的影响并非不利，某些能源税政策对国际贸易具有积极影响。Beise 等对本土市场模型进行扩展，表明增加全球市场需求和规制支持，政策引致的绿色技术创新具有先动优势，环境规制能够激励企业抓住国外市场发展机遇。Costantini还采用贸易引力模型推出，环境规制对创新活动存在正向效应，是企业获得比较优势的重要原因。

第二，不同类型环境规制对绿色技术创新的影响。环境规制依据规制的形式可分为正式环境规制与非正式环境规制。正式环境规制是由政府部门通过法律、法规、禁令等正式文件明确其执行范围与对象的规制，包含命令控制型与市场激励型两类。非正式的环境规制针对社区、社会团体等民间力量对环境污染损害的抗争与申诉，它对企业的经营活动存在无法忽视的监督力量。不同学者对非正式环境规制的具体命名有所差异，有的称为自愿型规制，还有的称为网络反应型或社会型规制。环境规制政策的主流理论总体认可"波特假说"，但经验研究的结果表明，不同类型的环境规制政策工具在不同的规制强度下对绿色技术创新的影响具有差异性，不同区域的特性也导致绿色技术创新效果的空间异质性。因而应区分"波特假说"的"弱"与"强"，且不同"波特假说"的成立具有一定的条件性。

环境政策规制研究的演化法强调，只有进行适当的政策设计，才能避免因增加绿色技术创新选择而形成技术锁定，政策工具应该与从发明到扩散的每个阶段的创新过程相适应。周海华等研究发现，企业所拥有的资源能够正向调节正式环境规制对绿色创新的影响效果，但在非正式环境规制中这种调节作用不存在，两类环境规制都能对绿色技术创新产生显著影响。Jaffe等认为，经济政策工具比命令控制型规制更有利于促进技术进步。经济型规制通过技术创新与技术进步减少企业的环境规制服从成本，而命令控制型规制无法激励企业减少义务排放标准。彭星等采用不同区域的动态面板数据，实证分析了不同环境规制类型对绿色技术创新的作用效果，结果发现，市场激励与沟通响应型环境政策对绿色技术创新的促进效果显著，而命令控制型政策则反应微弱。三种类型的环境规制对我国东部、中部、西部地区的绿色技术创新存在空间异质性，经济激励与沟通响应型政策手段对经济发展水平更高的东部地区助推作用明显，对中西部地区的影响则不显著；命令控制型规制则刚好相反，更适宜于经济发展水平相对落后的中西部地区。Brunnermeier 等基于美国制造业 1983—1992 年的面板数据表明，污染减排税费的逐渐增加有利于促进绿色技术创新，增加政府监督与规制强度并不能增强绿色创新激励。

③环境规制对不同类型绿色技术创新的影响。

围绕绿色技术的创新程度，Demirel 等对末端治理、清洁技术与绿色研发的影响因素展开研究，研究发现，不同类型绿色技术创新的动力决定因素有所不同。Horbach 等对 12 种受环境影响的原材料、能源、空气污染、二氧化碳、水、土壤、垃圾及其他危险物质的绿色创新进行区分，评估了不同类别绿色技术创新诱发因素的影响效果，得出不同类型绿色技术创新的诱发因素具有差异性。王锋正等的经验研究认为，环境规制对资源性产业的影响具有行业异质性，初级加工行业中对绿色产品创新与绿色工艺创新都显现出积极影响，在开采洗选行业则产生消极的不利效应。综合研究结果可以得出，环境规制的影响效果在资源性产业中不仅呈现出行业异质性，也存在创新异质性。

（2）创新激励政策：研发补贴、税收减免与绿色专利。

根据创新经济学基本理论，如何避免或减少创新带来的社会收益的外溢是解决创新激励的根本所在。政府一方面通过专利制度保证企业在一定期限内能够获得垄断利润从而激励了创新的发生。另一方面，对高新技术实施研发补贴、税收减免等优惠政策在某种程度上也加速了创新。相比一般技术创新，绝大多数学者都把对绿色技术创新的诱发因素研究的重点落在了环境规制对绿色技术创新的激励上，而对于创新激励政策而言，研究的学者相对较少。有些学者从绿色专利的视角初步考察其对绿色技术创新的影响作用，但此类研究还属于新兴领域。截至目前，对绿色专利及绿色技术的相关研究可划分为五个方面：绿色技术与绿色专利制度研究、绿色专利加速审查制度研究、绿色专利强制许可制度研究、绿色专利发展机制研究与绿色专利未来发展趋势研究。

绿色技术创新作为支撑绿色发展的核心手段在得到大量的关注后，迅速引发了对其创新成果予以保护从而激励其持续发展的知识产权法律保护制度的建立与完善的需求。相关学者从构建绿色专利制度的重要性、绿色产权保护的发展路径等方面开始介入绿色产权保护的探讨。Nitta 指出，绿色技术在可持续发展中发挥着重要作用，可通过建立"世界绿色专利基金"支持环境友好型技术的长足发展。Hsu 和 Russek（2007，2009）认为，绿色专利有其独特的重要意义，应建立专门的绿色专利分类体系与独立的绿色专利审查与强制许可制度，加速、加强绿色专利的保护，推广节能技术的大力发展与扩散。Consilvio（2011）提出可通过建立国家激励机制推进清洁技术在发展中国家的转移。Wong 在对不同绿色技术试点项目的实践中总结发现，专利保护强度大小对绿色技术的转移与扩散具有不同的影响。刘雪凤等指出，我国应建立绿色专利保护的强制许可制度，完善专利保护执法的机制体制，把技术的"环保性"纳入审查标准，建设绿色专利快速通道等方式建立与完善我国绿色专利战略体系。随着对绿色专利研究的深入，吴金谦不同于其他学者的定性分析，开始探寻采用 SWOT 与 AHP 相结合的量化分析方法，提出我国绿色专利发展的路径选择及未来战略。

（3）规制与创新政策组合：丁伯根法则。

经济计量研究之父丁伯根首先提出了政策目标应与政策工具数量相结合的丁伯根法则（Tinbergen's Rule）。据此，绿色技术创新力争实现的绿色发展与创新驱动目标至少需要独立的两种工具。绿色技术创新不仅要实现技术上的变革与创新，还要实现低碳绿色发展，要实现这两个经济目标，则政府必须制定有效的绿色政策与创新政策。研究发现（Fischer，2008），绿色技术研发需要环境规制与创新政策相互融合，两者的协调发展有益于绿色技术的推广、应用与扩散。Rennings 认为，政策规制不仅能对供给侧产生有效的推动作用，也对需求侧起到拉动效果，因而政策规制对绿色技术创新具有双重效应。何小钢认为，创新研发支持与环境规制的互动耦合，是诱发绿色技术创新得以持续的有效规制方式。Popp 认为，通过改变生产要素的价格或设定新的环境标准，政策规制能够引致发明创造到创新扩散每一阶段的绿色创新。个别学者也尝试结合两类政策研究对绿色技术创新的诱发影响，朱建峰等认为，政府的公共研发、创新补贴及各类规范、标准与禁令和各种环境税费等环境管制是政府影响绿色技术创新的两类常见方式。创新补贴与环境规制通过直接或间接的方式影响着绿色技术创新，研发支持与各类环境规制手段通过直接的影响或间接的调节作用于绿色技术创新。环境规制力度是决定创新程度的一个重要决定因素，只有适宜的环境规制力度才有利于促进绿色技术创新。Costa等利用西班牙22个制造部门2008—2013年的数据实证分析得出，环境规制与其他政策措施组合，如研发补贴与环境税等与企业的绿色研发费用之间存在紧密的联系，建议建立环境、能源与技术、规制的混合政策。可以看出，学者对两类政策的组合研究刚刚开始，不同类型环境规制政策与创新激励政策的不同组合将是未来政策引致绿色技术创新研究的发展趋势。

二 绿色技术创新绩效影响研究

在全球低碳可持续发展的背景下，我国陆续出台了《中国制造2025》《工业绿色发展规划（2016—2020年）》及五位一体绿色发展目标等多项国家规划与战略。近年来，各项政策的积极效果逐渐显现。2020年工业单位产值增加碳排放同比下降22%、重点行业主要污染物排放强度下降20%、工业固体废物综合利用率达到73%、规模以上企业单位工业增加值能耗累计下降18%，清洁能源在总能源中占比24.3%，绿色制造产业产值近10万亿元。大力发展绿色技术创新不仅成为完成各项指标的根本出发点，也是我国获得持续竞争优势的不竭动力。已有不少文献对绿色技术创新的经济绩效、环境与生态绩效及社会绩效进行了理论与实践的探索，为绿色技术创新作用效果的未来研究指明了方向。

（一）经济绩效与绿色绩效的整体评价

对发展与实施绿色技术创新的经济效果进行评价需要依据经济发展状况对直接或间接激励绿色技术创新的政策进行评估，并把政策引致的企业净收益与减少环境负外部性的社会收益结合起来。学者对绿色技术创新产生的经济效益与绿色绩效的结论并不统一。传统的新古典环境经济学派认为企业对经济利润的追求与社会绿色发展的权衡是一种"零和博弈"，对企业的环境规制将增加企业的规制成本，从而降低企业的经济收益并削弱其市场竞争力。Mazzanti 和 Zoboli（2009）通过研究意大利不同部门经济效率（劳动生产率）与环境行为（排放密度）之间的联系，发现多种气体排放与经济效率之间存在负相关。Facheux 和 Nicola（1998）则表明，企业通过内生绿色技术进步与资源再分配能够获得生态环境与经济发展的双赢结果。Cheng 等（2014）分析了中国台湾企业的绿色技术创新体系与企业绩效间的关系发现，绿色技术创新具有传递效应，正向作用于绿色工艺与产品创新，绿色工艺创新对绿色产品创新存在正向传导作用。部分学者利用内生经济增长理论演绎影响绿色技术创新的作用机理，理论研究发现，绿色技术创新既能显著提高行业的全要素生产率，又有利于节能减排，是实现企业绿色转型的关键动力。

（二）经济绩效

绿色技术创新的经济效果研究近年来迅速增加。国内外学者采用多种方法对绿色技术创新的经济效果展开深入研究。主要可分为三个层面：对整体经济效应的影响研究、对短期财务绩效与生产率的影响研究及对长期国际竞争力的影响研究。根据 Porter 和 Van der Linde（1995）研究，引致绿色技术创新的环境规制可能对企业长期行为具有积极影响，对短期影响则并不显著。绿色技术创新对企业短期收益与长期竞争力、企业成长等的影响具有不对称性。仅就经济绩效而言，学者得出了两种截然不同的结论，分别为绿色技术创新经济绩效促进论与抑制论。促进论认为绿色技术创新能够直接提升企业的经济绩效，如王建明（2008）与李怡娜（2017）等的研究。抑制论则指出，绿色技术创新虽然有利于减少生产与消费过程中的外部环境损失，改善环境质量提高生态效率，但相比传统技术创新却降低了企业的经济收益（肖显静，2006）。

1. 短期财务绩效

经济效果研究文献首先以财务绩效与生产率作为测度指标进行分析，不同度量指标间的分析基本是孤立存在的，实证分析结论并不能对长短期绩效的不一致进行统一解释。经济效果评价的大多数文献试图评价绿色技术创新对企业财务绩效的影响。Lanoie 等（2011）发现，严格的环境规制对环境与财务绩效存在双向因果关系，绿色技术创新是联系这种关系的媒介。以 OECD 国家 4200 种工具为样本的实证结果表明，尽管绿色技术创新不能完全弥补环境规制成本，但绿色研发对环境与经济绩效具有积极影响。Marin（2014）通过分析意大利制造企业面板数据，检验以绿色专利度量的绿色技术创新对企业生产率影响，证实了以生产率为指标变量的绿色专利收益要远小于非绿色专利收益。Ghisetti 和 Rennings（2014）的研究可以被看作评价绿色技术创新经济回报的非常典型的实证研究。他们基于德国曼海姆市创新面板数据，调查了实施绿色技术创新的德国企业对其以销售收入测度的经济绩效的影响程度，得出以提高资源与能源效率为目的的绿色技术创新对企业财务绩效具有正向影响，而那些以减少外部性为目的绿色技术创新企业则恶化了其财务绩效。

2. 长期市场绩效

长期市场绩效方面的研究相对企业短期财务评价而言相对较少，多数文献从宏观部门的国际竞争力与国际贸易方面展开分析（Costan-tini 和 Mazzanti，2012），微观层面的调查分析相当缺乏，还需获取更多关于绿色技术创新与国际竞争力之间因果关系的稳健分析，以理解绿色技术创新对国际竞争力产生影响的根本机制。Duchin 等（1995）证实，虽然绿色技术创新不能全部补偿环境规制成本，但却对国际贸易、拓展新市场具有积极作用。对出口企业广义利润率与狭义利润率进行区别，评估绿色技术创新者与战略伙伴国及竞争者之间的利润分配，可为贸易规制与产业政策领域政策制定者提供有效理论指导。

（三）绿色绩效

绿色技术创新的绿色绩效研究主要围绕环境绩效与生态绩效展开，环境绩效强调绿色技术创新对减少污染物和二氧化碳排放及提高资源使用效率以提升环境质量的影响效果。Jaffe 等（2002）研究指出，绿色发展离不开技术的进步与变革。具体存在两类文献：第一类认为，技术创新对环境绩效的影响不存在单一的、共同的机制。第二类认为，单凭技术创新不足以减少对环境的不良影响。技术创新对环境绩效的影响存在三种主要机制：首先，通过强化与改善与环境结果相关的其他变量效果方式；其次，借助相邻区域空间外溢决定方式；最后，凭借"部门外溢"与投资决策方式。第一种机制中，绿色技术进步通过强化其他关键变量对环境及经济绩效产生影响。Mazzanti 和 Zoboli（2009）把创新作为增加劳动生产率的一个要素，调查了意大利 29 个部门 1991—2001 年 6 种污染物，表明新产品或新工艺的引入促进了劳动生产率的增加。Marin 和 Mazzanti（2013）进一步分析了意大利 1990—2007 年环境与生产率的关系，结果发现创新努力与经济绩效之间存在弱相关，但还不能把技术创新作为改善环境绩效的驱动力。第二种机制与行政规制和地域特征相关。地方政府规制、地方产业专业化与创新能力等因素通过影响相邻地区的企业决策相互产生影响。Mazzanti 和 Montini（2010）把罗马和意大利拉齐奥地区 10 种污染物的环境绩效与意大利的平均环境绩效进行比较后发现，拉齐奥地区的环境绩效要优于全国平均水平，原因在于经济发展水平与经济结构的差异使拉齐奥地区是一个比全国平均排放水平低的能源密集型区域。研发的私人与公共投入及相互间的作用，特别是技术进步与技术创新在促进拉齐奥地区减排上也功不可没，甚至被认为是比环境政策更为重要的影响因素。Costantini 等（2013）考察了技术创新、地区环境外溢与环境政策，调查了意大利各部门环境行为的决定因素。研究结果显示，创新外溢与环境外溢能够驱动地区与特定部门的环境行为。根据笔者的观点，在特定区域存在部门积聚与联合创新，可在特定地域采纳相同的清洁与污染技术，创新或环境外溢或许比创新本身在特定的环境行为方面具有更重要的作用，忽视地缘因素可能会对影响结果产生偏颇的解释，在实践中如何捕获外溢至关重要。Antonioli 等（2016）给出了解释创新外溢的替代方法，认为可从与实施绿色技术创新的企业相邻区域、相同部门的更为广泛的视角考察绿色技术创新的深远影响。影响环境绩效的第三种机制与地区或部门间存在的外溢相关。Dopfer（2012）强调，部门或地区的创新外溢更为显著并被广泛接纳，有助于增加潜在的环境收益。Corradini 等（2014）调查了环境保护与技术创新之间的联系，对欧盟 15 个国家 1995—2006 年的 23 个制造业部门分析发现，一个部门的创新投资决策与其他部门减少污染的努力存在正相关，在决定环境绩效时，环境外溢比知识外溢更为重要。此外，Gilli 等（2013）对德国、法国、意大利、荷兰与瑞典五个主要欧盟国家环境、经济与创新行为之间的相互作用分析发现，这五个国家独特的经济与制度特征使欧盟北部与南部国家技术创新与环境绩效之间的关系存在着不一致；不良的环境绩效与有限的技术创新之间存在对应关系，暗示技术创新对环境绩效改善有着重要意义。

创新对环境绩效影响的另一类研究领域考察了企业不同因素对环境绩效的差异化影响及不同影响效果之间的互补性。Gilli 等（2014）采用欧盟国家的样本，调查了部门实施绿色技术创新与组织创新、产品与工业创新等其他创新实践的整合。结论显示，除了制造部门能够有效整合绿色技术创新与绿色产品创新外，要素间的互补效应并不总能改善环境绩效，制造部门实施与发展技术创新会引致相关的制造服务业引入清洁技术。Cainelli 和 Mazzanti（2013）采用意大利服务部门8161 家企业样本研究发现，制造部门的目标政策可能会引致服务部门的创新实践，特别是旨在减少二氧化碳排放及改善能源效率的实践。还有部分学者集中研究了技术创新对空气污染的效应。这些研究认为，创新外溢使企业能以较低成本采用新技术，从而改善了整体环境绩效。Wang 等（2012）分析了中国 30 个省份 1997—2008 年化学燃料与无碳技术进步对二氧化碳排放的影响发现，污染技术并不影响二氧化碳排放水平，绿色技术对减少污染，特别是中国西部地区的污染具有重要影响。Carrión-Flores 和 Innes（2010）研究了 127 个美国制造业 1989—2004 年绿色技术创新与空气污染的双向联系，发现两者存在双面负向效应：技术创新减少了实现污染目标的成本，但更加严格的污染目标却促进了绿色技术创新，增加了潜在收益。Weina 等（2016）分析了意大利 95 个省 1990—2010 年二氧化碳排放与绿色技术之间的关系认为，绿色技术在改善环境绩效方面没有起到显著作用。

绿色技术创新的环境效应研究可从三方面进行概括：首先，绝大多数集中于欧盟或经合组织的单个国家研究。这类文献根据不同的经济制度与时间维度，从不同的环境责任意识程度展开分析，揭示了绿色技术创新影响环境质量的一些相关机制，但可能由于相关数据的缺乏，对非经合组织国家的研究数量有限。其次，此类研究缺乏统一的参考框架。大部分文献采用混合型环境经济指标描述环境绩效，这类指标可以解释经济增长对环境的影响。由于污染排放不属于价值指标，大部分研究采用环境生产率与排放密度指标。环境生产率与排放密度指标是评价部门或企业环境效率收益非常有用的指标。环境生产率指标由 Repetto（1990）开始引入，定义为价值增加值与污染排放量的比率（GDP/CO_2）。如果其值增加，表明这个指标有所改进，能反映经济活动环境效率的高低，但并不能反映环境绩效的改善。如果仅考虑环境方面，总排放变化指标或许更为适宜。排放密度是污染排放量与总产值的比率（CO_2/GDP），表示单位产出所产生的排放量。如果把排放量看作常量，产出值增加使排放密度减少而带来正向效应，但只能反映单个企业或部门环境效率的改善，不能突出污染排放总量的减少。大部分评价政策目标减排效果的研究缺乏可信性，未来可更多集中于绿色技术创新对改善环境绩效的动力研究。最后，大量研究局限于部门分析。行业部门是企业技术外溢的重要场所，进行国家宏观研究仅能提供总体环境行为的宏观动力机制，而进行部门研究能透彻理解引致环境绩效的微观动力机制。

（四）创新绩效

现有文献主要从广义和狭义两个层面分析绿色技术创新的创新绩效。狭义的技术创新效果通常从创新活动带给企业的直接创新产出进行衡量，包括直接的投入产出指标与相对主观性的量化指标，像研发投入专利产出、新产品产出比等单一指标。主观性指标一般较难得到，通常需要结合性能和结构设计构造得出，但较单一指标更能综合反映企业创新的整体表现（董颖，2011；任耀等，2014）。广义的创新绩效泛指绿色创新带来的所有直接或间接的效果，囊括了企业创新活动带来的利润增加、行业竞争力的增强与环境效应的改善。综合国内外对创新绩效的研究，主要集中于创新绩效的评价指标体系构建与度量及影响因素研究两类。评价体系的构建中所涉及的指标主要为绿

色研发的投入产出、技术获取方式与外部知识溢出等（Escribano，
A. et al.，2009；张小蒂等，2008；严焰，2013）。少量研究采用产品
创新对销售目标的实现效果与获利满意度衡量财务绩效、以新产品在
不同市场所占比例的大小度量绿色技术创新的绩效（Cooper and Kein-
schmidt，1987）。创新绩效的影响因素研究主要关注宏观层面的国家
制度与产业政策的创新绩效影响，微观层面从企业管理与文化、企业
家精神与员工个体特性等方面展开分析（马宁等，2000；买忆媛等，
2003；谢洪明等，2007；Rothaermel，F. T. et al.，2007）。综上可见，
创新绩效的理论与机制、指标体系构建与效果评价研究已逐渐深入，
涉及的研究对象和方法趋于多样性。

（五）社会绩效

绿色技术创新的社会效益研究还属于新的研究领域，仅有个别学
者就绿色技术创新的潜在就业机会创造问题进行了开创性研究。Hor-
bach（2010）探讨了德国企业引入绿色产品或服务产生的就业效应，
发现绿色技术创新的就业创造效应大于其他类型创新。Horbach 和
Rennings（2013）也发现，德国绿色技术创新企业的就业增长略高于
原料与能源节约型创新企业，而绿色产品创新与末端技术创新并没有
发挥作用。自 Horbach（2010）与 Horbach 和 Rennings（2013）的开
创性研究后，绿色技术创新提供新就业机会方面的研究（Licht and
Peters，2013，2014；Gagliardi et al.，2016）逐渐增加，然而对总的
就业机会创造与破坏的数量，特别是对已有就业机会破坏的社会成本
和提供新就业机会的社会收益之间不对称性的影响、绿色技术创新提
供的就业机会与破坏的就业机会所属具体行业类型的量化研究证据还
相当缺乏。绿色就业的讨论（ILO，2013；OECD，2014）表明，环
境相关的就业机会并不一定是高薪与高技能性工作，除工作条件与工
作收入不同外，绿色技术创新所需技能差异还有待评估，教育与培训
可以弥补潜在的技能差距。总之，绿色技术创新潜在的就业机会创造
研究有待进一步在理论上进行完善并获得实证研究的检验，以便更好
地为决策者提供理论指导。

三　研究趋势

通过诱发绿色技术创新的因素及绿色技术创新绩效影响的现有研究可以发现以下研究趋势：

第一，深入分析不同类别政策组合对绿色技术创新的影响作用。学者针对不同类型的环境规制政策、创新支持工具分析了对不同创新属性的绿色技术创新的诱发机制与异质性影响。然而从两类政策之间存在的相互联系与影响，对不同类别的环境规制与各种创新政策之间进行组合，分别分析其对绿色产品创新与绿色工艺创新的交互驱动影响作用是进一步研究的方向。

第二，结合市场与政策力量，全面分析绿色技术创新的诱发机制。发展经济学的最新理论认为，只有在发挥市场资源配置作用的同时，借助政府政策的指引，形成政策与市场两种手段的交互融合，才能促进经济的和谐发展。绿色技术创新的"双重性"不仅需要政策引导解决其"外部性"，而且需要需求拉力与供给推力的市场诱发力量使得企业产生内生动力。

第三，不仅从就业方面，还从包容性发展、机会公平、生态伦理等视角展开绿色技术创新的社会绩效评价研究，多指标联合评价将是未来绿色技术创新异质性效应研究的热点。具体而言，绿色技术创新的绿色绩效可从以下几方面展开：①依据整体环境绩效宏观经济驱动力，从国家层面展开经济与制度异质性及环境责任意识程度调查。②除经济环境混合指标外，单纯利用环境绩效指标，如污染排放的绝对水平评价绿色技术创新对环境及实现国际环境政策目标的影响。③以企业为对象考察影响环境绩效的微观动力。绿色技术创新的经济效应研究可予以更多关注：①绿色技术创新的国际竞争力影响评价，为经济发达与欠发达国家实施与发展绿色技术创新提供实证结论。②理解规制、绿色技术创新与经济绩效之间复杂的因果联系。③识别实施绿色技术创新的得失，并对其影响进行评价。对于经济效应中的就业创造研究，主要围绕：①从工作破坏的社会成本与工作创造的社会收益的不对称性考察绿色技术创新对新就业机会创造与已有就业的破坏影响；②描述绿色技术创新就业创造及工作破坏类型；③对绿色工作所需技能与非绿色工作所需技能差异进行分析，分析它们对教育与培训的影响。国际竞争力与国际贸易影响研究，需要从微观视角获得绿色技术创新与国际竞争力间因果联系的稳健证据。政策引致机制与绿色技术创新的决定因素研究，需对不同部门的影响效果与规模展开调查。

第四节　研究的内在逻辑与主要方法

本书着眼于绿色技术创新的"双重外部性"，强调政府的"有形之手"在解决"双重市场失灵"中的重要作用。因"双重市场失效"的相互强化，单一的政策工具无法实现"绿色发展"与"创新驱动"的双重目标，导致绿色技术创新的投资规模与技术扩散不能实现社会有效率的规模（Jaffe，2005）。这为本书从环境规制与创新支持工具互动耦合出发深入研究绿色技术创新提供了新的视角。据此，本书基于不同环境规制工具与创新（研发）激励政策组合，从不同利益主体的博弈均衡出发，利用博弈论与最优化模型，深入研究诱发绿色技术创新的传导路径与作用机理；利用 MPLUS 与 STATA 软件，采用多重中介模型、潜变量调节模型与 SYS - GMM 估计方法，对我国工业部门 35 个行业的绿色技术创新诱发路径进行实证研究，为推进我国绿色可持续发展提供理论决策依据。

一　研究的内在逻辑

本书研究的基本思路如图 1-1 所示：首先，通过现状研究，明确我国绿色技术创新的学术研究、实践发展与相关政策，形成本书研究的目标与思路；其次，通过调查研究与量化分析，识别我国绿色技术创新的诱因；再次，基于环境规制与创新政策的各类组合演绎推导诱发绿色技术创新的传导路径与作用机理，对我国工业部门不同行业进行实证研究；最后，进行提炼与揭示，分析完善我国绿色技术创新的政策目标与手段。

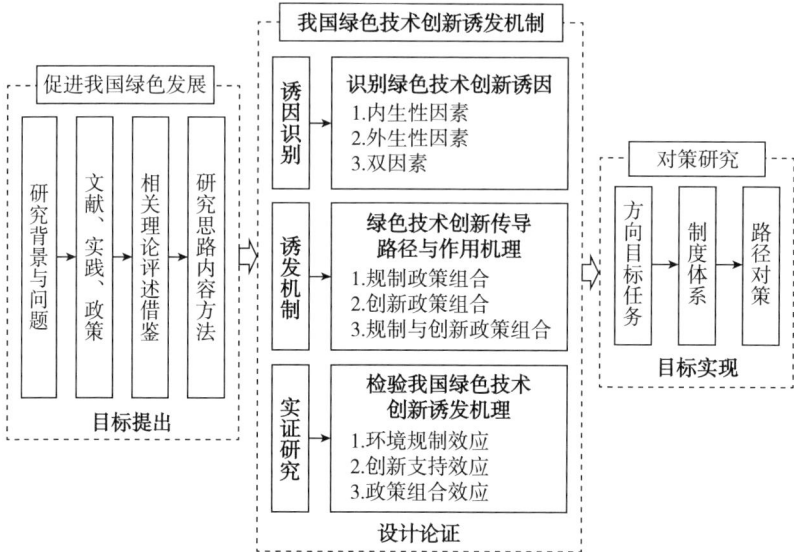

图1-1 研究的内在逻辑

二 主要研究方法

根据创新经济学、技术经济学、管理学、资源环境经济学等基本理论，结合数学分析、系统科学等方法，进行理论研究与实证分析，主要方法包括：

（1）归纳法和演绎法研究：基于经济学理论的逻辑框架与研究观点，研究诱发绿色技术创新的传导路径与作用机理。

（2）实证研究：选择典型部门与产业，基于绿色技术创新诱发机制，实证检验与分析诱发绿色技术创新的传导路径。

（3）多学科交叉研究：结合规制经济学、环境经济学、创新经济学，博弈论相关理论系统分析诱发我国绿色技术创新的均衡路径。

第二章

绿色技术创新理论

第一节　绿色技术创新的内涵

一　绿色技术

绿色技术最早由 Brawn，E. 和 Wield，D. [①] 于 1994 年提出。它是指有利于资源节约、环境治理、生态保护的环境友好、资源节约型技术。绿色技术又称环境友好型技术或生态技术，主要源于不同学科、不同领域的人对其理解与认识上存在差异。政府部门依据绿色技术应对环境污染中所起的作用差异，把绿色技术区分为"深绿色技术"和"浅绿色技术"。"深绿色技术"强调对污染源头的预防，"浅绿色技术"则突出对企业末端污染的治理。

已有研究对绿色技术的界定主要包含两个层面：内涵界定与外延界定。绿色技术的内涵界定可分为两个视角：一是从技术与环境和人类发展的视角，二是从经济学研究的视角。第一个视角把绿色技术定义为：改善环境质量，提升人类生存的生态环境和有利于可持续发展的技术活动。绿色技术的经济学内涵体现在企业生产过程与产品消费

---

① Brawn，E.，Wield，D.，"Regulation as a Means for the Social Control of Technology"，*Technology Analysis & Strategic Management*，Vol. 6，No. 3，June 1994，6（3）：78 – 79.

中如何降低边际成本的技术。吕燕等[①]对绿色技术的引申含义进行了扩展，把能够节约原材料使用与自然资源消耗，减少环境污染及保护生态环境的工艺、产品都纳入绿色技术的范畴。根据绿色技术的外延界定可知，绿色技术的种类繁多，不是某种单一的技术，而是一个技术群或相关的技术体系，可归纳为如下几类：①清洁能源对传统化石能源（煤、石油、天然气）的技术替代或传统能源的清洁技术进步，如光伏、风电及生物质能源对火电的产业替代，洁净煤对黑色煤的技术替代等。②垃圾、废弃物重新回收加工、处理以再次利用的除杂压制、资源化技术。③节约能源使用的建筑生态环保技术与节能建筑。如屋顶绿化、外保温复合外墙、生态呼吸式双层幕墙、封闭式内循环体系呼吸式幕墙、节水淋浴器、智能隔音窗户等。④减少有害气体排放及生态修复技术。如烟气脱硫除尘技术、减少荒漠化的绿化技术等。⑤环境监测设备与技术。如土壤、环境污染监测仪表与技术等。

二　技术创新

借鉴党国英（2015）的研究，技术创新可分为广义技术创新与狭义技术创新，狭义的技术创新可理解为技术自主创新，它属于内源性技术创新，是企业依据自身的技术积累与创新资源形成的技术创造与扩散应用。此类技术创新是一种根本性的技术变革，它不同于在已有技术基础上的消化、吸收与改造的模仿性创新与集成创新。自主创新具有引领性和难以复制性特征，是最能体现创造力与智慧的技术创新，企业通过技术专利可获得一定时期的垄断利润而独享竞争优势。广义的技术创新按照 Schumpeter（熊彼特，2012）在其著作《经济发展理论》中对创新的定义[②]为：技术创新是指在特定条件与情境下，对生产的资源与投入要素进行重新配置后构成新的生产或成本函数。熊彼特对技术创新内涵的理解指出了技术创新的广义范畴，具体包括：开拓一个新的领域、采用一种新的工艺或引进新的生产线、获得新型的原材料或新的生产组织方式。

---

① 吕燕、杨发明：《有关生态技术概念的探讨》，《生态经济》1997 年第 3 期。
② 熊彼特：《经济发展理论》，中国画报出版社 2012 年版，第 123 页。

结合上文对技术创新内涵的理解，本书研究的技术创新具体指：采用新材料、新工艺实现生产要素的节约或重新组合，能够提高生产效率或形成新产品，并获得市场的商业化应用的原始创新与模仿创新。

三 绿色技术创新

绿色技术创新是对技术创新的拓展和提升，是推动绿色可持续发展的根本途径与迫切需求。它是"十三五"规划加快改善生态环境、推进生态文明建设、党的十九大报告中人与自然是生命共同体、建设绿水青山、美丽中国国家战略的核心要旨。绿色技术创新通过清洁生产与绿色产品创造实现资源的高效利用，达到节能减排、低碳发展的目的，是世界各国实现绿色发展最为核心的工具。

（一）绿色技术创新的内涵

本书认为，绿色技术创新是指"绿色+技术创新"，"技术创新"是中心句；"绿色"是定语，用来修饰并限制"技术创新"，具体指明了技术创新无污染、低能耗、清洁化、可循环的绿色导向。它不同于传统的技术创新，是一种符合时代要求的新型的良性技术创新模式，从设计、研发、生产的整个产品生命周期中都是生态的，兼顾经济效应、社会效应与生态效应，力争以最少的资源消耗获得最大的综合收益。

绿色技术创新的内涵所涉及的价值范畴包含绿色技术的知识创造与绿色技术的扩散，绿色技术的知识创造是指绿色技术知识的发明、创造并由此获得的绿色专利或者绿色商业秘密；绿色技术的扩散是指绿色知识的科技转化，能够在市场中得到推广、普及与应用，并形成一定的产业规模效益，获得相应的绿色利润。

（二）绿色技术创新的分类

根据绿色技术的创新对象，绿色技术创新可分为绿色工艺创新与绿色产品创新。绿色工艺创新是生产工艺的绿色改造与重组，是对原有技术链的延展，属于渐进性创新范畴。它强调企业生产过程中技术工艺的改造、设备的更新及末端排污技术的更替及废弃物的循环再利用。绿色产品创新基于产品生产的整个生命周期，从设计研发到生产制造，再到进入市场的整个过程中，采用新的节能替代资源，降低生产污染排放，最终生产出绿色环保型产品。根据绿色技术知识的创新程度与绿色技术创新整个产品生命周期的阶段构成（根据技术经济学中的创新过程），本书研究结合绿色技术的创新程度与技术创新的生命周期，把绿色技术创新分为绿色工艺创新、绿色产品创新与绿色技术扩散三类。

1. 绿色工艺创新

绿色工艺创新是以减少生产过程中的污染物与废弃物排放、节约原材料与能源的使用为目的，通过技术改造与资源有效配置降低工业活动对环境污染的渐进性创新。绿色工艺创新根据技术改进的所属范围不同，又可分为以污染预防和控制为主的清洁生产和对生产过程中排放的污染物进行的末端治理。清洁技术强调对污染的源头预防，采用节能技术或降低减少污染排放的清洁工艺进行生产。末端处理则附加在生产流程的某个部分或直接在污染排放末端增加清洁设备降低生产末端的污染排放量。两种技术模式在使用过程中成本效益有所不同，各自适用不同的情形，需结合企业实际需要进行清洁工艺的选择。

2. 绿色产品创新

绿色产品创新属于根本性创新，其创新性最强。它是指获得重大技术突破和技术变革的技术创新。它不是偶然现象，常常伴随着一系列渐进性的产品创新和工业创新，并在一段时间内引起经济结构和环境状况的变化。绿色产品创新基于产品的整个生命周期，注重从产品的设计、产品的生产与消费过程中，考虑原材料的节约、拆卸与维修的便利性、产品包装的简化、消费过程的环境友好及产品使用过后的危害最小，最终可通过逆向物流循环利用的整个绿色过程。[①]

3. 绿色技术扩散

绿色技术的发明创造要实现其市场价值必须通过商业化应用过

---

① 艾志红、章俊：《绿色技术创新与企业可持续发展研究》，《湖北经济学院学报》（人文社会科学版）2006 年第 3 期。

程，而要实现技术的商业化应用必然要经历绿色技术的扩散。绿色技术扩散以绿色技术企业为主导，由政府通过资金、技术、人员的支持与配合，通过绿色技术的大力推广与应用，推动绿色技术的溢出与扩散，最终实现技术标准化与规模化生产。绿色技术扩散的实现源于技术扩散收益的动态递增特征与技术扩散的自然演化规律。由于干中学与技术网络外部性等因素的存在，绿色创新技术通过企业的应用在厂商之间得以传播。随着厂商之间的技术吸收与扩散的规模增加，绿色技术创新企业逐渐获得大于创新成本的更多收益，当政府的规制政策设计合理并恰当实施时，诱发更多企业不断加大研发投入，创新出更多的绿色专利技术，获得市场中的竞争地位。

生物界的"物竞天择，适者生存"法则启示我们，生物演化是不断适应新的外部环境的动态调整过程。企业发展的过程面临诸多挑战与竞争，只有适应市场环境，遵循制度安排才能得以生存。我国政府不断加强环境保护力度，完善与深化绿色技术创新的扩散机制体制，环保意识和绿色消费观念逐步深入人心，在政策规制与绿色需求的共同拉动下，企业要想生存并获得市场竞争优势，必须对传统的高耗能、低产出灰黑色技术投入研发资金予以改造，实现生产过程的清洁化与产品的绿色化。但由于非绿色技术在市场中长期所占据的统治地位，实现绿色技术对灰黑色技术的替代需要政府、企业、消费者之间经历相互博弈的漫长斗争与发展阶段。然而，随着消费群体绿色意识的进一步提升，社会网络中的政府通过多种宣传交易媒介，促使绿色技术创新的扩散效率不断加大，最终实现绿色技术的"优胜劣汰"。

第二节 基本理论

一 外部性理论

外部性是引起市场失灵的重要原因之一。平狄克认为，外部性的存在使商品的市场价格与私人成本和社会成本，私人价值与外部收益之间的关系发生扭曲，未能真实反映社会有效率的生产与消费规模，从而偏离帕累托最优。

（一）负外部性

经济主体的行为对他人造成不利的影响而未承担相应的费用时，就产生了负外部性。社会成本高于私人的生产成本导致企业的产出水平超出社会有效率的规模，污染排放量高于环境可以承载的限度。图 2-1 中，MPC 指边际私人成本、MSC 代表边际社会成本，MEC 为边际外部成本。负外部性的存在使边际社会成本大于边际私人成本，即 MSC > MPC，市场价格难以完全反映社会成本，由社会承担本应私人负担的环境污染损失，其外部成本大小为 MPC 与 MSC 的纵向差值。私人决策时不考虑其行为对外界产生的不利影响，根据 MPC = MR 决定利润最大化产出 Q_2 和价格 P_2，而社会有效率的产出则应以 MR = MSC 为准则，由此确定出社会均衡的产量 Q_1 与价格 P_1，在均衡点 E_1 实现资源的有效配置。显然，当企业不考虑其行为所造成的负外部性时，获得超量生产（$Q_2 - Q_1$）带来的额外收益，从而造成环境损害引起的阴影部分的社会福利损失，此时存在资源配置的无效率。

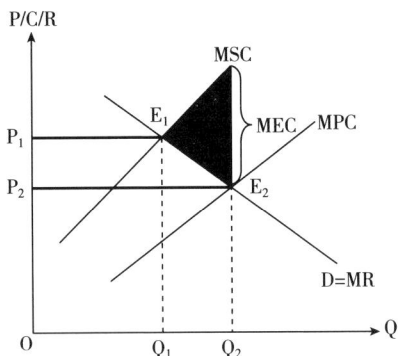

图 2-1　负外部性与效率损失

（二）正外部性

正外部性是当经济主体的活动对外界产生有益的作用但没有得到相应的收益补偿时产生。企业投入研发成本进行绿色技术开发与应用，改善了环境质量，增加了社会总体收益，但却不能得到私人的收益补偿。图 2 - 2 中，MPR 与 MSR 分别表示边际私人收益与社会收益，MER 指边际外部收益。正外部性的存在导致边际私人收益与边际社会收益不等，即 MPR≠MSR，此时市场价格难以完全反映社会收益，资源配置的帕累托最优发生偏离。私人与社会收益的差异使私人在 MC = MPR 时决定其最优均衡的最佳产量 Q_2 和价格 P_2，实现社会福利最大化时则以 MC = MSR 为基准，在均衡产量和价格达到 Q_1 与 P_1 对应的 E_1 点时实现资源配置的帕累托最优。正外部性的存在导致企业得不到环境收益补偿而丧失绿色技术创新的意愿，存在（Q_1 - Q_2）的产出缺口，从而给社会带来阴影部分的社会福利损失，资源配置呈现无效率。

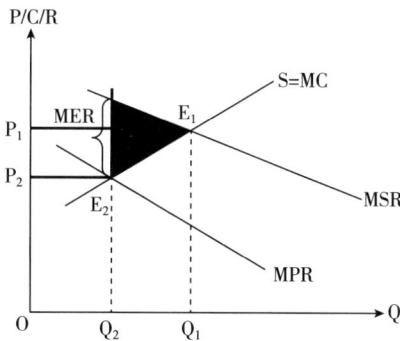

图 2 - 2　正外部性与效率损失

二　环境规制理论

（一）环境规制的基本理论

1. 环境库兹涅茨曲线

发展经济学中的库兹涅茨倒"U"形假说提出，经济发展过程中收入分配状况随着人均收入水平的不断提高，呈现先恶化，随之逐步改善最终实现较为公平的分配过程。收入分配与经济发展水平之间的这种关系被称为库兹涅茨曲线。后来大量的现实统计数据证实在环境保护中，也存在环境损害与经济水平之间类似的环境库兹涅茨曲线。

该曲线显示环境与发展之间可能存在的"双亏""两难"或"双赢"三种关系。"双赢"是指环境与经济发展可以协调共进。"两难"则表示经济活动与环境质量至少在短期内存在目标冲突，人们不得不在两者之间权衡取舍。"双亏"意味着既无经济效益又破坏环境质量，这是人们最不愿看到的结果。根据图2－3可以发现，环境库兹涅茨曲线在人均收入水平较低时出现"双亏"，同样的发展速度或经济发展水平造成的环境损害不同。在三条倒"U"形曲线U_1、U_2、U_3中，相同的人均GDP水平下U_1发展方式对环境的损害最大，U_3发展方式对环境的损害程度最小，U_2发展方式居中。这种差异化的结果对政府的发展方式提出了要求，在保证经济发展的同时必须尽可能降低对环境的损害，要尽可能地寻求U_3曲线的发展方式，从而需要政府在经济活动中对涉及环境的问题进行规制，以促进经济的健康持续发展。

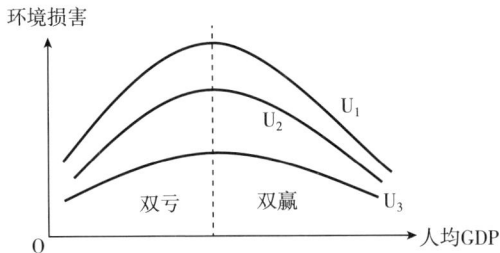

图2－3 环境库兹涅茨曲线

2. 环境的社会规制

空气、海洋、森林与草地因具有非排他性与使用中的竞争性，常常出现"公地悲剧"的后果。即使公共资源明确其产权归属，但由于实践中监管机制的缺乏与低效，变成了实质性的"公共物品"。公共物品不同于私人物品，一旦被提供就可以被他人无偿使用，两种需求曲线的形成机理存在差异。公共物品在消费中的非竞争性属性可能产生相同数量的公共物品对不同消费者的效用大小各异，因而公共物品的总需求曲线具有在数量上纵向累计，私人物品的总需求曲线则是在价格水平上横向加总的特征。图 2 - 4 分别展示了私人产品与公共物品的总需求曲线，D_1 和 D_2 分别代表消费者 1 与消费者 2 的需求曲线，D 指总需求曲线。

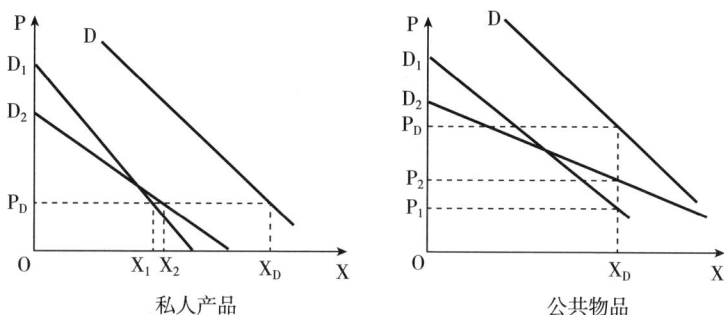

图 2 - 4　私人产品与公共物品的总需求曲线

私人对公共物品的效用感受不同导致其支付意愿存在差异，公共物品的非排他性使人们产生隐瞒个人真实意愿，尽量减少支付从而获得"搭便车"的动机。由于政府对环境资源的监管缺乏有效性，事实上非排他性的公共所有引发每个资源使用者会最大限度地从中获得超额资源并过度排放废弃物，最终导致"公地悲剧"。"公地悲剧"现象在实践中非常普遍，政府的政策规制是最为有效的解决方法。根据科斯定理，对公共资源的所有权实现私有化，竞价拍卖产权、按照资源特征详细制定多种标准向公共资源使用者收取税费是对公共资源进行规制的主要方式。诚然，规制的有效实施需借助政府与市场的合力作用。

（二）环境规制的政策工具

外部性的存在导致环境质量难以充分保障，企业污染治理存在"搭便车"的现象，从而引起"市场失灵"。因此必须借助政府的"有形之手"进行环境规制，引导生产者与消费者在进行生产与消费决策时考虑其行为的外部性，内生化其外在成本，以矫正市场作用机制的失灵问题，实现有效率的生产与消费规模。

　　环境规制是指为了实现经济发展与环境质量的协同发展，政府按照环境保护的要求，制定环境保护法律、法规与环境管控和市场激励政策，引导企业与消费者的生产经营与消费行为。环境规制的政策工具主要有三类：第一类是政府的直接管制，第二类是市场激励的方法，第三类是相互沟通手段。如表 2 - 1 所示。

表 2 - 1　　　　　　　　　　　　环境规制类型

直接管制	市场激励方法	相互沟通手段
技术标准	环境税费	信息披露
绩效标准	环境补贴	自愿性协议
市场准入	押金—返还	建立网络
产品禁令	可交易许可	环境标志
产品标准	专项补贴	技术条约

　　1. 直接管制

　　直接管制又称为命令控制型环境规制。这类环境管制的政策手段以制定、实施各类环境法律法规及环境侵权法律制度为核心内容，具体形式包含环保法、生产工艺管制与生产禁令及产品标准，排污许可与配额等作为常见规制形式。这些法律法规为经济激励与相互沟通手段的有效施行提供了法律保障。命令控制型环境规制种类多样，常见的规制方式主要包括技术标准和绩效标准。

　　技术标准用于对企业生产或治污的技术做出具体的强制规定，通常采用"最适用"或"最可行"的原则以考虑大多数企业的技术能力。技术标准一方面缺乏成本有效性，另一方面缺乏促进企业不断进行绿色技术创新的持久激励，企业容易形成对固定技术标准的路径依赖，不利于激发企业技术进步活力。绩效标准规定企业生产单位产出所排放的污染强度大小。它是一种广泛应用于环境污染和有毒废弃物管理中过程控制的环境政策工具，对排污企业的排污量或排污强度进行控制。与技术标准不同，绩效标准不限制企业实际采用的技术标准，企业可以根据自身条件自主选择降低污染的方式以提高治污效率。但是，绩效标准同样缺乏激励作用，并且监督成本较高，对违规企业取证难度较大，使规制的实际执行变得更加困难。

2. 市场激励

利用经济手段调节市场主体的行为实现绿色发展，称为市场激励型环境规制。按照政策规制的具体对象，市场激励方式包含数量型规制与价格型规制，存在排污与环境税费、政府财税补贴、排污权交易等多种工具类型。市场激励手段并不规定污染控制的具体水平或采用的技术标准，而是通过市场信号引导企业自觉做出反应，将污染成本内化到企业生产成本中，实现企业兼顾控制污染的同时追求更高的利润。市场化规制方式为企业自由寻求绿色发展提供了经济上的动力，也称为经济激励型环境规制，一般分为政府直接干预的庇古税手段和侧重于市场机制的科斯方式。

对有损环境质量的经济行为主体征收排污税费、产品税等环境税费是庇古税理论的直接应用。环境税费是一项主要的经济手段，与命令控制型环境政策相比，环境税费具有减排成本随污染量增加而上升的特点，因此环境部门需要确定一个企业能够达到的有效污染削减水平。环境税费能够在统一的税率水平下提高资源配置效率，使全社会以最小的成本实现规制目标。与命令控制型环境规制相比，庇古方式使采用清洁技术的企业获得更多的经济收益，提高了生产企业寻求清洁技术的积极性，在促进整个社会资源配置效率提升的同时增进了企业绿色生产转型的激励。

环境补贴与环境税费制度的政策制定思路相反，与税收有相似之处，同样可以取得征收庇古税的类似效果。只要政府向生产者支付的污染削减费用大于企业的污染治理支出，企业就会选择投资污染治理。政府对企业的环境补贴影响着企业进入或退出市场的决策，可能出现因市场中企业数量的增加导致污染排放的积累效应超出激励企业减少排放产生的污染量减少结果，最终使补贴的综合效应表现出污染增加的不利情形。补贴与特定的环境规制政策相结合，有利于激发企业进行绿色技术创新并减轻企业环境治理的负担。常见的环境补贴有补助金、环境贴息与环境基金等多种形式。押金—返还制度是指消费者在购买可能对环境造成污染的商品时预先支付一定数量的押金，等待消费完成后商品按照预先承诺完成回收时，再向消费者返还相应的押金制度。押金—返还制度通过经济激励手段敦促企业自觉完成废弃物处置，加强了企业对产品的循环再利用，是一种便于操作的环境经济手段。可交易许可证也称为可交易的污染许可证，是基于科斯理论发展起来的政策工具。这种制度有效运行的关键在于国家对污染总量的限额进行科学合理地确定，通过具有不同减污成本企业间的许可证市场交易，实现以最低的社会成本实现污染减排，达到环境保护的目的，提升整体社会福利水平。由于出售或购买许可证获得的经济收益对企业生产具有一定的激励作用，因此可交易的许可证制度能够促使企业自觉采取绿色技术创新手段进行污染减排。

3. 相互沟通手段

沟通响应政策是指政府与企业通过沟通协商，允许企业根据一定的环境标准开展的自愿行动。相互沟通型政策类型丰富，涉及环境信息披露、环境认证与标志、自愿环境协议等。沟通型环境工具基于社会公众环境保护意识与文明程度的提高，旨在借助外部舆论的监督下，企业自愿选择和采用清洁生产方式以换取宽松的环境政策，信息披露、自愿性协议是此类方式的常见沟通手段。与直接管制与市场激励手段相比，沟通型工具随着其作用的不断发挥，日益受到政策制定者和学者的关注。

信息披露是指企业通过公开发布其环境投资与成本相关信息，让公众对其环境执行效果进行监督的行为。由于市场通常不能给出关于环境破坏的具体信息并阻止环境恶化，因此信息的不对称性是产生市场失灵的主要原因。信息披露作为弥补市场的信息失灵和信息不对称的手段，具有其他手段不可替代的作用效果。随着信息革命与大数据的深入应用，环境信息获取更为便捷，综合性技术变革得以激发，不断推进与绿色技术关联的技术创新。VEA是环境自愿性协议的简称，是完全不同于传统外部制度压力下的一种新兴环境政策工具。VEA建立在政企平等协商的基础上，由污染者自愿进行污染治理并得到环境部门的认可。虽然实践中企业会主动履行自愿协议中的责任和义务，但由于缺乏外界的压力，企业很难进行技术的根本性变革，结果只能激励渐进性技术创新。

政策制定方式与生存土壤的较大差异导致命令控制型与市场激励型环境规制政策呈现出不同的特征与效果。直接管制具有强制性，实施中不计成本以实现管制标准的要求为目标。市场化方式建立在制度的完善与关联环境的配套基础上，企业在市场信号的引导下具有一定的灵活性，通过成本收益分析进行理性选择，实现经济与环境绩效的共赢，而自愿型环境政策因其自愿履行环境责任的特点，最终使企业更愿意进行绿色技术的渐进性创新。三种环境政策各具特点，适用于不同的产业、地区与技术水平，在经济发展的不同阶段产生不同的作用效果。

三　创新理论

（一）创新的内涵及形式

经济学中对创新较为全面的理解和流行的定义为：创意的形成与创造的商业化应用。它体现了创新的两个本质特征：一是要有新颖的想法，二是要能够通过设计、生产最终实现商业价值。创新与技术发明和技术变革有着不同的含义，因此包含两个阶段：技术的发明创造阶段与技术的商业化应用（技术扩散）。

创新可以分为不同类型，按照技术的创造性强弱分为根本性自主创新与模仿创新，依据不同的创新对象可分为技术工艺创新与产品创新。渐进性创新是指对某种特定产品或工序的稳定改善过程，但不会根本改变产品或工序的特征。根本性创新是指那些从根本上改变了产品或工序特征的创新。工序创新改变了产品的生产与制造方式，并没有改变该产品本身；产品创新是指创造出一种新的或改善后供出售的产品，而没有改变其生产工序。工序创新通常可分为四种类型：

第一种类型的工序创新是资本节约型创新。是指一项资本装置的成本减少，这种创新减少了规模经济，降低了规模效率的最小值，使小规模的企业具有更好地进入市场和在市场上生存的机会。

第二种类型的工序创新是投入节约型创新。是指未加工原料投入的减少或未加工原料转化成最终产品的效率提高，意味着投入成本在平均成本中的份额变得更小，因而分摊的固定成本在平均成本中份额变得更大，从而使规模经济提高。

第三种类型的工序创新是资本替代型创新。这类工序创新是指劳动密集型工序被资本密集型工序所代替，固定成本提高，但边际成本下降，从而导致了规模效应的提高。

第四种类型的工序创新是产生了范围经济。这类工序创新是产生了范围经济而不是规模经济的创新，它反映了产出附加种类产品的边际生产成本降低的创新。

（二）创新与政策

创新活动中产生的技术溢出使社会对创新的需求大于市场所能提供的数量。因而有必要通过适当的政策安排来纠正创新中的市场失灵。达斯古普塔（Dasguputa，1987）把纠正市场失灵的创新政策分为三类：第一类对研发活动及其他创新活动出现的正外部性的补贴，被称为庇古方法。第二类是通过产权制度保护创新者避免无偿向外部的收益溢出，被称为林达尔方法。第三类是促进市场未能给予足够支持的活动予以政府支出或采购，被称为萨缪尔森方法。

1. 庇古方法：补贴

补贴可以采用两种形式：对供给的补贴或者对使用者的补贴。来自一般税收的补贴是用来补偿那些通过研发活动可以产生正外部性的部门。对使用者的补贴主要是补偿对采用一项新技术而产生正外部的人。补贴的对象既可以是一般性的，也可以有特殊的目的。一般的补贴，如研发支出的税收减免或直接的研发补贴；特殊目的的补贴如政府根据国家发展战略，赋予某些关键或核心技术领域（如生物、电子、信息）相应的补贴。

2. 林达尔方法：知识产权与绿色专利

通过知识产权的使用对来自研发活动和信息收集的外部性进行"商品化"。知识产权是一个创造性进程的结果，包含三层含义：第一，它是知识性的，即它是头脑或智力的产品；第二，它常常是一种无形资产，可以表现为特定的形式，但其价值并不受它所采用的特定物理形式的限制；第三，知识产权在法律上被作为一种财产对待。知识产权保护指依据知识产权法律制度，对智力发明、创造的成果给予一定的司法与行政保护，以对发明者进行创新激励并在促进知识传播、扩散与商业化应用之间进行协调，从而实现社会福利与创新激励、保护强度与国家利益的权衡。按照法律规定，知识产权司法保护是指通过国家的司法力量对知识产权所有者的合法权益予以保障，并追究侵权人的刑事与民事法律责任的法律保护制度。知识产权的行政保护则采用行政手段或方式，打击损害知识产权所有者利益的保护方式。

环境的不断恶化引发世界对生态环境保护的日益重视，为绿色发展保驾护航的专利制度逐步向"绿色化"迈进。绿色专利制度研究开始进入学术研究领域。对于绿色专利的定义，目前尚无严格统一的界定，主要采用列举或演绎的方式描述绿色专利的特殊属性。美国专利与商标局与世界知识产权组织普遍认为，能够改善环境质量、节能减排及可再生能源技术都属于绿色技术。因此，绿色专利是指那些具有"绿色"特性的技术专利，这类专利有利于环境保护和提升生态效率，推动人类的绿色可持续发展。绿色专利的内涵思考在我国始于世界知识产权日的"绿色创新"主题，引发了以郑友德、何隽等学者为代表的绿色专利研究的兴起。学者对于绿色专利的定义存在两种观点：大多数主张绿色专利不仅需满足普通专利具有的新颖性、创造性和实用性"三性标准"，更重要的是增加"绿色"审查标准并进行环境评估的实质审查。少数学者对绿色专利的观点分歧集中于是否必须把"绿色"特征纳入法律审查标准。

3. 萨缪尔森方法：政府公共研发

在市场失灵严重的情况下，政府可以对具有重要社会价值、私人不愿介入的非营利性活动投入公共资金或直接从事研发活动。然而，公共部门直接进行研发活动存在两个明显的困难：一是公共机构缺乏行业公司拥有的商业信息和市场激励。据此，一般认为政府部门更适合进行基础研究而不是接近市场的应用研究。二是政府资助的研究可能会排挤私人资助的研究，这是对稀缺的科技人才竞争的结果，也可能是政府通过为企业免费提供研究成果从而消除了私人资助研究的动力。

第三章

我国绿色技术创新实践

早在 20 世纪 80 年代，党和国家的第二代领导核心邓小平就明确提出科学技术是第一生产力，充分证明了我国对科学技术在国家发展战略中的重要地位的高度重视。1973—1979 年全国第一次环境保护会议的召开、第一个环保专业机构的建立到第一部环境保护法的颁布，预示了以环境保护为引领的绿色技术创新逐步拉开了帷幕。随着我国改革开放的深化，进一步促进了绿色技术创新的发展，不断推进绿色技术向技术前沿逼近。自党的十七大提出生态文明建设到党的十八大将生态文明建设纳入"五位一体"中国特色社会主义总体布局以来，绿色技术创新快速进入深入发展轨道，取得了巨大的发展成效。

我国的绿色技术创新在政府环境规制与创新支持政策的共同激励下逐步发展。绿色技术创新的价值形成过程可分为两个阶段：一是技术创新主体经历研发资源投入到绿色知识产出的技术开发阶段，二是技术成果通过市场化运作与商业化应用实现技术扩散与转化阶段。技术开发阶段能够反映技术创新主体在绿色创新政策规制下，利用已有资源和技术的创新能力；技术扩散阶段则体现了创新主体在科技转化环境下的技术成果转化水平。根据以上分析，我国的绿色技术创新实践可从以下三个方面体现：①政府的绿色技术创新政策演变特征及其效果。②绿色技术创新价值形成的技术开发阶段：绿色专利的产出效果。③绿色技术创新价值形成的技术扩散与转化阶段：节能环保产业为代表的发展实践。

从绿色技术创新的发展结构来看,绿色技术创新政策数量快速攀升,政策类型逐渐丰富,政策主体不断扩展,政策的执行与实施范围日益扩大。绿色专利授权的数量与质量不断攀升,时空构成不断拓展。绿色技术创新的扩散与应用取得了一定的规模效应,节能环保产业链不断发展壮大。总体来看,随着我国政府规制的不断强化,对我国绿色技术创新的知识创造与产业化应用起到了积极的引导推动作用,促进了社会经济的可持续发展。本章的内容结构安排如下:首先,分析我国绿色技术创新政策特性的演变过程。其次,介绍绿色技术创新第一阶段成果:绿色专利的时空变化。在前两节内容的基础上,通过量化估计揭示我国绿色技术创新政策特性的具体诱发效果。最后,阐述绿色技术创新第二阶段:节能环保产业发展。

第一节 绿色技术创新政策演变

绿色技术创新政策主要包括两大类:第一类是与环境规制相关的政策,包括命令控制型、市场激励型与自愿规制型三种,市场激励型政策具体又可分为数量激励型与价格激励型两种;第二类是与技术创新相关的政策,如促进企业进行技术研发的税收优惠与减免、研发补贴、专利保护及技术改造与推广等创新激励政策。已有不少学者针对具体的某种环境规制政策的绿色技术创新效果进行了相关的实证研究。李婉红(2015)以我国省区制造业,研究了排污费制度对绿色技术创新的驱动作用,研究发现排污费制度和绿色技术创新均存在空间自相关性,发达省份支持"波特假说",驱动效应更加明显。李婉红等(2013)以污染密集行业的规模大小与创新人力资本作为控制变量,结果发现强化环境规制能有效提升污染密集行业的绿色产品创新与绿色工艺创新水平。王锋正等(2015)研究认为,环境规制对资源型产业的绿色产品创新不产生显著影响,但对绿色工艺创新能产生明显的正向影响。Manuel Frondel 等(2007)研究了市场激励工具、规制型政策、自愿型规制与补贴四种不同类型的政策工具对 OECD 国家采用终端减排与清洁生产技术的影响效果，结果发现 OECD 国家对减排技术的选择主要取决于企业成本的节约与各东道国的环境规制政策。这些经验研究揭示了不同的环境创新政策工具在不同产业中对绿色技术创新的影响效果，带给我们许多重要的启示。

然而，已有针对绿色创新政策的研究要么仅限于不同类型环境规制政策的研究，要么结合环境规制与政府研发资助共同探讨绿色创新政策，再者利用不同类型环境规制与政府研发资助的交互作用反映绿色创新政策规制的总体效果，罕有从绿色技术创新政策自身的特性出发，对政策强度、政策分类目标、政策不同措施进行量化，探讨对绿色技术创新效果的经验研究。为此，本节在对 1994 年以来中国主要的绿色技术创新政策进行逐条分解与量化的基础上，深入分析我国绿色创新政策各类目标与不同措施的演变；利用规制经济学与创新经济学相关理论建立负二项分布回归模型，深入探讨政策力度、政策目标、政策措施与政策监管四类政策特性对我国绿色技术创新的影响效果。

一　绿色技术创新政策量化

我国出台的一系列绿色创新政策极大地促进了全国与各地区的绿色发展。政策结构包含国家战略、科技专项计划、部门与产业政策及地区行动计划。如图 3 - 1 所示。绿色创新的国家战略主要包括中国可持续发展战略，科技与教育发展战略，"十一五""十二五"及"十三五"规划中节约能源与减少排放、绿色发展的工作规划；从法律层面，出台了《中华人民共和国可再生能源法》《中华人民共和国节约能源法》《中华人民共和国大气污染防治法》等，颁布了促进技术研发与开发绿色市场的相关条例。《国家中长期科学和技术发展规划纲要（2006—2020 年）》特别强调把能源与环境作为 11 个主要发展的重点领域，地方政府与绿色技术创新相关的法律、法规、条例相继出台，极大地丰富了我国的绿色创新政策。

参考 Gray D. Libecap（1978）构建法律变革指数的思路，本书在程华与彭纪生等对我国环境政策与技术创新政策量化标准的基础上，融入我国绿色创新政策的特性，构建如表 3 - 1 所示的量化指标体系。

本书收集了我国自 1994—2017 年中央及各部委（不包括各省、市、区颁布的地方法规）颁布的 1533 条环境规制与技术创新政策，在对这些政策进行分析整理后，从中筛选出 336 条既属于技术创新政策，又满足绿色发展的绿色技术创新政策，分别从政策力度、政策措施、政策目标及政策监管 4 个层面对每项绿色技术创新政策进行赋值量化，其中，政策措施与政策目标包含二级量化指标。政策措施包含行政措施与财税措施两个二级量化指标，政策目标包含污染防治、节能减排、技术创新与技术扩散四个二级量化指标，每个指标的三级细分标准按照 5 分赋值法从 1—5 进行赋值，表示对应政策标准的重要程度由弱渐强。

表 3 - 1　　　　　　　　　中国绿色创新政策量化指标体系

一级指标	二级指标	三级指标	赋分
政策强度		全国人民代表大会及其常务委员会颁布的绿色创新法律	5
		国务院颁布的绿色创新（暂行）条例，各个部委的部令、规定	3—4
		绿色创新通知、公告；各个部委的绿色创新暂行规定、办法、意见、规划	1—2
政策措施	行政措施	建立产品目录，对企业的环境创新产品直接采购和采取保护	5
		下放审批权限，提出简化行政审批的（明确）程序，建立（非常）健全的服务与引导体系	3—4
		采取严格的政府管制；保留审批权限，提出政府的态度是不反对或限制	1—2
	财税措施	多方面给予最大的财政支持；在折旧方面以及返还比例上给予最宽松的限定	5
		给予一定（较大）的财政支持；在折旧以及返还比例上给予严格（宽松）的限定	3—4
		（谈及）给予一定的财政投入支持，无具体规定或对折旧及税收返还限定严格	1—2

一级指标	二级指标	三级指标	赋分
政策目标	污染防治	立法角度强调污染防治	5
		强调污染防治，有些（各）方面限制污染物的排放	3—4
		仅涉及污染防治；提出污染防治，限制范围不明确	1—2
	节能减排	对节能减排全方面且强有力地支持；给予特别优惠；简化行政程序，提高效率	5
		对节能减排（大力）支持，某些方面给予（较高）优惠；简化行政程序，提高效率	3—4
		仅谈及节能减排；支持特定的节能减排，给予一定的优惠；行政审批比较严格	1—2
	技术创新	非常强调自主创新、原始性创新；从各个方面大力支持技术创新	5
		重视（强调）技术创新；建立专门计划；加大技术创新投入或财税优惠、经济投入的力度	3—4
		提及（提出）技术创新的合理化建议与技术改造，给予研发投入或税收的优惠或补贴	1—2
	技术扩散	国家战略角度强调科技成果转化	5
		强调（建立）科技成果转化环境（产业化）；从有些（各）方面促进科技成果转化	3—4
		仅涉及科技成果转化；加强技术转让与应用推广	1—2
政策监管		强调严厉打击违反规制行为；从行政执法还是立法层面强调严厉打击违反规制行为	3—5
		仅提及规制政策监督与管理；加强职能部门规制监督与管理	1—2

在研究与实际调查中发现，更高级别的权力部门实施的政策法规效力越高，其政策力度分值也就越高。但其对创新主体的影响更为宽泛，约束力更弱。而低级别部门机构的政策目标与政策措施则具有更强的针对性、明确性，其效力在量化中会得到较高的分值。因此，在进行评分时，同一政策两个方向的赋值叠加能弥补单一指标政策效度

上的局限，从而真实地反映出不同权力部门实施政策的实际效力。

二 政策统计方法

按照表3-1的量化标准，可得出每年各项政策在政策力度、政策措施、政策目标、政策监管各级指标的得分，据此可算出每年各项指标的得分值及每年所有政策的各项指标总得分数值。计算公式如下：

$$S_{ik} = \sum_{j=1}^{m} s_{ijk}(i = 1994 - 2017; k = 1 - n) \qquad (3-1)$$

$$S_i = \sum_{j=1}^{m} \sum_{k=1}^{n} s_{ijk}(i = 1994 - 2017) \qquad (3-2)$$

其中，i 为年份，m 为第 i 年实施的政策数目；j 为第 i 年实施的第 j 项政策，$j \in [1, m]$；k 表示末级指标的类别，n 为每项政策末级指标的类别个数，具体为政策强度、行政措施、财税措施、污染防治、节能减排、技术创新、技术扩散、政策执行与实施8项目标。S_{ik} 表示 i 年第 k 个末级指标的赋分总值，S_i 则表示 i 年 m 项政策 n 个末级指标的总赋分值。

三 绿色技术创新政策演变

通过对筛选的336条绿色技术创新政策的颁布时间、颁布部门、部门类别、法律效力、法规背景、政策措施等进行整理、分类，形成绿色技术创新政策的数据库。利用前文的评价方法，对政策力度、政策措施、政策目标和政策监管四个政策特性进行赋值计算，得出我国绿色技术创新政策分类指标的量化值。

（一）总体分析

1994年至今，中国各政府部门颁布的绿色技术创新政策简况见图3-1，括号内数字表示该机构参与颁布的绿色技术创新政策数量，左边的时间轴表示不同政策颁发机构从1994年开始初次颁布政策的时间。

图3-1显示，截至2017年12月，全国人大、国务院、国家发改委、生态环境部、科技部、财政部、农业部、知识产权局等30多个机构颁布了绿色技术创新政策。意外的是，主管农业问题的农业部颁布的政策数量最多，超过了主管环境与技术创新问题的环保部和科技

部。说明绿色技术创新政策有别于一般的单一技术创新政策或环境规制，它是技术创新政策与环境规制政策的融合，是所有促进绿色发展的技术进步。

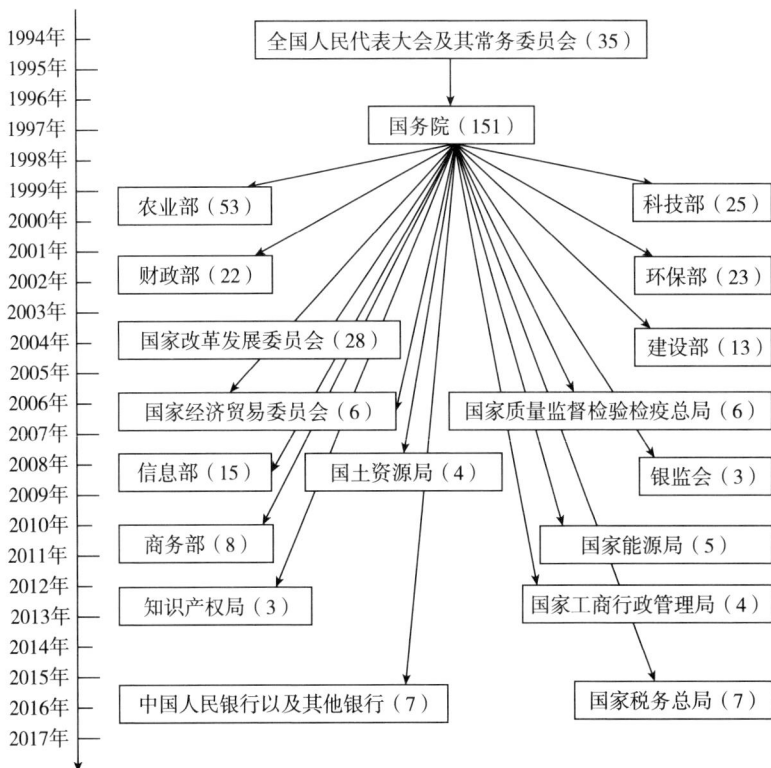

图 3－1　中国绿色技术创新政策简况

（二）政策数量与政策力度

图 3－2 显示，自 1994 年以来，我国注重环境规制与技术创新的结合，明确提出了实施可持续发展战略，采取各项措施推动环境保护和科技进步以推动绿色技术创新。23 年以来，不管是绿色技术创新政策数量还是力度都出现曲折性增长趋势，体现了我国绿色技术创新还处在摸索中前行的阶段。

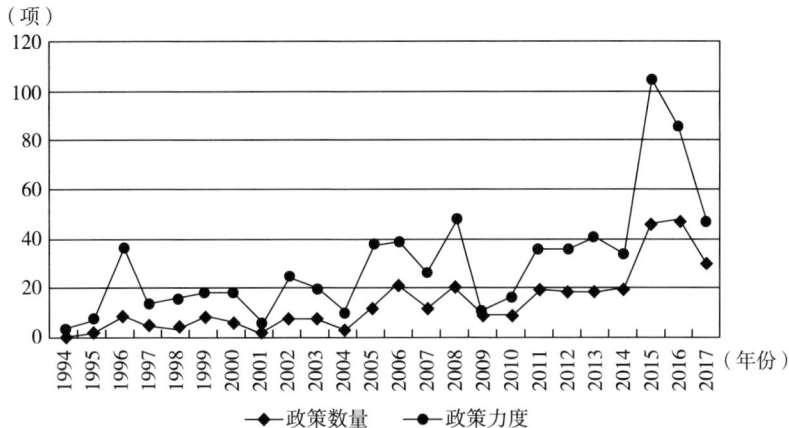

图 3 - 2 中国绿色技术创新政策颁布的数量与力度

从表 3 - 2 中可以清楚地看到，我国绿色技术创新政策在两个阶段中都有明显的增长。从政策数量来看，1994—2004 年，绿色技术创新政策年均为 5.10 项，最高年份仅为 9 项，最小值仅为 1 项，无论对于哪些方面，其增长的条例数都相当低；但在 2005—2017 年，随着国家日益重视环境保护和技术进步，更多管理部门参与到绿色技术创新政策的制定中，政策开始大量涌现，平均颁布数量从 5.10 项剧增到 21.54 项，提高了 3 倍还多，最高的年份为 47 项，远远超过前期的数量，可见国家对绿色技术创新的重视。我国早期颁布的政策都以法律的形式出现，政策力度较强，相比于同期的政策数量，是政策数量的 3 倍；由于后期政策多数是对前期基础法律的补充规章条例，相对的政策力度较低，为同期政策数量的 2 倍。尽管后期政策力度相比之前增速较为放缓，但毋庸置疑，无论从政策数量还是政策力度都呈现出快速增长的态势。

表 3 - 2　　中国绿色技术创新政策数量与力度的不同时期比较　　单位：项

	平均值	最大值	最小值	中值	标准差
1994—2004 年					
政策数量	5.10	9.00	1.00	8.00	2.88
政策力度	15.82	37.00	6.00	18.00	9.42

	平均值	最大值	最小值	中值	标准差
2005—2017 年					
政策数量	21.54	47.00	9.00	19.00	12.43
政策力度	43.31	105.00	11.00	36.00	25.82

（三）政策目标

1. 环境目标

从图 3 - 3 绿色技术创新政策目标中关于环境规制的比较可以看出，尽管污染防治和节能减排指标出现了非常明显的变化，但随着时间的推移，无论是污染防治还是节能减排都显现出大幅的增长，并且可以发现，两者呈现出反向的变化趋势。当某年的污染防治指标较高时，当年的节能减排指标较低；反之，当节能减排指标较高时，当年的污染防治指标较低。表明我国在制定政策时充分考虑到当年的主体目标，通过适当调整不同类型环境规制指标，以实现当年总体环境目标。

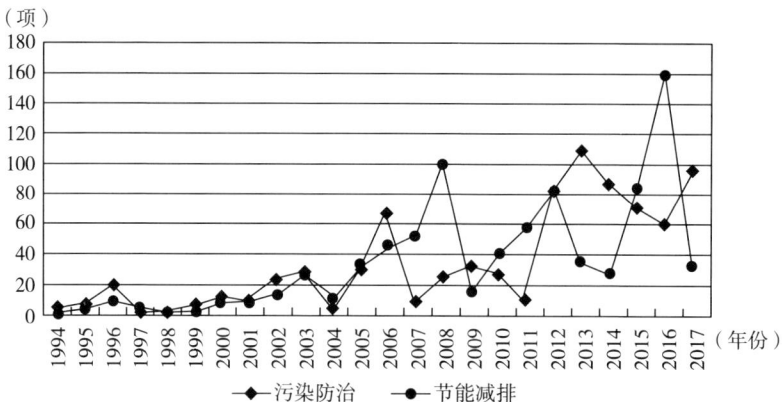

图 3 - 3　中国绿色技术创新政策的环境规制目标比较

从表 3 - 3 可以看出，1994—2004 年，环境规制指标整体数值偏小，污染防治指标 10.82 项略高于节能减排指标 7.91 项，体现出那个时期整个国家的环保意识还不强，仅停留在对污染的防治上。随着环境问题的加剧，节能减排作为一个较新的政策目标逐渐进入国家和民众的视野，环境政策从终端的污染防治扩展到对污染源的考量，积极鼓励采用清洁技术实现节能减排，兼顾污染防治与节能减排，政策的目标导向从单一向多元过渡。2005—2017 年，节能减排飞速发展，从 7.91 项猛增至 58.92 项，提高了约 6 倍。而污染防治尽管也从 10.82 项提高到 54.46 项，但从增长幅度来说，远远小于节能减排，因此可以看出这十几年时间，节能减排措施正在蓬勃发展，无论是从平均值、最大值、最小值、中值等方面都超过了污染防治。

表 3 – 3　　　　不同时期中国绿色技术创新政策环境规制目标比较　　　单位：项

	平均值	最大值	最小值	中值	标准差
1994—2004 年					
污染防治	10.82	29.00	1.00	7.00	9.23
节能减排	7.91	26.00	0.00	2.00	7.30
2005—2017 年					
污染防治	54.46	109.00	9.00	10.00	33.73
节能减排	58.92	158.00	16.00	57.00	38.55

2. 技术目标

从图 3 – 4 可以看出，随着时间的推移，技术创新和技术扩散都呈现出不同程度的增长，技术创新的增长相比之下，呈现出爆炸式增长。但是，技术扩散在第一阶段基本是平稳推进，只在第二阶段有小幅增长。这种结果正好印证了我国在创新驱动国家发展战略后，采取更加严格的专利保护制度、R&D 补贴及税收减免等多项产业激励政策，促进了专利数量的快速增长，有效提升了专利质量。但由于忽视了专利授权后如何进行技术的推广与商业化应用，从而缺乏相应的政策与制度支持以及产学研相互合作的有效的联盟导致技术扩散一直发展缓慢，远远滞后于技术创新。

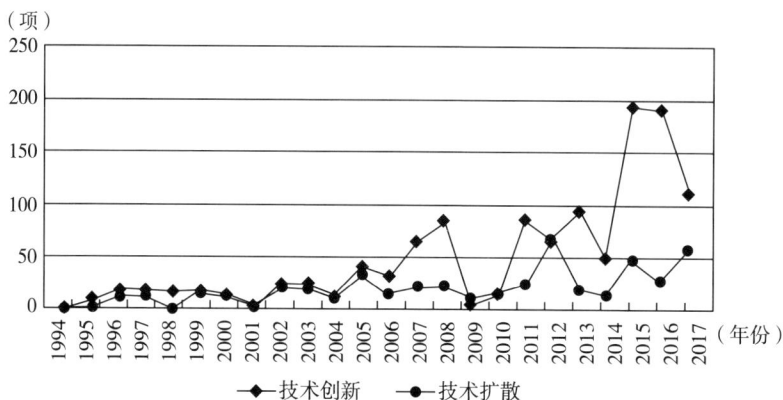

图 3 - 4　中国绿色技术创新政策的技术目标比较

从表 3 - 4 的比较结果可以看出，1994—2004 年，技术创新和技术扩散无论从平均值、最大值、最小值、中值甚至是标准差来看，指标都十分相近，差异最大的最大值也仅相差 4 项。但到了 2005—2017 年，技术创新和技术扩散相比前一时期都有了很大的增长，从原来的 13.91 项提高到 79.54 项，是原来的约 6 倍。显然这一时期国家更加重视技术创新对国家经济发展的推动作用，而技术扩散的涨幅仅为 144%，远远低于技术创新。表明我国的技术政策在创新驱动发展的初期，重点强调发明创造及技术改造的第一阶段技术创新，而对于技术创新第二阶段的技术扩散，国家的激励政策还没能跟上步伐。

表 3 - 4　　　　不同时期中国绿色技术创新政策技术目标比较　　　单位：项

	平均值	最大值	最小值	中值	标准差
1994—2004 年					
技术创新	13.91	25.00	1.00	17.00	7.41
技术扩散	11.92	21.00	0.00	17.00	7.78
2005—2017 年					
技术创新	79.54	193.00	7.00	85.00	58.72
技术扩散	29.15	68.00	11.00	25.00	17.84

3. 政策措施

政策措施可以从不同角度进行划分，为简化分析，本书从行政措施和财税措施两方面进行分析。从图 3 - 5 可以清晰地看出，行政措施和财税措施截至 2004 年无较大差异，说明早期行政措施与财税措施还未脱离，政策实施兼顾行政方面和财税方面；2005 年后，行政措施与财税措施具有较大差距，行政措施的变化幅度更加剧烈，说明每年政策的措施方向具有明显的针对性，结合每年的实际情况，对政策措施提出新的规划，以期调整行政职能和财税职能。

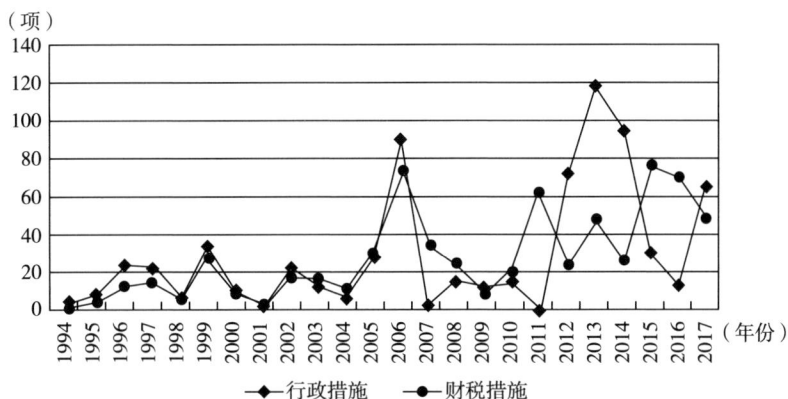

图 3 - 5　中国绿色技术创新政策措施

从表 3 - 5 能够具体地看出，两个时期的行政措施和财税措施平均值都很接近，总体而言，说明国家绿色技术创新政策能够对行政和财税部分同时兼顾。从行政措施来看，2005—2017 年阶段平均值为 42，整整为前一阶段的 3 倍，最大值也从 34 跃升到 118，但最小值并没有太大的改变，因此标准差越来越大，为原来的 4 倍。

从政策的财税措施来看，平均值从 11.37 项提升为 42.23 项，提高了将近 3 倍，最大值和最小值也有较大幅度的提升。说明无论从政策的行政措施还是财税措施来看，随着时间的阶段性推移，两项指标的数值都呈现不同程度地增长，但由于个别年度整体的政策导向差异，结果出现了总体变动不大，各年指标差异较大的情况。

表 3 – 5　　　　　　不同时期中国绿色技术创新政策措施比较　　　单位：项

	平均值	最大值	最小值	中值	标准差
1994—2004 年					
行政措施	14.00	34.00	2.00	2.00	10.32
财税措施	11.37	28.00	1.00	4.00	7.79
2005—2017 年					
行政措施	42.00	118.00	0.00	0.00	40.72
财税措施	42.23	77.00	8.00	63.00	23.06

4. 政策监管

政策监管指标区别于其他指标，特指职能部门对绿色创新规制的执行与实施是否进行监督与管理，是否能够从行政与立法层面强调打击违反规制的行为，其数值大小反映政策监管强度的高低。数值较低的年份表明政策仅提及对违法规制的行为进行监督与管理，并未从行政或法律上对违反规制的行为将会面临什么样的法律制裁做出回应。由图 3 – 6 可知，在经历了一个平稳期后，政策的监管出现较大的波动，表明国家对绿色创新政策的监管还不稳定，处于政策调整期，呈现出松紧相间的大起大落状态。

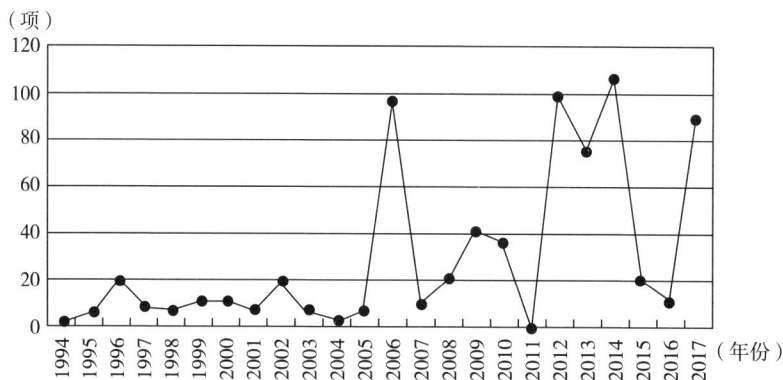

图 3 – 6　中国绿色技术创新政策监管强度变化

表 3 – 6 表明，与 1994—2004 年相比，2005—2017 年的平均值从 9.27 项增长到 47.15 项，约为前期的 5 倍；但由于国家对绿色技术创

新政策的监管力度较不稳定，出现了很大的落差，最大值为 106 项，远超过前期的 20 项，最小值为 0 项，低于前期的 2 项，因此标准差从原来的 6.07 项激增到 40.05 项。

表 3 - 6　　　　不同时期中国绿色技术创新政策监管强度比较　　　单位：项

	平均值	最大值	最小值	中值	标准差
1994—2004 年	9.27	20.00	2.00	11.00	6.07
2005—2017 年	47.15	106.00	0.00	0.00	40.05

第二节　绿色专利的时空变化

绿色技术的知识创造结果可表现为各类绿色知识产权，专利是知识产权中最能反映技术含量与技术复杂度的知识发现，绿色专利是绿色技术创新的知识创造的直接体现，它的数量多少与质量的高低能够反映出我国绿色技术的知识存量的发展程度。绿色专利包含绿色发明、绿色外观设计与绿色实用新型。根据本书对绿色技术创新的内涵界定，结合现有文献研究的常用方法及可获得的国内外公开数据库信息，借鉴 Brunnermeier、Cohen 的方法，根据经合组织《技术领域与 IPC 分类号对照表》，建立环境技术领域与 IPC 分类的对应关系，基于环境技术的 6 类 IPC 代码：A62D、B09、C02、F01N、F23G 与 F23J，通过搜索专利网站"专利检索及分析"得到我国各年各类绿色专利数据。6 类 IPC 代码的简明含义如表 3 - 7 所示。

表 3 - 7　　　　　　　　　　IPC 代码含义

IPC 代码	简明含义
A62D	灭火用或控制或防护有害化学试剂用化学装置；用于呼吸装置中的化学材料
B09	固体废物的处理；被污染土壤的再生

IPC 代码	简明含义
C02	水、废水、污水或污泥的处理
F01N	一般机器或发动机的气流消音器或排气装置
F23G	焚化炉；废物的焚毁
F23J	燃烧生成物或燃烧余渣的清除或处理

一 我国绿色专利的动态变化

1994—2017 年，我国各地区绿色专利呈现不均衡分布，东部地区授权的绿色专利数最多，中西部地区数量接近，东北部地区最少。其中：东部地区绿色专利数占全国总数一半以上，达到 68%；西部与中部地区总量接近，各占 13% 与 15%；相比而言，东北部地区绿色专利数量最少，仅占比 4%，见图 3 - 7。

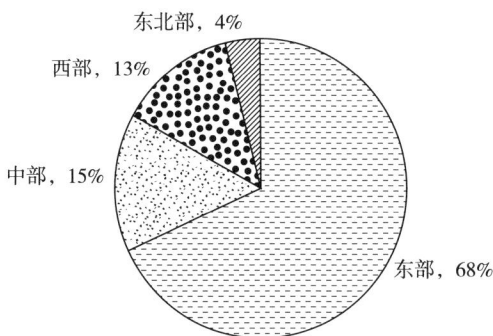

图 3 - 7 1994—2017 年各地区绿色专利分布

资料来源：专利检索网站与《中国科技统计年鉴》。

1994—2005 年，我国所获绿色专利以 21.9% 的比例平稳增长，2000 年增长率最高，达到 42.6%，2006 年，绿色专利发生了跨越式增长，跃升为 86.1%，2007—2015 年，我国绿色专利从 4896 件快速增长为 38006 件，增长了近 10 倍，增长率平均达到 23.44%。2016 年我国绿色专利数达到 50907 件的顶峰，绿色发展势头强劲，2017 年绿色专利数略微有所回落，下降为 33326 件，如图 3 - 8 所示。

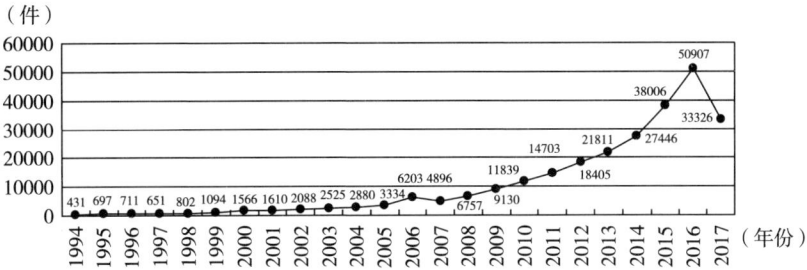

（件）

60000
50000
40000
30000
20000
10000
0

50907
38006
33326
27446
21811
14703
11839
18405
9130
6757
6203　4896
3334
2525　2880
2088
1566　1610
1094
431　697　711　651　802

1994 1995 1996 1997 1998 1999 2000 2001 2002 2003 2004 2005 2006 2007 2008 2009 2010 2011 2012 2013 2014 2015 2016 2017（年份）

图 3 – 8　1994—2017 年我国绿色专利数量增长情况

从图 3 – 9 可以看出，在我国六类绿色专利授权数中，C02 类即废水处理绿色技术所获专利数远远超过了其他五类，多达 189534 件；排名第二位的是固体废物的处理与被污染土壤的再生类绿色技术 B09，绿色专利授权数为 20198 件；略逊于 F23J 与 F01N，燃烧生成物类绿色专利技术 F23G 为 14470 件；消除或处理燃烧生产物、机器与发动机消音器或排气装置 F23J 与 F01N，授权数分别为 17500 件与 16832 件；授权专利数最少的是控制或防护有害化学试剂用的化学装置或用于呼吸装置中的化学材料等 A62D，专利数仅为 3288 件。

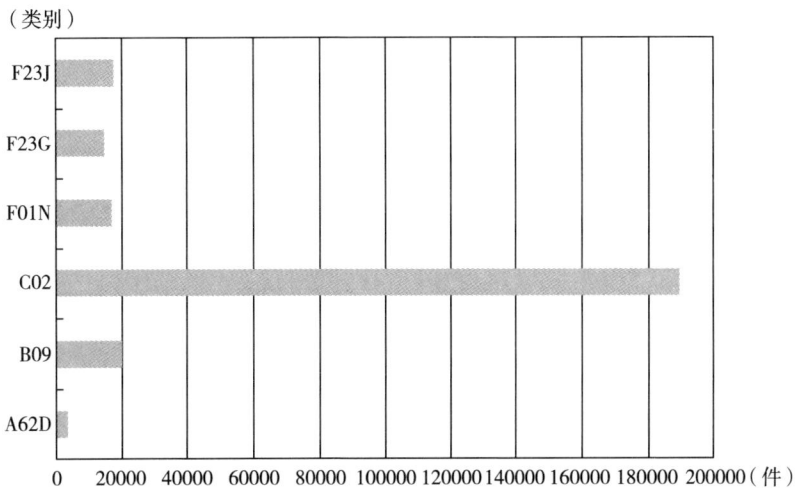

（类别）

F23J

F23G

F01N

C02

B09

A62D

0　20000　40000　60000　80000　100000　120000　140000　160000　180000　200000（件）

图 3 – 9　我国六类绿色专利

整体来看，1994—2017 年，我国绿色技术有了明显的提高，绿色专利授权数量有较大幅度的增长，年平均增长率达到20%以上，最快增长率高达 86.1%。专利授权数从 1994 年的最低值 431 件跃升为 2016 年的峰值 50907 件，增长了近 12 倍。除在 2017 年绿色专利授权数有所滑落外，近 10 年中，绿色专利授权数总体保持平稳增长。见图 3－10。

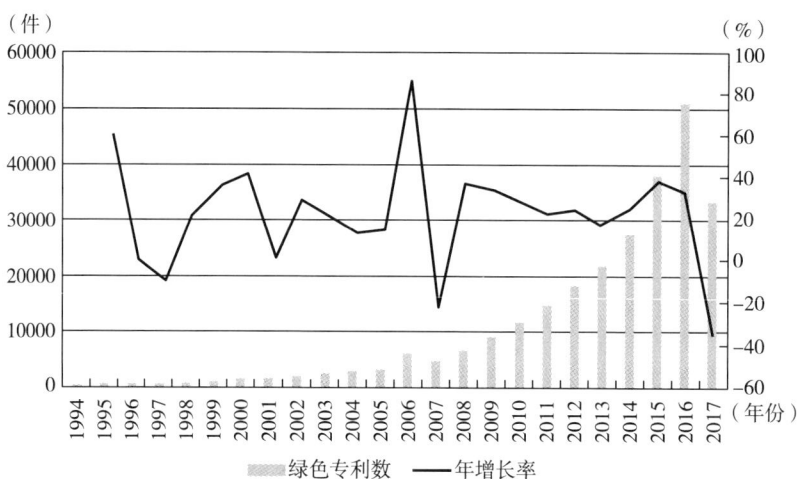

图 3－10　1994—2017 年绿色专利年增长率

二　我国绿色专利的空间构成

（一）我国四大区域绿色专利空间分布

图 3－11 与图 3－12 表示自"九五"计划以来，我国东部、中部、西部与东北部地区绿色专利授权数的对比与增长情况。从图 3－11 可以看出，自"九五"计划开始到"十三五"规划初期，我国绿色技术水平呈不断上升趋势，东部地区一直遥遥领先于其他三个地区，东北部地区一直处于最末端的位置。中西部地区绿色专利数不相上下，近几年来，中部地区有加速超越西部地区的趋势。"九五"时期，全国各地区绿色技术水平整体还非常低下，东部、中部地区绿色专利数仅为 389 件、149 件，西部与东北部地区都不足三位数；到

"十五"计划期初,各地区绿色技术较之前有了一定的进步,东部地区绿色专利数超过了4位数,达到1058件,中部、西部与东北部地区也都超过了百位数。图3－12显示,东部与西部地区相比较而言,绿色技术进步速度最快,增速分别达到172%与108%,中部与东北部地区增速相当,接近60%;从"十一五"计划以后,东部与中部、西部、东北部的绿色技术差距逐渐扩大,2011年东部地区的绿色专利授权数突破一万,达到10410件,"十三五"规划初期,东部地区绿色专利授权数高达33804件,远远超过其他三个区域。"十五"计划后,中西部地区绿色技术竞相发展,两个地区的绿色技术显现出你追我赶的热烈场面,2016年双方的绿色专利授权数分别达到8468件与7308件。东北部地区的绿色技术总体表现出平稳增长,平均增速保持在101%,"十三五"规划初期,绿色专利授权数达到1327件,是"九五"计划期初的近16倍。

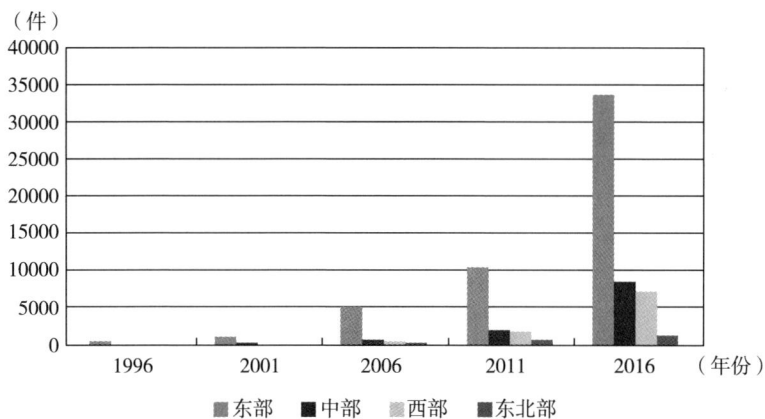

图3－11　"九五"计划时期至"十三五"规划时期各地区绿色专利增长情况

（二）我国各省（区、市）绿色专利分布

从图3－13中可以看出,我国绿色技术在各省（区、市）存在较大差异,绿色专利分布极其不均衡,总体可分为五个等级。江苏省专利总量为41599件,在全国遥遥领先;北京、广东、山东、浙江及上

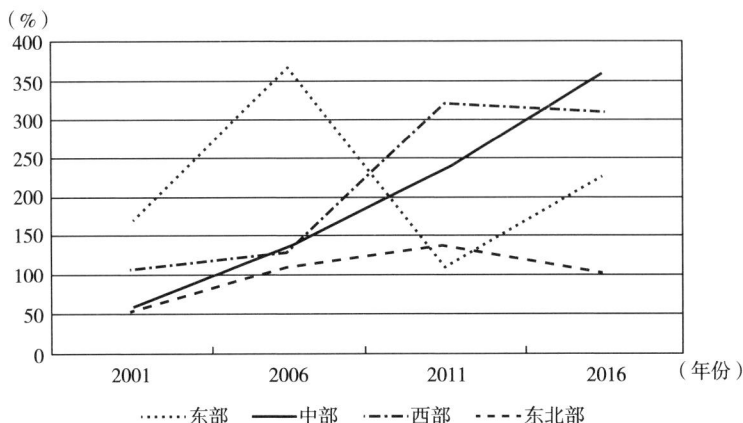

图 3-12　"九五"计划时期至"十三五"规划时期各地区绿色专利增长率

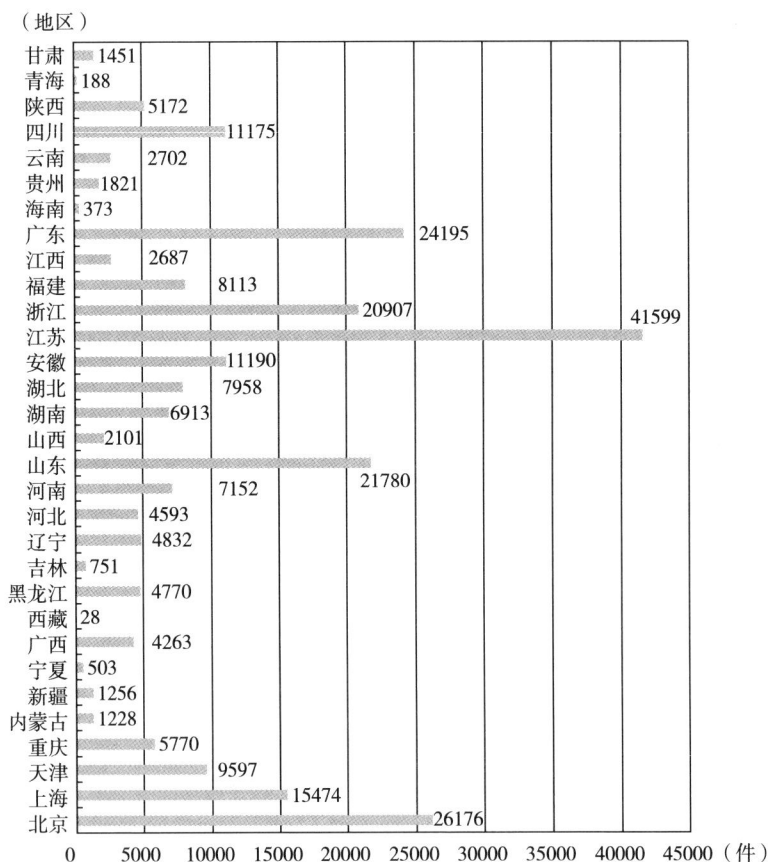

图 3-13　1994—2017 年我国 31 省（区、市）绿色专利情况

海，绿色专利数约为江苏省的一半，绿色技术在国内处于领先地位，绿色专利申请数分别为 26176 件、24195 件、21780 件、20907 件与 15474 件，上海稍为逊色，数量不足 20000 件；绿色技术较为发达的地区绿色专利授权数约为处于领先地位地区的 1/2，专利数量范围在 7000—12000 件，分别为安徽、四川、天津、福建、湖北、河南 6 个省（市）；绿色技术水平中等地区的绿色专利数量分布在 2000—7000 件，授权数量由高至低依次为湖南、重庆、陕西、辽宁、黑龙江、河北、广西、云南、江西、山西 10 个省（区、市）；绿色技术落后地区的绿色专利数 24 年来总数不超过 2000 件，分别为贵州、甘肃、新疆、内蒙古、吉林、海南、宁夏、青海、西藏 9 个省（区），其中，吉林、海南、宁夏、青海、西藏 6 个省（区）绿色专利数量不足 800 件，最少的西藏仅为 28 件。

图 3-14 显示，从"九五"计划开始直至"十三五"时期，我国绝大部分省市的绿色专利授权数都呈现出持续的增长趋势。相比"九五"时期，"十五"时期期初增长率最快的为上海，达到 404%，仅有吉林省与贵州省出现负增长，数量分别下降了 41%、50%；"十一五"时期期初各省（区、市）绿色专利增长率呈现较缓增长，平均增速从 123% 上升为 195%，增速最快的为山东省，增速高达 1782%，出现负增长的省份仍然为吉林省，相比"十五"计划时期绿色专利数量下降 50%；从"十二五"时期至"十三五"时期，我国各省（区、市）的绿色专利平均授权增长率有了显著增加，从"十一五"时期不足 200% 迅速提高到"十二五"时期的 247% 与"十三五"时期期初的 310%。"十二五"时期增长最快的为陕西省，高达 710%，绿色专利数从 40 件迅速跃升到 324 件，山东、海南、宁夏 3 省（区）增速减缓，相比"十一五"时期下滑 56%、46% 和 13%；"十三五"时期期初，海南、宁夏增速加快，相比其他省（区、市），绿色专利增长率分别达 1386% 和 957%，远超其他省（区、市）平均 300% 左右的增速，此阶段所有省（区、市）均表现出增长态势，绿色技术发展势头强劲。从图 3-14 还可以看出，江苏、广东、北京、浙江、山东五个省（市）自"九五"计划时期开始，绿色专利数在全国一直

稳居前列，是我国绿色技术最发达的地区，而广西、西藏、贵州、青海则是我国绿色技术最落后的地区，其绿色专利授权数还不足各规划时期发达省（市）专利数量的零头，表明我国的绿色技术在各地区的分布极不均衡，西部落后地区被东部沿海省（市）远远地落在了最后。

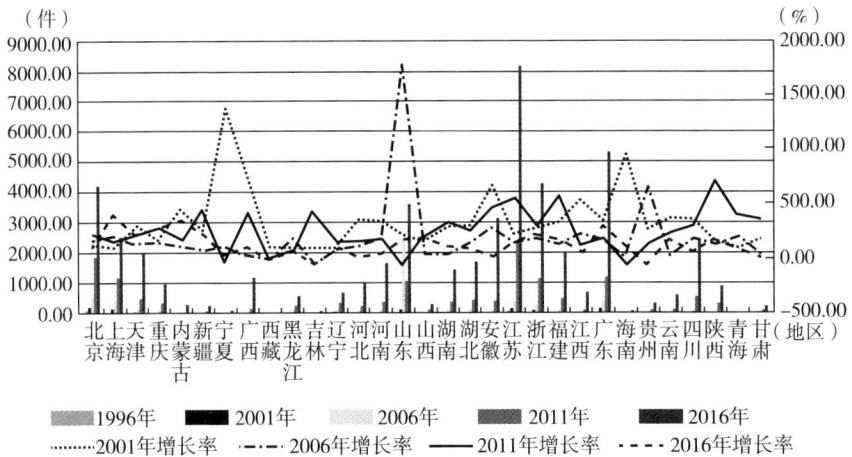

图 3 - 14 "九五"时期至"十三五"时期各省
（区、市）绿色专利增长情况及增长率

图 3 - 15 反映了近三年来我国 31 个省（区、市）的绿色专利授权数量变化情况。从图 3 - 15 中可观察到，2015—2017 年，我国各省（区、市）绿色专利授权数总体先增后降，2016 年专利数量达最高点，2017 年数量回落较多，各省（区、市）绿色专利数较 2015 年有所降低。其中，江苏省近三年来绿色专利数量直冲峰顶，绿色技术稳步前进；广东省快速追赶，专利数量位居第二位，浙江、北京紧随其后，排名第三位；山东、安徽省表现突出，在 2016 年绿色专利数量都超过了 3000 件。广西、青海与西藏三个省（区）近三年来绿色技术发展依然垫底。

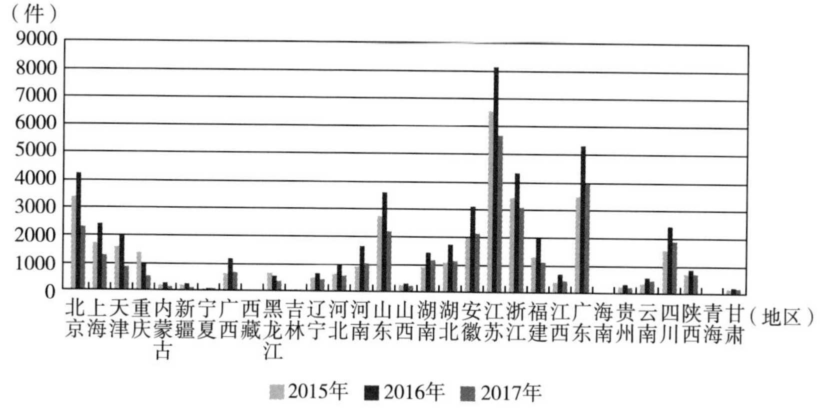

（件）

图 3－15　2015—2017 年我国 31 省（区、市）绿色专利增长情况

第三节　绿色技术创新政策特性诱发效果

一　估计策略

绿色技术创新政策诱发实证的关键是绿色技术创新产出的确定。绿色技术创新产出从过程上可以分为绿色技术创新知识产出与绿色技术创新技术扩散。考虑到绿色创新政策的直接相关性及绿色技术创新和技术扩散诱发因素的复杂性，本节重点考察政策变量对绿色技术创新知识产出的影响。绿色技术创新知识产出可以用绿色专利来反映，具体用环境专利授权数来度量。主要在于：一是环境专利能直接体现绿色技术创造能力，数据更客观、真实；二是国家对创新的重视及知识产权保护的不断加强，环境专利统计数便于获取。然而，环境专利的授权数取决于申请数，而是否有专利可申请并得到授权又面临诸多的风险与不确定性。因此，环境专利数的取值一定为非负整数且呈离散分布。基于环境专利数据的这一特征，实证时采用一般的 OLS 回归设定不适宜，这时需选择离散选择模型中的计数模型进行回归设定。根据被解释变量的期望值是否等于方差，具体可选择泊松回归模型或

负二项回归模型。由于实际经济活动中专利数据往往表现出过度离散分布的特征，其数据样本的方差超过均值采用泊松回归模型会造成标准差低估及显著性水平的假阳性（Cameron，A. C.，2013）。因此，选择负二项回归模型，再根据回归结果中对"alpha = 0"的 LR 检验来判断所选择的模型是否适合。

负二项回归模型是基于泊松回归模型的一般化，通过向回归模型引入无法观察的随机影响来放松泊松回归模型被解释变量样本数据均值与方差相等的假定。借鉴赵丽华（2011）随机效应负二项回归模型可设定为：

$$f(Y_t \mid u_t) = \frac{1}{Y_t!}\exp\left[Y_t\log(\theta_t) - \theta_t\right] \tag{3-3}$$

$$\theta_t = \exp(\beta_n x_{nt} + u_t) \tag{3-4}$$

其中，Y_t 表示 t 时被解释变量发生的次数，x_{nt} 为解释变量的协变量，β_n 为被解释变量的回归参数。引入模型的核心解释变量，具体的计量模型为：

$$GP_t = \exp(\alpha_t + \beta X_t + \beta' X_{t-1} + \varphi Z_t + \varepsilon_t) \tag{3-5}$$

其中，GP_t 表示绿色专利数，X_t 为核心解释变量政策矢量，具体为政策力度、政策措施、政策目标与政策监管四类政策特性，政策变量取值依据上文政策量化标准与统计方法计算得出。ε_t 为随机误差项。x_{t-1} 表示变量的滞后一期，用于捕捉绿色专利对上一期政策特性的作用效果。Z_t 表示影响绿色技术创新的其他控制变量。控制变量包括三类：第一类是绿色创新投入变量，指研发经费投入与人力资本投入；第二类是诱发绿色技术创新的市场拉动与技术推动驱动因素，绿色技术的市场诱因又可细化为国内需求与国外需求；第三类是控制变量，用以控制我国对绿色技术创新发展的一般倾向变化。早期的研究发现（Cohen，et al.，2002），新的发明创造被专利授权的比率因各国的发展水平不同而有所差异，具体采用我国的经济发展水平变量来控制因经济发展导致的绿色技术创新倾向。由于政策变量特性之间可能存在多重共线性，故实证时依次加入不同的政策特性进行回归分析。为减少异方差，回归时所有核心政策变量与控制变量取常用对数。

二 变量说明

被解释变量 GP 表示绿色技术创新，用绿色专利授权数表示。与前文一致，借鉴 Brunnermeier、Cohen（2003）的方法根据经合组织《技术领域与 IPC 分类号对照表》建立环境技术领域与 IPC 分类的对应关系，基于环境技术的 6 类 IPC 代码：A62D、B09、C02、F01N、F23G 与 F23J，通过搜索专利网站"专利检索及分析"得出各年各类绿色专利数据。核心解释变量中的政策变量矢量的度量以上文建立的政策量化标准计算得出其指数值。P 代表政策力度，CS 表示政策措施，MB 代表政策目标，JG 表示政策监管。由于四类政策特性对绿色专利的影响方向难以断定，故各政策变量的系数符号不确定。

第一类控制变量中绿色技术研发投入为研发资本投入与人力投入，考虑到企业研发的绿色导向下，研发费用的增长能够代表一定的绿色投资方向，故用 R&D 经费内部支出表示绿色研发的资本投入 K。绿色人力投入 L 主要以企业已有研发人员的绿色转型为主，采用 R&D 人员全时当量来反映绿色研发的人力投入。绿色要素投入的增加有利于促进绿色技术创新，预期 K 与 L 的变量符号为正。第二类控制变量中国内市场需求的微观主体是企业，而企业的绿色技术需求大小取决于政府环境规制政策的严厉程度，具体可用碳排放强度 CAP 来反映，环境政策越严格，碳排放强度越小，企业对绿色技术的需求越大，则绿色研发投入越多，绿色专利产出越多，预计其符号为负。国外需求考虑贸易对我国环境研发的影响。随着各国对环境保护的重视，环境政策趋于越发严格，绿色壁垒成为影响出口贸易竞争力的重要因素，如果出口产品越能满足东道国的绿色需求，出口的贸易量就越大，出口国将更有动力进行绿色技术创新，以人民币计价的出口额与当年 GDP 比例，即出口强度 EXP 表示对外需求。预期 EXP 的系数符号为正；技术对绿色专利的驱动在于一个国家的知识储备越多，可用的技术"知识库"的存量就越大，从而可以作为规模变量或趋势变量，以控制技术能力随时间的变化趋势对绿色技术创新的影响，可用的技术知识存量越大，绿色知识产出的专利数就越多。具体指标可用国内三种专利授权数 PAT 表示，预期其符号为正。第三类控制变量即经济发展水平变量，用我国人均国内生产总值表示，考虑到一个国家当期的经济发展会影响未来的绿色投资决策，采用滞后一期的 L. GDP 作为一般创新倾向的控制变量。预期较高的经济发展水平将促进企业有更多的绿色创新支出，从而转化为更多的绿色专利，因此预测 L. GDP 的符号为正。

三　估计结果与分析

根据式（3－3）、式（3－4）、式（3－5），采用负二项随机效应模型进行估计的结果如表 3－8 所示。根据表中所显示的各列 alpha 的 95% 置信区间可以判断，在 5% 显著性水平下拒绝原假设"α＝0"，表明采用负二项回归更为适宜。表 3－8 的列（1）、列（2）、列（3）、列（4）表示在对影响绿色技术创新的三类 6 个非政策变量进行控制的基础上，分别引入政策强度、政策目标、政策措施与政策监管四类政策特性变量及其滞后一期的总体回归结果。2a 与 3a 两列则为对非政策变量进行控制的基础上，四种政策目标与两种政策措施对绿色技术创新的具体影响效果。

表 3－8　　　　　　　　负二项分布模型估计结果

变量	政策强度 （1）	政策目标 （2）	政策目标 （2a）	政策措施 （3）	政策措施 （3a）	政策监管 （4）
K	1.45 *** (0.35)	1.10 *** (0.34)	1.21 *** (0.37)	1.20 *** (0.23)	1.22 *** (0.31)	0.74 ** (0.34)
L	0.94 ** (0.45)	0.71 * (0.42)	0.68 * (0.43)	0.75 * (0.41)	0.84 ** (0.40)	0.92 *** (0.26)
CAP	−1.52 *** (0.32)	−1.66 *** (0.42)	−1.69 *** (0.47)	−1.81 *** (0.53)	−1.68 *** (0.44)	−2.48 *** (0.48)
EXP	−0.34 (0.26)	−0.24 (0.27)	−0.56 ** (0.27)	−0.24 * (0.13)	−0.30 (0.20)	0.11 (0.30)
PAT	0.50 ** (0.16)	0.48 ** (0.16)	0.66 *** (0.08)	0.69 ** (0.15)	0.36 *** (0.06)	0.42 ** (0.10)

续表

变量	政策强度 （1）	政策目标 （2）	政策目标 （2a）	政策措施 （3）	政策措施 （3a）	政策监管 （4）
L. GDP	−2.01*** （0.61）	−1.14** （0.49）	−0.47 （0.67）	−1.33*** （0.42）	−1.45** （0.58）	−0.85* （0.46）
P	0.16*** （0.04）					
L. P	0.08 （0.06）					
MB		0.10** （0.04）				
L. MB		0.00 （0.06）				
MBF			0.09** （0.04）			
MBJ			0.10 （0.07）			
MBC			0.08** （0.03）			
MBS			−0.13*** （0.03）			
CS				0.08 （0.05）		
L. CS				−0.00 （0.04）		
CSX					0.02 （0.03）	
CSC					0.09** （0.04）	
JG						0.00 （0.02）
L. JG						−0.06** （0.02）

续表

变量	政策强度 （1）	政策目标 （2）	政策目标 （2a）	政策措施 （3）	政策措施 （3a）	政策监管 （4）
_cons	12.54*** （3.13）	9.59*** （3.08）	6.17* （3.62）	10.72*** （2.56）	10.90*** （3.30）	9.15*** （3.01）
对数似然 函数值	-177.72	-180.29	-174.95	-180.01	-179.07	-179.02
alpha 95% 置信区间	（0.00， 0.02）	（0.00， 0.03）	（0.00， 0.01）	（0.00， 0.02）	（0.00， 0.02）	（0.00， 0.03）

注：***、**、*分别表示1%、5%与10%显著性水平。（）中为稳健标准误。L.x表示变量x的滞后一期。

（1）从四类环境特性变量的整体效应来看，当期的政策强度与政策目标对绿色技术创新存在显著的正向促进，政策强度每增加1%，绿色专利将增加0.16%，政策目标值每上升1%，将推进绿色专利增长0.10%。政策措施与政策监管的当期值对绿色技术创新的正向作用效果并不显著。观察各政策变量的滞后一期可以发现，绿色专利对政策的滞后效应反应较弱。强化本期的绿色技术创新政策的力度，并不能显著促进下一期绿色专利的增加。上一期的政策目标与政策措施均未能对下一期的绿色专利产生影响。仅有滞后一期的政策监管对绿色专利存在显著的负向影响，作用大小为-0.06，意味着绿色创新政策监督与管理部门的执法效果不利于企业的绿色研发支出预期。

（2）观察四种政策目标与两种政策措施对绿色技术创新的具体影响结果可以发现，污染防治目标与技术创新目标对绿色技术创新具有显著的促进作用，技术扩散目标则对绿色专利具有非常明显的抑制作用，究其原因，在于以绿色专利作为绿色技术创新的代理变量与技术扩散的含义有所区别，技术扩散属于绿色技术创新的第二个阶段，强调绿色专利技术的扩散与应用，绿色专利则属于绿色技术创新第一个阶段的绿色研发投入产出，两个阶段的目标有着截然的不同，当技术扩散目标值增加时，必然会减少有限的绿色投资在研发投入中的分配比例，从而对绿色知识的产出不利，减少绿色专利。节能减排目标的影响不显著。污染防治目标值与技术创新目标值每增加一个单位，能促进绿色专利分别增加9.8%与8.9%，技术扩散目标值每增加一个百分点，会造成绿色专利数减少0.13个百分点。虽然政策措施的绿色技术创新效果整体不显著，但行政措施与财税措施的具体影响存在差异。两种措施变量的系数符号都为正向，表明都有助于绿色专利数的提升，但相比财税措施手段，行政措施的系数相对较小，发挥的助推作用有限，财税政策措施表现出每增加1%，明显助推绿色专利增加0.09%的强劲动力。

（3）表3-8结果显示，绿色技术研发的资本与人力要素投入仍是我国绿色技术创新的中坚力量，显著推动了绿色专利数量的增加。在对所有回归估计的控制中，K与L的符号始终显著为正，与预期符号一致。特别是研发资本，其系数基本在1%的显著性水平处于0.74—1.46。人力资本也在至少10%的显著性水平下，每增加一个单位，促进绿色专利数增加0.71—0.94个单位。

（4）国内市场的拉动力量CAP和技术水平的推动PAT的符号与预测一致，在1%的显著性水平下CAT始终显著为负，PAT则一直明显为正。意味着现阶段以末端污染治理为主的命令控制型环境管制模式刺激了我国企业的绿色技术需求，减少了污染排放强度，大力促进了我国绿色工艺创新与绿色专利的增长。碳排放强度每降低1%，将促使绿色专利数增加1.52%—2.49%。技术能力PAT对我国绿色技术创新具有显著的推动作用。当专利总数每增加一个百分点，绿色专利数将增加0.43—0.70个百分点。表明一个国家的知识库存量越大，越有利于推动该国的绿色技术创新。国外绿色需求EXP对我国绿色专利的影响方向与预期符号不太一致，仅在政策监管回归结果显示为正向，其他回归列均为负向，表明国外的需求对我国绿色技术创新的影响并不确定，影响大小也不是十分显著。

（5）GDP的滞后一期L.GDP的符号为负，大部分回归在统计上显著，表明我国经济发展水平的提升，对绿色技术创新产生较显著的负向影响，预期符号为正向影响，两者相反。可能的解释在于，绿色研发具有不确定性，同时投资期长、风险高，投入大量的研发成本在短期内很难转化为创新补偿的竞争优势，我国以地方政府环境规制为主的企业末端污染治理模式并没有得到根本改变，导致在我国目前的经济发展水平下，为了获得更多的短期利润，企业不愿在环境研发上支出更多资金，从而对绿色专利造成不利的负向影响。

四　实证结论与启示

尽管不同的绿色创新政策特性具体的激励效应存在一定的差异，但整体呈现出对绿色技术创新显著的激励效果。从而为绿色技术创新具有的"双重外部性"必须由政府的环境规制与创新支持政策进行激励提供了有力的证据。表明在我国处于绿色发展初期还未形成完善、成熟的绿色市场之前，政府的环境规制与政策支持对促进我国绿色发展具有重要的意义。

具体而言，需着力绿色创新政策的顶层设计，进一步完善创新与绿色发展的国家战略，提升政策的法律效力与政策强度，构建良好的体制机制，促进我国绿色技术的不断进步。充分利用污染防治与技术创新目标对绿色知识创造的有力推动作用，挖掘节能减排目标的绿色创造潜力，协调绿色专利与技术扩散目标的顺利过渡与统一发展，形成完整的绿色技术创新目标体系。我国要努力提升政策监督与管理的力度，形成科学、稳定的政策监管制度，提升政策监管人员的执法水平与能力，力争发挥政策执法职能部门对企业绿色研发支出的激励作用。

诱发绿色技术创新的非政策因素中，绿色技术的要素投入是绿色技术创新的关键力量，因此，应不断改革与完善有利于加大企业进行研发资本投入的财税措施，吸引国内外更多优秀的科技创新人才，不断发挥市场在配置绿色要素流动中的关键作用，形成良性机制促进绿色技术创新的提升。国内绿色需求与知识供给能有效提升绿色技术创新。因而，需进一步强化政府环境规制力度，积极宣传和加强我国民众的生态环保意识，推动形成绿色技术创新以国内企业与社会需求为主的格局。现有知识的供给与新知识的需求所形成的"知识库"能够有效提升技术供给体系对国内绿色需求的耦合性，形成需求引致供给、供给创造需求的更高层次。

第四节　节能环保产业发展

根据绿色技术创新的内涵，绿色技术的扩散是绿色技术创新的重要组成部分。节能环保产业是实现我国绿色转型的综合新兴产业，也是保证我国绿色发展的支撑产业。我国绿色技术创新的具体实践在很大程度上取决于节能环保产业的发展，它是绿色技术知识创造的商业化推广与应用，该产业与其他产业部门互相融合、渗透，涉及多个行业、多个领域。根据我国新兴产业战略规划，节能环保产业被列为重要的战略性新兴产业之一，主要包括高效节能产业、先进环保产业和资源循环利用产业。不同产业方向涵盖的具体内容如图 3-16 所示。

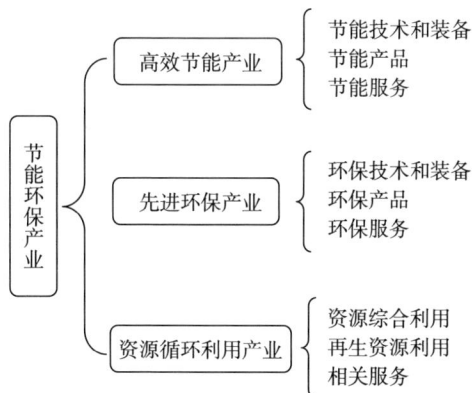

图 3-16　节能环保产业分类

一　节能环保产业内涵及产业链构成

（一）节能产业

节能产业是以节约能源和提高能源使用效率为目的，进行技术、生产设施、产品的研发、制造和生产以及开展节能咨询、诊断、资金支持、技改以及运维与服务一系列产业活动的集合。节能产业涉及工业领域、建筑领域、交通领域等多个领域，具有技术创新性、公

69

益性与政策导向性的特点。节能技术、装备产品涵盖各产业以及居民生活的各领域和环节，包括能源生产工艺改进、能源利用效率提升、新节能技术、新型节能材料的运用等；节能运维与节能服务包括提供更高效、更低能耗的运维管理，提供节能技改方案设计、咨询等。

节能产业与国民经济中众多产业，如冶金、电力、石化、建材、交通运输等产业紧密关联，具有极强的产业关联度。节能产业链的上游为科技创新与研发环节，包括各类科研院所、实验室、高校以及企业等；产业链的中间环节包括生产、运营、产品销售以及服务等，末端为节能的需求方即用户。在节能产业链中产生了能有效聚合上下链条各类资源，优化节能效果的新业态商业模式，如综合能源服务公司等，这些公司可以打通产业链，提供节能产业技术、产品、资金与服务等"一站式"综合服务。其产业链的构成机构如图 3 - 17 所示。

（二）环保产业

环保产业立足于人类当期及后代的绿色可持续环境需求，不仅包括污染防控、处理，垃圾清运等，还涉及环保产品的技术研发、工艺设计、产品生产以及所提供的环保产品在使用期间提供的技术支持与服务等。因此，环保产业不能简单地划属某个具体产业，而是由多产业与部门融合形成的综合性产业。涉及污染源预防、中间过程控制与需求终端治理全过程。污染源预防涉及环境保护、清洁能源、洁净产品；中间过程控制包含节能减排、清洁技术与循环利用；需求终端治理包含污染治理、环保产品生产及环保技术服务等，如图 3 - 18 所示。

我国环保产业市场处于发展期，呈现出较为明显的离散性，税收与补贴目前对环保产业的发展起到了重要作用。环保产业涵盖第一、第二和第三产业，各产业链之间耦合与匹配比较复杂，产业链条中各环节之间需要加强整合。环保产业链的上游主要包括技术和药剂的开发，中游主要包括生产、销售与工程、服务等企业；下游主要为终端治理，涵盖企业与公共设施等。其产业链的构成如图 3 - 19 所示。

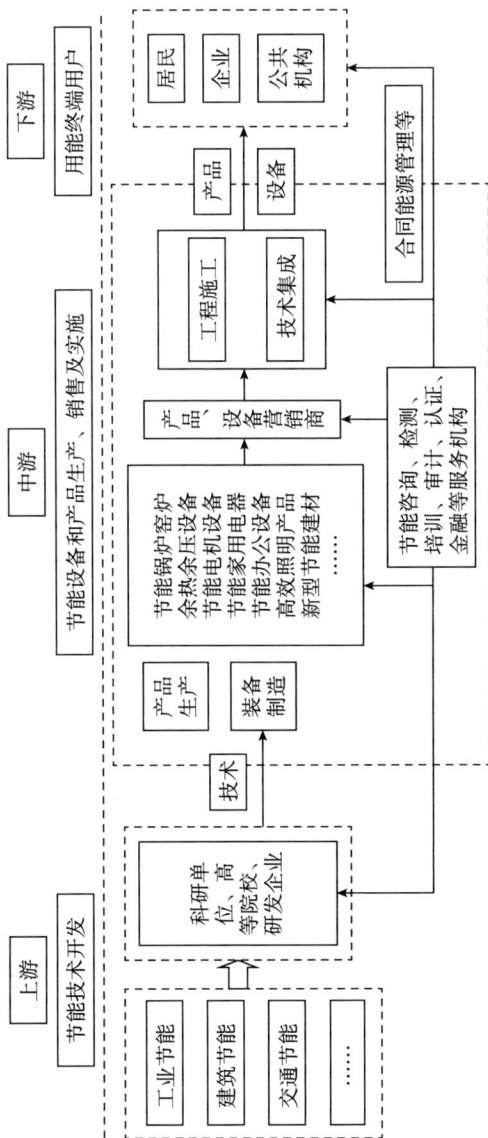

图 3 - 17 节能产业链构成

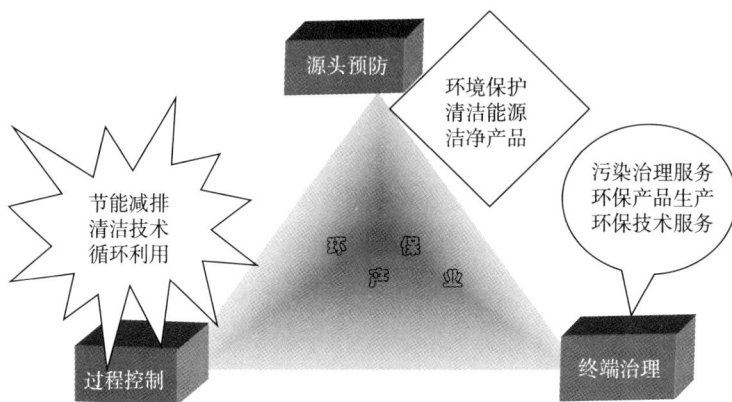

图 3 - 18　环保产业全过程

（三）资源循环利用产业

资源循环利用产业是指根据资源的状态、构成以及特质等，对未开发资源和已使用资源等统筹进行开发和利用，涵盖了科技研发、工艺流程、加工利用、销售流通等经济活动，通过整合上下游链条，实现资源反复回用和资源利用效能最大化。是集社会、经济与环境效益于一体的新型业态。

资源循环利用产业是循环经济的核心，具体可分为再生资源回收利用、产业固体废物综合利用、水资源综合利用、生活垃圾资源化利用、矿产资源综合利用、工业再制造与废气再循环处理等领域，如图 3 - 20 所示。

同一般的产业链相比，再生资源、产业固体废物、生活垃圾等将废弃物转变为再生资源，应用到生产生活中，属于"逆向"产业链。再制造通过对废旧物质、设备与设施等进行修复和更新改造，使产品达到新产品质量和水准，从而再次加以使用。水资源综合利用通过处理各种废水，使其达到标准后加以继续利用。再生资源产业是资源循环利用产业的重要组成部分，其逆向产业链主要包括再生资源的回收、资源化加工与资源化利用三个环节。本书以再生资源为例说明资源循环利用产业中的"逆向"产业链的各个环节（见图 3 - 21）。

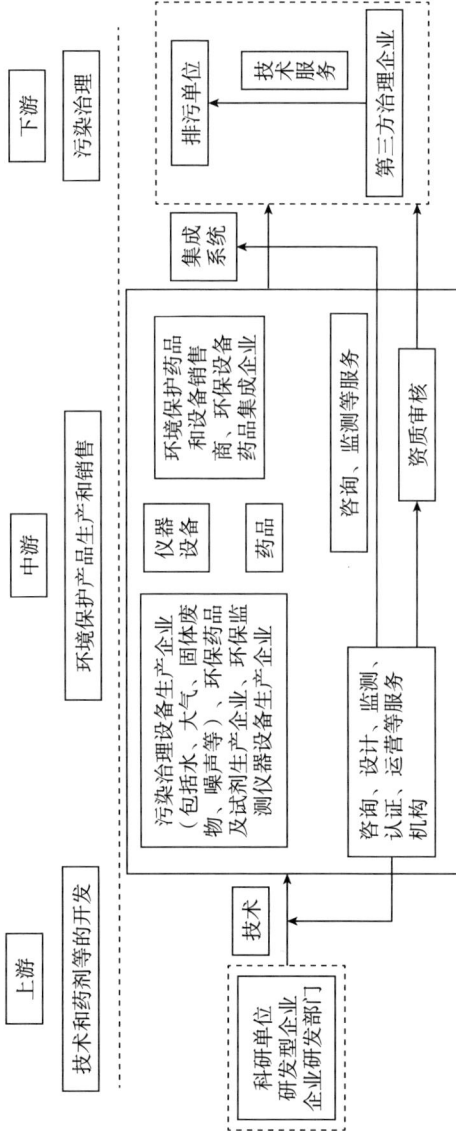

图 3 - 19　环保产业链构成

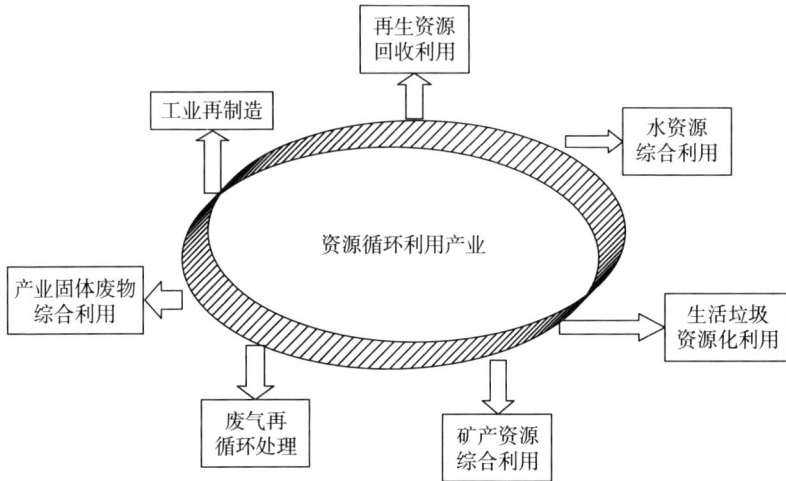

图 3 – 20　资源循环利用产业

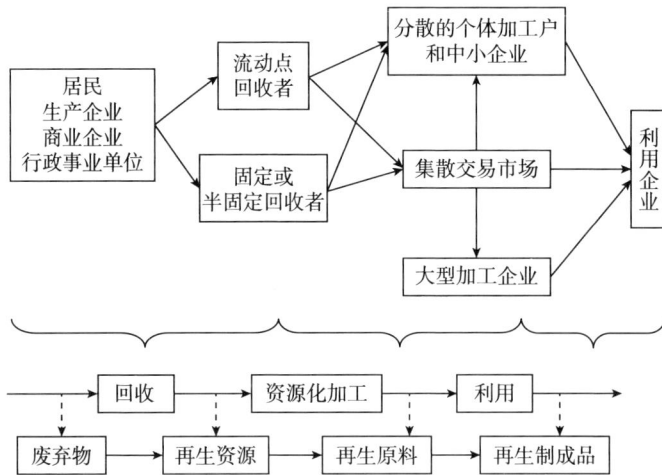

图 3 – 21　再生资源产业链

二　节能环保产业创新实践

我国节能环保产业快速成长，但大多数企业规模较小，市场集中度较低，缺乏具有综合实力强的龙头型创新企业，节能环保企业普遍存在创新能力不强、产品技术含量偏低的问题，尚未构建依托企业为主体进行产业创新的节能环保自主知识产权技术体系。我国节能环保企业存在科技研发能力与研发投入不足的问题，一方面，具有研发能力的企业不多；另一方面，研发资源投入不足，仅有约 1/10 的企业具备独立自主的研发能力，研发资金投入占主营业务收入的比例不足 5%，远低于发达国家节能环保企业超过 15% 的研发投入水平。我国绿色技术市场中新能源与高效节能、环保与资源综合利用领域交易规模从 2010 年的近 803 亿元增加至 2016 年的 2065 亿元，节能环保产业发展势头高涨，发展速度远高于同期经济增长水平。然而，由于我国节能环保产业起步较晚，企业整体科研实力还相当滞后，存在部分核心技术尚不能独立研发，部分关键设备尚依赖进口，未能形成创新驱动的发展模式。

（一）节能产业创新实践

2012 年，我国节能环保发明专利授权量近 14000 件，至 2016 年快速增长为 28000 多件，增长率高达近 50%，节能环保产业 5 年累计专利申请量为 81.3 万件，占产业专利总量的 20.79%，处于七大新兴产业专利规模的第一梯队。授权专利主要集中于东部发达地区江苏、广东、北京，无论从数量还是全国所占比例上均占有绝对优势，中部、西部地区节能环保产业创新能力较差。从单位 GDP 能耗和能源效率分布来看，北京、天津、上海、江苏、广州等东部地区节能效果良好，西部地区能耗较高，能源强度除了陕西省稍微低于国家平均水平外，其他西部省份均超出我国平均水平。

各产业能耗情况比较，第二产业能耗水平最高，其中工业、交通运输业和建筑业是能耗水平前三的行业，并呈现出逐年上升趋势。其中我国建筑节能产业获得快速发展，产业研发能力不断增强，技术专利申请数量呈现阶梯状上升态势。据智研咨询《2020—2026 年中国建筑节能行业市场报告》，2017 年我国节能建筑增量面积为 20.17 亿平方米，2018 年我国节能建筑增量面积增长至 21.29 亿立方米。建筑节能行业产值快速提升，2017 年我国建筑节能行业产值规模为 1369 亿元，2018 年我国建筑节能行业产值规模增长至 1675 亿元。2001—2012 年，我国建筑节能技术处于快速发展期，建筑节能技术专利申请数量呈现阶梯状上升，尤其是 2012 年，建筑节能产业技术专利申请数量达到 351 件，同比增长 58%。截至 2013 年 5 月，从建筑节能产业技术专利申请的分布机构来看，一般构造、覆盖或衬里、建筑物的墙三类专利申请数量排在建筑节能产业技术专利申请数的前三名，申请数分别为 262 件、155 件、151 件，超过专利申请数量的 50%。

我国节能服务行业为新兴业态，服务范围涉及第一、第二和第三产业，其中以第二产业为主。新时期，我国更加注重发展质量，节能作为其中重要一环，其重要性日益凸显，国家对节能减排的支持力度逐年加大，从财政资金补贴、税收优惠减免以及产业扶持政策等各方面给予全方位支持，节能服务产业获得快速发展，企业数量与规模快速扩张。2009—2014 年，节能服务业总产值的年均复合增长率高达 35.16%。同时，节能服务业在政策支持、资金奖励、融资渠道、技术标准、自身建设等多个方面都取得了突破性的进展。但从我国节能服务企业的分布来看，东部、西部地区存在发展不均衡问题，东部地区不论企业数量还是企业质量均远远超过西部地区。

（二）环保产业创新实践

我国环保产业初步形成了"沿海环保产业发展带"和"沿江环保产业发展轴"的"一带一轴"总体分布特征。环渤海区域技术转化与人力资源优势明显，在环境服务行业规模指标高于其他区域，经济效益指标中主营业务利润率最高，在环境保护产品生产经营行业的规模占比仅次于长三角地区。其中，北京是区域性环保产业技术研发中心。长三角区域是我国环保产业起步早、产业发展最聚集区域。苏州的环保产业园区类型多样，浙江省环保园区开始蓬勃发展。珠三角环保产业主要聚集于大湾区。中部沿江发展轴与环渤海地区环保产业规模相近，研发资金投入强度略高于全国平均水平，但其人力资源与技术转化与环渤海地区相比不具有优势。

1. 研发经费不断增长，技术创新日渐活跃

2016 年环保产业从业单位平均研发经费支出为 335.2 万元，其中，废弃物处置、土壤修复领域超过行业平均值，噪声与振动控制领域相对较低。2016 年被调查企业从业单位平均研发经费支出情况如图

3-22 所示。

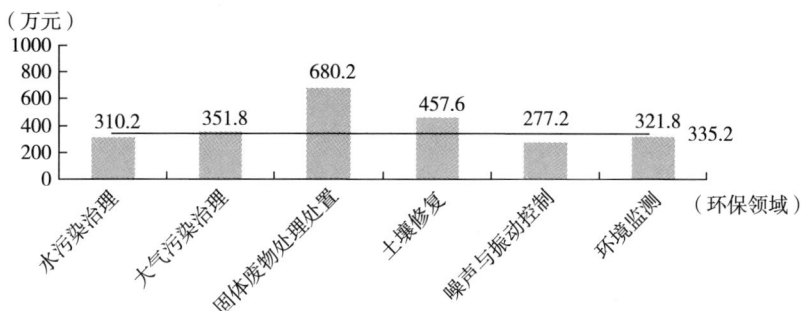

图 3-22 2016 年环保产业重点企业各领域从业单位平均研发经费支出

资料来源：2016—2017 年环保产业发展报告。

2016 年被调查企业研发经费共支出 81.1 亿元，占营业收入的比重为 2.1%，高于全国规模以上工业企业研发经费支出占营业收入的比重（0.9%）。其中，来源为政府的研发经费为 5.8 亿元，占比仅为 7.1%。细分领域中，噪声与振动控制、环境监测领域的从业单位研发经费占营业收入比重远高于被调查企业的平均水平，如图 3-23 所示。

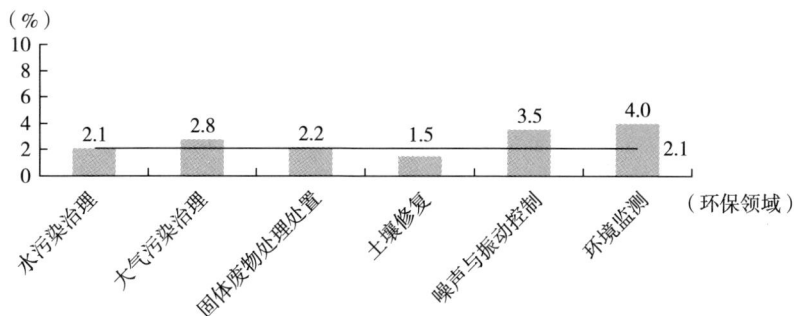

图 3-23 2016 年环保产业重点企业各领域从业单位研发经费占营业收入比重

资料来源：2016—2017 年环保产业发展报告。

2016 年，被调查企业专利授权总数为 11432 件，其中，发明专利 3277 件，占比 28.7%，企业平均专利授权数 4.7 件，其中发明专利 1.4 件。被调查企业中有 1169 家企业拥有专利，其中 1096 家企业拥有 1 件及以上发明专利，超半数企业调查年度无授权专利。被调查企业参与标准制修订 1432 件，其中，主持国际、国内、行业标准制修订数为 503 件，占比 35.1%。平均每家企业参与标准制修订数 0.6 项，主持国际、国内、行业标准制修订数 0.2 项。10.1% 的企业参与了标准制修订工作，7.2% 的企业曾主持过标准的制定与修订工作。

总的来看，我国环保企业已普遍具备创新意识，技术研发投入不断加大，自主知识产权开发和技术创新较为活跃，环保企业在环保产业创新发展中的主体作用日益增强。但与发达国家相比，我国环保企业还存在科技经费投入不足，整体研发能力不足，环保技术科技含量低，技术同质化造成产业服务同质化，产业门槛低导致市场竞争激烈，东部、中部、西部发展不均衡的产业发展现状。

2. 行业总体保持较快增长，政策驱动效应凸显

环保产业作为我国重要的战略新兴产业，在经济结构转型、供给侧结构性改革及绿色发展的战略背景下受益于国家环境规制与创新支持政策的大力驱动，环保市场需求快速增长，环保产业总体保持快速发展。

从产业规模看，2016 年全国环保产业营业收入约 11500 亿元，较 2015 年增长约 19.8%，其中环境服务营业收入约 6100 亿元，同比增长约 24.5%，环境保护产品销售收入约 5400 亿元，同比增长约 14.9%。2016 年沪深两市 A 股主营环保上市企业的环保主营业务收入同比增长约 22.5%，新三板环保企业主营业务收入同比增长约 11.5%。

从景气表现看，2016 年环保产业市场总体规模呈扩张态势，行业发展景气度总体保持上行趋势，对经济增长的贡献显著正向（见图 3 – 24）。①

---

① 源自中国环境保护产业协会和中央财经大学绿色经济与区域转型研究中心联合发布的 2016 年度环保产业景气报告《2016 年环保产业景气报告：A 股环保上市企业》。

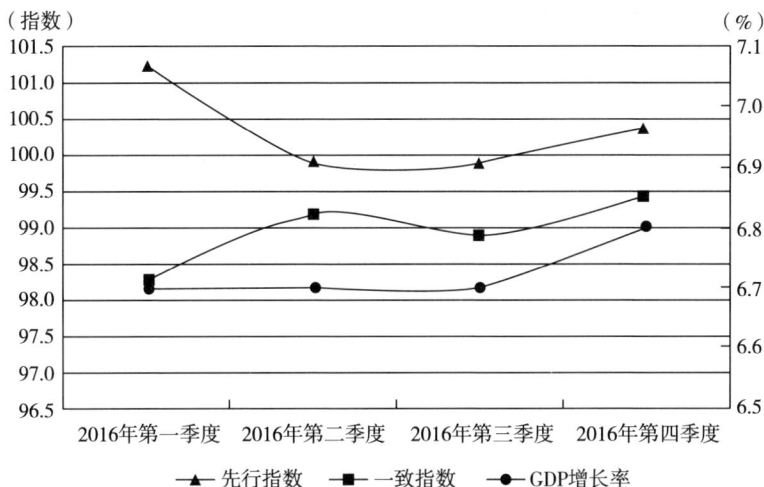

图 3 - 24　上市环保企业景气指数与 GDP 增长率

从产业贡献看，2004—2016 年，我国环保产业营业收入总额由606 亿元增加到约 1.2 万亿元，环保产业营业收入在 GDP 中的比重与2004 年相比翻了 4 倍，在 2016 年上升到 1.6%，产业直接贡献率①从0.3% 跃升到 3.5%。可以看出，环保产业在我国经济中的地位逐渐凸显（见图 3 - 25）。

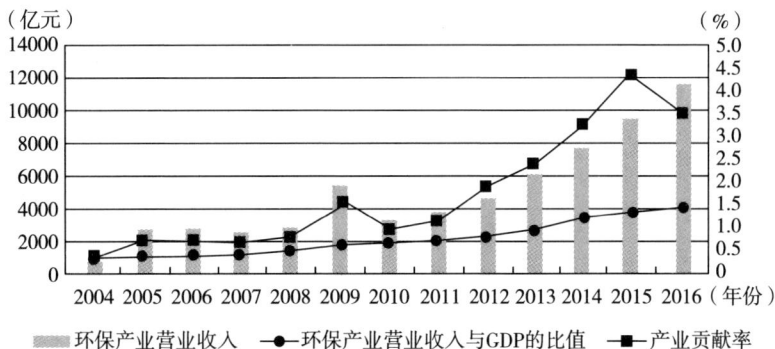

图 3 - 25　我国环保产业营业收入及产业贡献率

---

① 产业贡献率以产业当年增量与 GDP 当年增量的百分比计算。

环保产业的快速发展，得益于政策法规、机制改革以及监管的强力驱动。大气污染防治领域，截至 2019 年年底，原煤约占中国能源生产总量的 69.3%，煤炭消费量占能源消费总量的 57.7%，二氧化碳排放量达到 100 亿吨，工业污染物和温室气体排放相当高的比例源于煤炭等化石能源的生产和消费，燃烧化石燃料产生的碳、硫化物排放导致空气污染，并且是造成人类健康危害的主要因素，全球每年有超过 700 万人死于空气污染（WHO，2018），2017 年中国煤炭消费量占世界煤炭消费总量的 50.72%，相当于以占世界 2.2% 的陆地面积消耗了世界一半以上的煤炭，燃烧煤炭产生的二氧化碳占全国二氧化碳总排放量的 70% 以上，二氧化硫占 90% 以上，烟尘占 70% 以上，2005 年，中国首次超过美国，成为世界上二氧化碳排放最多的国家，在全球二氧化碳排放总量中的比重从 2000 年的 14.18% 增长到 2017 年的 27.61%（李俊江，2019）。需要指出的是，电力行业是中国碳排放量最大的贡献者，在过去的十年中，由于该行业以煤炭为主导的电力结构，电力行业的二氧化碳排放量约占中国二氧化碳排放量的 49.1% 和世界二氧化碳排放量的 32.1%（M. Meng，2016），另外，由于缺乏天然气以及核能存在的安全风险，用可再生能源替代化石燃料是实现中国电力行业绿色、可持续发展的不二选择（F. Aliprandi，2016），随着《大气污染防治行动计划》的落实，我国加快了煤电向可再生能源电力的绿色转型。到 2018 年年底我国电力总装机为 189948 万千瓦，其中火电装机容量 114367 万千瓦，占比 60.2%；水电装机容量为 35226 万千瓦，占比 18.5%；核电装机容量 4466 万千瓦，占比 2.4%；风电装机容量 18426 万千瓦，占比 9.7%；太阳能光伏装机容量为 17463 万千瓦，占比 9.2%。新能源电力装机容量实现高速增长，风电、太阳能光伏装机容量占比之和已超过水电装机占比。

在《水污染防治行动计划》的带动下，城市生活污水处理设施建设持续推进，工业集聚区废水治理设施建设受到市场关注，与此同时，受规划、政府和社会资本合作（PPP）等政策拉动影响，城市黑臭水体治理、区域流域环境治理等项目大量招标和开工建设，市场活跃度持续高涨，助推了上市企业的积极市场表现。截至 2016 年底，财政部 PPP 中心项目库中，综合污水治理项目 789 个，投资额 1927.4 亿元；工业集聚区污水项目 211 个，投资额 394.5 亿元；水环境综合治理项目 72 个，投资额 1216.8 亿元；黑臭水体项目 8 个，投资额 255.2 亿元。固体废物处理处置领域，生活垃圾、工业固体废物、危险废物产生量和处理量继续稳步增长。《土壤污染防治行动计划》颁布促进了土壤污染防治、工矿场地修复市场需求的快速释放，初步形成了土壤区域勘查、土壤污染检测、污染及污染源分析、治理与修复方案制定和实施等环节以及配套的修复产业链，并初具规模。我国在省（区、市）以下实行了环境保护部门监督检查以及执法制度试点，优化了环境影响评价体系，建立了排污许可制度，环境监测服务市场空间迅速释放，带动了环境监测服务业的发展。

3. 环保技术水平稳步提升，原始创新能力和动力仍不足

大气污染防治领域，电除尘、袋除尘技术，燃煤电厂烟气治理超低排放已达国际先进水平，其中，企业自主研发的钢铁窑炉烟尘细颗粒物（PM2.5）控制技术、防止 PM2.5 逃逸的清灰强度控制技术已达国际领先水平。超低排放技术在钢铁、水泥、多晶硅、电解铝等非电力行业的应用逐步推广。VOC_s 净化技术呈现多样化的快速发展态势，机动车污染排放控制技术快速更新换代，但后处理的自主研发技术有待进一步提高。

水污染防治领域，城市污水常规处理技术和装备已较为成熟，村镇生活污水处理工艺快速提升，高级氧化、活性炭吸附和膜工艺等一批深度水处理技术的应用，为城镇生活污水处理提标改造提供了技术支撑。厌氧膨胀床等工业废水处理技术已得到推广应用。固体废物处理利用领域，城市生活垃圾处理处置设备国产化水平进一步提升，水泥窑协同处置生活垃圾焚烧飞灰技术等先进技术和国产优质焚烧设备能够满足并网发电和最新排放标准的要求。餐厨垃圾处理技术发展迅速，两相厌氧消化处理技术、高固体浓度有机废物厌氧消化技术、基于亚临界水解的餐厨垃圾厌氧消化技术等均已应用。危险废物、医疗废物等处理技术及装备实现国产化，与国际先进水平差距进一步缩

小。汽车拆解利用、废弃润滑油、燃油等的回收利用技术发展迅速。土壤污染防治与修复领域，在污染土壤及场地修复技术、装备及规模化应用方面取得了一定进展。固化/稳定化技术气相抽提、阻隔、植物、微生物修复等相对成熟的修复技术已被实际运用到土壤修复工程中。

环境监测领域，PM2.5、VOC_s、重金属、氨逃逸、土壤重金属监测及便携式应急监测技术和仪器发展迅速，与国外先进水平差距持续缩小。水污染源及水平衡在线监控系统、环境应急无人监测/取样技术、大气环境立体走航监测车、空气质量遥感监测技术、大气环境网格化监测技术等一批先进的环境监测技术涌现。质谱技术、生物传感器、物联网、遥感技术等在环境监测领域的应用日益广泛深入。

但目前我国环保原创性、初创型技术仍较少，解决环境难点问题的关键共性技术供给不足，环保企业规模普遍较小，环保研发投入不足制约了环保产业技术创新能力的提升。据2016年全国环保产业重点企业调查，我国环保企业中仅有11%左右的企业有研发活动，其研发资金占营业收入的比重约为2.1%，虽高于同期全国规模以上工业企业的0.9%，但低于高新技术企业认定条件的3%。技术贸易、转让的市场化机制尚未构建，阻碍了环保新技术的推广，环保新产品新设备难以实现规模化生产。

(三) 资源循环利用产业创新实践

近年来，我国资源循环利用产业快速发展，但与绿色发展的内在要求存在较大差距。与发达国家相比，仍存在巨大差距。主要表现在东部、西部区域资源循环利用产业发展不平衡，企业规模普遍较小，产品与技术含量不高，配套市场支撑体系不完善等突出问题。

资源循环利用产业经过多年发展，已形成了一系列市场需求量大且投资收益较好的资源环境综合利用技术与设备，各项产品和技术与国际先进水平的差距不断缩小，技术水平有了较显著的进展，部分关键技术得以突破。资源循环利用产业技术专利在一定程度上体现了技术水平，我国废旧金属材料、废旧无机非金属材料、废旧高分子材料和废旧家电与电子产品循环利用技术专利及申请量如表3-9所示。

表 3-9　　　　　部分重点领域循环利用技术专利及申请量　　单位：件

排名	废旧金属材料循环利用技术		废旧无机非金属材料循环利用技术		废旧高分子材料循环利用技术		废旧家电、电子产品循环利用技术	
	技术	申请量	技术	申请量	技术	申请量	技术	申请量
1	用湿法从矿石或精矿石中提取金属化合物	1454	固体废物的破坏或将固体废物转变为有用或无害的东西	342	回收塑料或含塑料的其他成分	1295	固体废物的破坏或将固体废物转变为有用或无害的东西	240
2	处理非矿石原材料以生产有色金属或化合物	1271	以成分为特征的陶瓷成型制品	256	废料的回收或加工	892	处理非矿石原材料以生产有色金属或化合物	95
3	矿石或废料的初步处理	795	使用烧结料、废料或废物作为砂浆、混凝土或人造石填料	252	固体废物的破坏或将固体废物转变为有用或无害的东西	871	用湿法从矿石或精矿石中提取金属化合物	73
4	贵金属的提炼	321	含有无机粘结剂或含有无机与有机粘结剂反应产物的砂浆、混凝土或人造石的组合物	237	由油页岩、油砂或非熔的固态含碳物料或类似物制备液态烃混合物	493	不包含在其他单独一个小类中或本小类中的其他单独一个组的作业	60
5	难熔金属的提取	244	黏土制品	128	只有1个碳碳双键的不饱和脂肪烃的均聚物或共聚物的组合物及衍生物的组合物	464	用于钎焊的工具设备或专用附属装置，不专门适用于特殊方法	42

资料来源：罗宏、裴莹莹：《节能环保产业培育与发展研究》，2018年。

　　废旧金属材料循环利用技术专利申请排名前三位的主要涉及用湿法从矿石或精矿中提取金属化合物、处理非矿石原材料以生产有色金属或化合物和矿石或废料的初步处理，占据前十位总量的70%。表明我国回收金属的主要手段为湿法提炼，对有色金属的回收利用比较迫切，并且我国废旧金属材料循环利用技术专利申请主要涉及固体废物的清除、破坏以及将固体废物转变为其他材料。从废旧高分子材料循环利用技术专利申请可以看出，处理方法为机械回收法和材料回收法，较少关注能量回收法，前处理技术较多关注尺寸减小技术，忽视分选、分离技术。废旧家电、电子产品循环利用技术专利申请主要涉及固体拆解及无害化、有色金属或其他化合物的回收与湿法提取金属化合物等方向。

第四章

绿色技术创新诱发因素识别

　　绿色技术创新诱发因素是指驱动绿色技术的研发与创造并促使绿色技术创新行为的发生与应用。绿色技术创新行为根据其内涵界定，包含绿色技术的发明与创造及绿色技术的推广与应用两个阶段。熊彼特曾指出，市场经济激励市场主体为追求利益最大化而进行风险投资，技术创新需要投入大量资金、人力用于技术研发，技术创新研发除了周期长、投入大，还存在很大的不确定性，企业进行技术创新本身就是一项风险投资，而技术创新成果带来的丰厚投资回报，激励企业为追求超额利润而冒风险进行技术创新，市场经济本身会自发形成创新的内生激励机制。然而，在不同的外部环境下，企业对创新的反应不同，即使在同样的外部环境下，不同企业的创新程度也不尽相同，因而，技术创新的诱发因素问题不容忽视。

　　许多学者对技术创新的诱发因素从技术创新的不同模式进行了分析。一般从技术需求与技术供给视角出发，可分为市场引致模式和技术推动模式，随着技术与需求的不断变化，出现了两种模式交互作用的创新模式以及相互融合的耦合创新过程模式。技术推动模式是将基础研究与开发的公共知识与某些产业领域相结合，经过实验性生产、量产与销售将新的技术产品供给市场。这种模式以技术进步为起点，以市场为终点，是一种因技术创新形成科技成果并依托市场进行成果转化的过程。市场引致模式源于市场需求，从用户的角度对产品质量、性能等提出了全新的需求，由此激发寻求技术与经济同时可行的研发活动。这种模式以市场需求为起点，最终结束于市场，同样是一种线性发展过程。技术与市场的耦合模式认为，技术推动和需求引致在创新中发挥着不同的作用，只有把技术与市场的力量进行有机的结合，在研发部门、设计生产部门、供应商和用户之间形成有效的互动、沟通与密切合作，技术创新过程才能最终实现。除此之外，一些学者还提出了基于产权制度与创新激励的政府政策模式。过去几十年中，我国经济获得快速发展，整体科技水平较以前有了显著的改进与进步，人们的生活水平有了较大的改善和提高，伴随着对生活质量不断提升的需要与现实的环境恶化与提升生态环境质量问题，绿色技术创新作为一种有效而重要的解决途径应运而生。绿色技术创新也不例外，有些创新明显是由市场需求驱动，而另一些创新则由技术的进步与变革推动产生。由于绿色技术创新的双重外部性，在缺乏环境规制的情况下，企业会寻求传统的技术创新而非绿色创新，政策规制是诱发我国绿色技术创新的前提；科学技术的发展是绿色技术创新得以实现的保障，只有科技水平的不断进步和快速发展，创新主体才有获得成功的可能；市场是绿色技术创新得以持久的不竭动力，根据企业追求利润的本质，企业进行创新活动最终的目的是获得利润，只有市场存在足够的绿色需求或潜在的绿色需求时，绿色技术创新主体才会进行绿色创新。Renning（2000）、比克新（2016）等相关学者提出了诱发绿色技术创新的三源动力经典理论，认为绿色技术创新是由市场拉动、技术推动与政策规制三种力量共同驱动。其他许多学者以一定的研究视角，提出了多种绿色技术创新诱发因素的模式，强调多种因素影响，如需求、资源、技术、政策等。不可否认，多因素综合模式试图从影响企业技术创新的多个角度来分析绿色技术创新的诱发机制，在逻辑上是正确的，但正是因为这些模型强调多因素的作用，忽视了绿色技术创新滋生的外部条件与诱发技术创新的驱动因素之间的区别，从而使问题变得更加复杂，其模型的解释力也就相应降低。

结合众多学者的研究，基于经济学、管理学的基本理论，本章把绿色技术创新的诱发因素归纳为双因素综合诱发模式。具体将诱发技术创新的因素分为内生性因素与外生性因素。内生性因素构成绿色技术创新的内生驱动力，外生性因素形成了诱发绿色技术创新的外部环境与外部推力，在内生性因素与外生性因素两类因素的交互作用、相互影响下，诱导并触发了企业的绿色技术创新行为。

第一节 内生性因素

企业作为独立的市场主体，追求利润最大化目标就会不断降本增效，通过进行技术创新提高生产效率，降低生产成本，以获取更多的经济利润。虽然企业对自身生存与发展的渴求以及对利润的追求是产生技术创新的内在动力源泉，但在国家的环境规制环境下，企业传统的技术创新内在动力是否能够转化为现实的绿色技术创新动力并激发实际的创新行为，会受到一系列或积极或消极因素的影响，企业能否在外生性因素的推动下产生绿色技术创新的内驱力，内生性因素发挥着至关重要的作用。

一 企业家的绿色技术创新意识

企业家精神本质上是一种勇于开拓，勇于进取，不畏艰险，敢为人先的创新精神。这种精神往往能激发他们的行为，并在一定程度上决定了创新水平的高低。随着环境规制力度的不断加强，绿色化意识逐步渗透到各个领域并不断成为现代企业获得竞争优势的重要手段。企业家以其敏锐的洞察力，通过锐意进取的创造力驱动绿色技术创新。这种诱发企业家创造欲望的心理活动就是绿色技术创新意识，因此，企业家的绿色技术创新意识是诱发绿色技术创新的内在因素。

第一，绿色技术创新意识的强弱影响着企业家对绿色技术创新目标的坚持程度。绿色技术创新面临着比普通创新更大的风险环境与不确定性，需要技术创新主体必须具备较强的技术创新意识，而技术创新意识的强弱取决于创新主体对新生事物强烈的内心渴求和孜孜追求，它远不同于一般的物质利益追求。在企业家强大的绿色技术创新意识指引下，通过对创新主体自身技术能力的客观评估与风险判断，企业家将坚定目标，迎难而上，最终实现绿色技术创新。

第二，技术创新常常面临技术锁定的困境，企业家坚定的绿色技术创新意识有助于摆脱技术惯性的束缚。当企业长期形成了对原有技术的依赖，在面对新的技术发明或技术进步时，由于新旧技术的转换成本较大，加之对传统技术的固有惯性，往往被锁定在过时的经济或技术方案中难以突破。强烈的技术创新意识促使企业家勇于冲破固有枷锁的束缚以完成绿色技术创新。

二　对经济利益的追求

企业谋求生存与发展都是以利润最大化为目标。绿色技术创新最根本与最核心的驱动力量源于企业对经营绩效的追求。在这一目标的驱使下，企业唯一的出路在于依靠技术创新提高其市场竞争力以促进长远发展。然而由于存在双重外部性导致绿色技术创新往往不能自发实现，环境效益与社会效益长期游离在企业的经济效益之外，但这并不意味着企业的经济效益与环境效益、社会效益的绝对对立。在政府的环境规制与创新政策引导下，通过对绿色技术创新外部性引起的市场失灵的矫正，将环境的外部成本与创新的外部收益内生化，在实现企业自身经济利益的同时，兼顾环境与社会效益。在环境规制作用下，企业对绿色技术创新进行成本—收益分析，有助于做出科学合理的投资决策。

（一）环境规制对企业成本的影响

环境规制不仅使企业承担环境服从成本，还需承担可能的环境违规成本。环境规制服从成本是企业为达到政府环境规制政策中所要求的生产许可，所采取的环保措施工艺改进及资源的回收利用等产生的直接成本，也包括为实现环境规制目标而对资源进行重新配置的间接费用。环境违规成本是指企业因超标排污所必须支付的罚款支出、面临环境恶化风险需承担的竞争机会损失及企业形象破坏等机会成本，环境规制工具的类型与规制强度的高低决定着企业违规成本的大小。以下通过简单的经济模型说明环境规制对企业规制成本及创新决策的影响。

假定企业的生产函数 $Q=f(K,L,N,E)$，投入要素包括资本（K）、劳动（L）、土地（N）和企业家才能（E）。在政府环境规制下，企业为获得生产准入许可并避免违规处罚，须将环境作为重要的生产要素，在资源要素与技术水平不变的条件下，可得：

$$Q = f(K_p + K_e, \ L, \ E) \qquad\qquad (4-1)$$

式（4-1）中：K_P 表示生产性投资，K_e 为企业的治污投资。当企业技术水平保持不变，K_e 增加，意味着企业生产成本增加，将导致其利润降低。生产函数如式（4-2）所示。

$$Q = f[(K - K_e) + K_e, \ L, \ N, \ E] \qquad\qquad (4-2)$$

为提升企业的利润水平，在既定的要素投入水平下，企业须通过技术创新改变生产函数提升生产率，如式（4-3）与式（4-4）所示。

$$Q = \varphi[(K_p + K_e), \ L, \ N, \ E] \qquad\qquad (4-3)$$

$$Q = \varphi[(K - K_e) + K_e, \ L, \ N, \ E] \qquad\qquad (4-4)$$

通过绿色技术创新，企业的生产函数从 $Q = f(x)$ 变换为 $\varphi(x)$，在提高生产效率的同时达到节能减排的效果。

因企业资源有限而无法继续追加投资时，生产性投资减少为 $K - K_e$，劳动生产率的提高弥补了生产投入减少引起的产量降低，使产量维持不变，从而产生"创新补偿"效应。当承担违规成本时，企业的生产函数如式（4-5）所示。

$$Q = f(K - \tau, \ L, \ N, \ E) \qquad\qquad (4-5)$$

式（4-5）中：τ 表示企业的违规费用支出。在企业生产要素约束下，违规成本将挤占部分生产性投资，使企业产出降低，收益受损。如果企业有充足的资源不影响生产投资，那么可以保证产出不变。这时，τ 虽然不在生产函数中，但使企业成本增加，进而导致利润减少。随着绿色发展理念上升为国家战略，政府环境规制力度将不断加大，企业面临更加严苛的环境规制，违规风险与成本会日益增大，企业急需依靠绿色技术创新使生产方式更绿色环保与高效，解决环境保护强化与企业利润下降之间的矛盾。

（二）环境规制对企业技术创新收益的影响

环境规制下企业投入研发资本进行技术创新，不仅降低了污染治理成本，还因此得到政府的研发补贴与税收优惠，通过技术成果的扩散与传播获得创新收益与其他无形声誉。具体而言，技术创新收益表现为三个方面：第一，有助于节约资源，提升生产效率。企业依靠技术创新改变原有粗放生产方式，采用更为先进的技术、更合理的生产工艺，提高资源利用率，减少原材料损耗，提升企业效益。第二，占据绿色产业链高端位置。全球绿色环保需求与日俱增，绿色产业已成为新兴主流产业，企业通过开发具有绿色环保的产品，能有效提升企业竞争力，获得更多绿色产业市场份额。第三，企业的绿色生产行为为其带来良好的声誉，激励企业积极维护社会形象，加强环境技术投入，不断提升市场竞争力。

（三）环境规制下的绿色技术创新成本—收益模型

针对企业技术创新面临的风险，结合企业的环境规制成本与技术创新收益分析，可构建如图 4-1 所示的企业绿色技术创新成本—收益模型。企业的绿色技术创新动力取决于在控制预期风险的条件下，使企业的预期创新投入最小化，预期创新期望收益最大化。

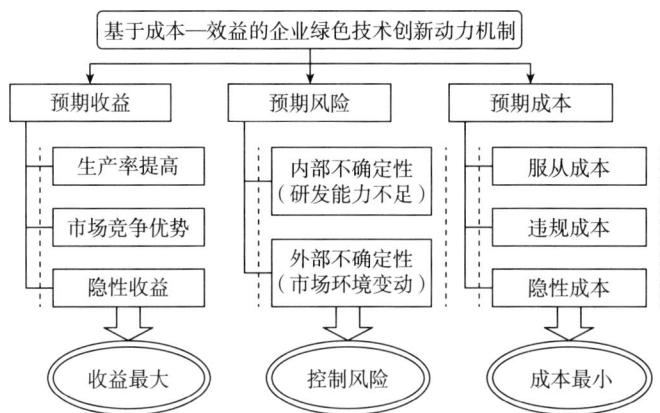

图 4-1　企业绿色技术创新成本—收益模型

三　绿色导向与绿色能力

自然资源基础理论（NRBV）认为，受自然环境的制约，企业未来的竞争优势依赖于企业的绿色发展能力。企业可选择制定减少污染物排放，具有低成本优势的污染防治策略，也可基于产品生命周期，强调产品整个价值链过程的污染防治，实施产品绿色创新战略。绿色资源是企业绿色技术创新的要素，包括绿色导向和绿色技术能力。绿色导向又分为内、外部绿色导向，是企业对环境管理认知的过程（Banerjee，2001）。绿色能力是企业重新配置与整合各类绿色资源，有效解决企业经营活动中出现的环境相关问题，获得市场中绿色竞争优势的能力（Hart，2010）。绿色导向中的内部绿色导向强调企业内部对环境保护的价值与伦理标准的认知（杨东，2015），是企业制定环境保护标准与实施程序的文化基础。外部绿色导向是企业满足外部利益相关者的环境需求的认知。可以看出，绿色导向有助于企业正确认识绿色技术创新，提高企业预期收益。企业绿色能力主要体现为绿色研发与环境管理系统及其管理柔性。环境管理系统包括ISO14001体系以及绿色体系建立过程中企业管理者对绿色经营的承诺、组织结构、部门间协作及相关技术等。企业的绿色能力涵盖以下几点内容：

第一，企业绿色能力形成的目的在于客观反映企业的生态环保能力与发展潜力，有效应对企业经营活动中出现的环保需求，在经营管理过程中重视运用绿色技术，推行清洁生产，以节约资源和能源、降低有害物质的产生，使企业获得环保效益和竞争优势。

第二，企业绿色能力转化的前提是其所掌握的绿色资源要素，企业通过使用绿色能力将所掌握的绿色资源要素进行生产、销售等获取利润，在企业获得收益的同时，企业的绿色能力因为消费者提供了更好服务获得体现。绿色能力不同于绿色资源的静态、直观有型，它具有潜在的、无形的动态特性。为了更好地适应企业外界环境的变化，企业应加强绿色知识与技能的吸收和学习，不断获取和积累绿色经验，进而发展新的绿色能力。

企业的绿色能力是绿色技术创新战略能否成功实施的关键，在绿色战略实施的初期，绿色能力是企业做出绿色创新决策的必要条件，在绿色战略推进中，绿色能力是企业战略目标达成的关键。

四　创新风险

技术创新过程具有不确定性与较高的风险性，企业的技术创新风险可由式（4-6）表述：

$$D(x) = \alpha L(x) \qquad\qquad (4-6)$$

式（4-6）中：x 为技术创新投入，$L(x)$ 为技术创新失败的最大损失，α 为创新失败的概率或风险度。$D(x)$ 为创新的风险，它的大小由 α 和 $L(x)$ 共同决定。一般来说，对市场信息的把握性越大，α 值越小。相比传统技术创新而言，绿色技术还不成熟，市场发育相对迟缓，绿色材料与工艺知识积累薄弱，不利于绿色信息的获取和传播，增加了创新面临的风险与成本。特别是技术创新活跃的中小企业，在对可采用的技术缺乏信心时，对应的 α 值增大。因更高风险带来的创新投入的增加无形中也增加了技术创新失败面临的最大损失值 $L(x)$。两方面原因共同作用的结果，导致绿色技术创新的内部风险 $D(x)$ 值增大。

第二节 外生性因素

外生性因素基于市场理论与制度理论，主要从企业所处的科技、市场及制度环境出发，分析外部环境因素对绿色技术创新的影响。

一 科技进步的推动

技术创新是新技术的发明创造与应用过程，它的实现依赖于科技的现实水平。科技进步带来新的科学规律和技术原理，向社会展示了新的发展方向。人们积极探索其潜在的应用和商业机会，一旦认识和发现了市场需求，就会推动新一轮的技术替代甚至引发技术变革。科学不仅为绿色技术的发展指明方向，而且随着物质生产在深度与广度上的拓展，一项技术长远效果的判别越来越难，从而需要越来越多的科学认识。从这个意义上看，科学与技术的发展水平为绿色技术创新提供了保障。科学技术通过以下途径推动技术创新：

第一，技术诱导。科学技术的新成果能够开拓企业家的思路，促使他们采用新模式组织研发活动，并将技术创新的成果应用于商业活动。

第二，技术范式。科学技术重大进步建立的技术规范模式化后，就形成了一种标准。在这种标准的规范下，一项技术商业化后，类似的技术创新活动就会自觉遵守同一技术规范，经过渐进式创新的量化累积，最后形成关键性的技术变革，进而实现技术的螺旋式演进。

第三，技术预期。采用新技术进行的技术创新可以满足社会的潜在需求，为技术创新带来额外的经济效益。正是这种对技术采纳的收益预期，促使企业将新技术投入商业化应用。

第四，输入推动。当科学技术发展产生的新型材料应用于传统工艺时，必将促使企业通过更新设备、改造生产工艺以适用生产条件的变化，这推动了企业生产工艺的技术创新。

科学技术的发展通过不断突破原有的技术范式，形成新的技术体系，进而建立新的技术规范，具有循环发展的内在规律。技术与应用的差距便成为技术创新的动力源泉。我国绿色技术创新历经 70 多年的发展，从 1949—1971 年的绿色技术萌芽阶段，到 1972—1979 年绿色技术的快速发展阶段，再到 1980—1997 年绿色技术的稳定发展阶段，经过 1998—2006 年绿色技术的跨越式发展阶段直至 2007 年到现在，绿色技术深入发展，取得了巨大的成效。技术驱动绿色技术创新的能力显著提升，构成了驱动我国绿色技术创新的重要力量。绿色研发直接对企业的绿色技术创新能力产生影响，加大投入并加快绿色技术的商业应用，缩小绿色技术差距是我国向创新型国家转变，实现经济社会绿色可持续发展的关键环节。

二　市场竞争与合作

（一）市场竞争

企业要想获得生存与持续发展，必须遵照市场规律，按照市场机制的运行组织生产和运作。在激烈的市场竞争中，企业通过绿色技术创新得以发展。只有不断进行技术创新，保持企业在同行竞争对手中的技术优势，才是维持企业生存发展、取得高额利润的根本途径。也就是说，竞争通过市场机制激发了企业的绿色技术创新积极性，成为诱发企业绿色技术创新的动力之源。其诱发作用通过以下途径得以实现：

第一，竞争敦促企业准确地收集市场及竞争对手信息，便于准确及时掌握市场潜在需求，为技术创新准备一手资料。

第二，竞争迫使企业迎合市场需求，不断降低产品价格，提高产品品质，满足客户需求。在日益激烈的市场竞争中，企业必须不断学习先进的科学技术，通过不断的技术创新提升生产效率与产品质量，获得竞争优势进而获得更多收益。如果缺乏市场竞争，企业就会僵化，进而失去技术创新的积极性。

第三，竞争促使企业改变传统观念，采取积极的态度接纳新知识、新技术。市场竞争使人们产生了强烈的危机感与紧迫感，而技术创新的预期收益诱使企业和个人在竞争的实践中变压力为动力，采取积极创新的态度应对激烈的市场竞争。

第四，企业的员工为适应竞争的需要，自觉加强自身能力提升，通过学习新技术、新技能以提高科技素养，为技术创新完成人才储备。

第五，竞争能有效降低创新面临的不确定性风险，提高了技术创新效率。创新面临的不确定性制约了企业的技术创新，在自由竞争的市场环境下，企业的技术创新源自自身对创新技术的期望，在诸多企业同时进行创新时，企业可以从竞争对手的经验教训中获取知识，避免重蹈覆辙。也就是说，市场虽然不能降低单个技术创新活动的不确定性，但是大量创新个体的经验教训消除了整个经济系统的不确定性，提高了整个经济系统的技术创新效率与高效发展。

绿色创新特有的属性导致部分创新结果的自发实现源于市场机制竞争，而大部分绿色技术创新则因无法获得全部的创新收益而难以进行，这是绿色技术创新低于社会有效数量的根本原因。政府通过环境规制与创新支持政策，内生化外部成本与收益，从理论上可实现创新资源的有效配置，实现社会效率的提升。然而，企业对技术方向的选择，首先要在企业内部进行成本—收益分析，在所有可能实现技术创新收益的绿色技术中进行初始判断和选择。接着要从企业面向市场，接受市场竞争的考验，只有在激励的市场竞争中以相对其他企业更低的生产成本和更高的产品质量和性能不断满足社会的需求，企业才有可能在市场竞争中获胜。由此可见，市场竞争激励企业通过技术创造和发明以及技术的商业化应用获取创新收益，在竞争中立于不败之地。

（二）合作

随着企业间关系的日益密切与技术复杂性的快速提高，单个企业的绿色创新资源和绿色创新能力已经难以满足绿色技术创新的需求。此时，企业间的关系不仅是竞争关系，合作伙伴关系也推动着绿色技术的不断发展。企业拥有雄厚的资金力量和广阔的技术试验空间，高校具有实力雄厚的研发资源与技术，通过建立企业与高等院校、科研院所之间的创新联盟，发挥各创新主体比较优势，形成协同合作网络与知识共享机制是企业进行技术创新的重要形式，并成为绿色技术创新未来的发展趋势。

绿色技术创新体系的知识共享构建的基础在于创新主体之间充分利用各自比较优势，竞争的同时有效开展合作，形成整合各自资源的合力，驱动溢出知识的共享，并驱动溢出知识的流动、实现知识共享并最终提升企业的绿色技术创新能力。绿色技术创新因其不可避免的高风险与所处的复杂环境、灵活目标成为影响其发展的巨大阻力。为了解决各自资源的有限性，有效规避风险，绿色技术创新的各利益方必须充分发挥各自比较优势，开展广泛、多层次合作形成创新合力，实现共同利益的最大化。同时，各方在开展知识共享合作中，也存在相互比选、竞争的关系，竞争与合作的关系是一种"强强联合的关系"，各利益方均会努力提升各自竞争力，以期在合作谈判中获得更大的话语权。根据绿色技术创新知识共享各利益方创新战略的互补程度、方向目标的契合度等，又可分为竞争主导型与合作主导型。

1. 竞争主导型关系中的知识共享

产品同质程度越高，相关生产企业之间关系会越偏向竞争主导型关系。产品趋同性越高，在产业链条上形成互补的可能性就会下降，这些企业之间会为争取更多客户资源、市场占有率展开竞争，并对生产要素尤其涉及绿色技术创新的核心要素，如绿色技术知识产权、研发人才等展开争夺。竞争主导型企业之间开展知识共享的模式主要有

95

两种：一种模式是为了在市场中占据主动，企业之间形成结盟，结盟知识共享模式更近似合作主导型关系下的知识共享。另一种模式是企业之间独立进行经营决策，根据其利益最大化原则确定最优的知识共享。

2. 合作主导型关系中的知识共享

绿色技术创新的各方主体在合作主导型的知识共享中，拥有的知识资源具有互补性。企业因对绿色技术的需求与技术知识的主要供给者——高校和科研机构通常形成合作主导型的共享关系。这种关系更多的是各利益方为了共同的利益，通过资源整合实现双方或多方利益最大化。合作中，作为绿色技术创新需求一方的企业提供市场需求与运用信息，作为绿色技术创新供给方的高校和科研机构会根据需求信息进行研发或将已完成的创新成果寻求合适企业进行绿色技术创新成果的运用转化，之间形成耦合性知识共享合作，将隐性知识（企业的生产经验、工艺方法；科技成果等）经过实用、运用性转化为显性知识（Ⅰ、Ⅲ），通过互联网、资源数据库等信息互动，完成显性知识的传递与共享（Ⅱ），需求方将获取的共享知识进行处理，转化为绿色技术知识并应用在绿色技术创新过程中（Ⅳ），其知识共享过程如图 4 - 2 所示。

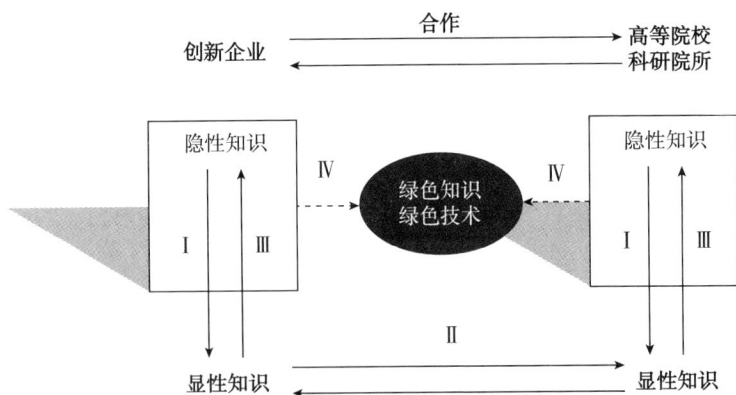

图 4 - 2 合作主导型中的知识共享

三 社会需求的拉动

在需求侧没有对绿色产品与服务形成明确的需求信号前，通过技术研发创造需求并提供创新产品与服务。对绿色技术创新而言，要实现资源节约与环境保护就必须对环境服务功能产生需求。随着环境规制的立法与司法不断严格，资源节约、污染减排与低碳化、再循环等绿色技术就成为企业或组织赖与生存并获得持续发展的必然选择。因此，与非绿色技术创新相比，绿色技术创新更依赖市场对环境质量的需求驱动，更具外生路径特征。

雾霾天气成为严重影响人们正常生活、危害居民健康的主要元凶。随之出现的甲醛超标、二氧化硫等有毒气体的超量排放，形成酸雨对生态系统造成不良影响，温室气体对全球气候、粮食安全等产生不利影响、灾害性气候频发，人类生活垃圾呈级数剧增引发的水体污染，农业化肥、农药引起的药物残留、土壤富氧化等使我国赖以生存的大气、江河湖泊与土壤污染日益严重，生态环境持续恶化，对人类生存与发展构成极大的威胁。人类已无法回避日益严重的环保问题，逐步增强了对生态环境的重视，加大了对生态环境质量的需求。

然而，随着我国收入水平的增加，人民的生活方式与消费形式不断向发达国家的方式转变。过去 30 年中国的消费支出与生活质量迅速提升，2008 年的人均消费支出是 1978 年的 8 倍多，特别是在 2003 年人均 GDP 达到 1000 美元时，人们的需求从基本的食物与服装的需求转变为房子与交通，对高质量生活品质的追求，越来越多的家庭购买了汽车，推动中国进入"汽车社会"。但与此同时，由于消费意识依然薄弱，仍有部分家庭存在购买昂贵奢侈产品的思想，从而导致了资源的浪费与污染排放。结果，品位的变化不利于绿色技术创新。

在人们绿色消费需求日益增加，生活质量与生活品质不断提高的综合作用下，共同推动着企业的绿色技术创新行为。技术创新过程需要投资，市场激励对于企业创造有利的投资环境至关重要（Schmookler，1966），基于此，市场需求程度与价格水平对于激励绿色创新至关重要（Beise and Rennings，2005；Johnstone et al.，2010；Newell et al.，1999，2006；Popp，2002）。

四　制度的合力效应

制度的合力是指制度通过两种方式影响企业的决策：一种方式是

制度对企业产生的外部压力，另一种方式则是来自政策制度对企业的扶植与帮助。在环境保护领域，多数研究主要针对环境制度对企业产生的压力角度入手，分析其如何转变压力为对企业绿色技术创新的刺激与激励。事实上，各国政府与非政府组织在寻求不断完善的绿色技术创新政策过程中，对政策支持的关注也逐渐增多。所以，制度环境对绿色技术创新的影响从客观出发，应考虑政策制度产生的压力与支持两个方面，至于哪个方面的影响力更强，综合作用效果怎样，需结合具体情况深入分析。

（一）政府政策

政府政策也称为政府规制、政府管制、政策规制或政策管制，几种词语的不同叫法在本质含义是大致相同的。

绿色技术创新具有双重外部性，从而减少了企业进行绿色技术的投资激励（Beisea and Rennings，2005）。双重外部性不仅在创新阶段，而且在技术扩散阶段都会产生技术的正向外溢（Rennings，2000）。一方面，绿色技术扩散阶段的外溢使模仿成本远远低于创新成本；另一方面，创新者创造或采用新的工艺、新的产品与新的组织方式大大改善了环境质量，而他必须承担所有成本，而获得的利益却不仅仅属于他自己，在这样的情形下，难以激励企业进行绿色技术创新。因此，政府必须利用不同的政策规制解决绿色技术创新的外部性问题，对企业绿色技术创新行为产生激励。外部性问题的存在，是政府实行规制的理论基础，绿色技术创新既包含环境的绿色化，又涉及技术是否进步，具有不同于普通创新的"双重外部性"。丁伯根法则指出，经济调节政策与调整目标应遵循相互独立的政策工具数量至少等于目标变量的数量。绿色技术创新不仅要实现技术上的变革与创新，还要实现低碳绿色发展，要实现这两个经济目标，则政府必须制定有效的环境绿色发展政策与创新激励政策，共同作用并诱发企业投入绿色技术创新活动。

（二）环境规制

环境规制是以环保目标约束企业环境行为的政策工具，它通过不同类型的环境政策手段和政策法规的结合来推动社会的绿色创新活动。随着全球对环境问题的日渐重视，政府的环境规制对绿色技术创新的作用机制与影响效果问题得到了国内外学者的广泛关注。已有研究对环境规制影响绿色技术创新的结论并不一致，存在"抑制论""促进论"与"不确定性"三种观点。

Poter 和 Van der Linde（1995）认为，环境规制虽然在短期内增加了企业成本，但从长期动态来看，如果规制政策适当，环境规制会导致"创新抵消"，在起到环保的同时还将对冲部分或全部的规制成本，有利于企业竞争力的提升，其中的关键在于环境规制能推动企业的技术创新活动。这种观点被称为波特假说，它是环境规制与技术创新研究的重要理论基础，随着环保意识的不断提高，政府采取的环境规制政策更加严格，环境规制政策强调了污染者付费原则，非绿色环保企业面临为自己产生的环境负外部性付费即外部性环境成本内部于其生产成本中，将导致企业竞争力下降，同时更高的环保生产准入规制使不环保企业面临停产的风险。为了提升竞争力并规避经营风险，企业必须寻求技术创新，改变原有非环保的生产方式，或运用更高效、更环保、更节能的生产技术和设备，技术创新产生的新科技、技术变革以及生产工艺优化等使企业在提升生产效率的同时，也获得了比较优势，从而提高企业整体的竞争力并获得环境与经济的"双赢"；反对者则认为，环境规制增加了企业的环保投入成本，挤占了企业的生产性资金，制约了企业的创新活动。如图 4 - 3 所示。第三种研究结论认为，环境规制对企业技术创新的影响存在不确定性，没有统一与相同的效果，一方面，环境规制政策有不同模式，同一模式环境规制政策参数设定不一，均会导致规制效果的较大差异，另一方面，体制机制等外部环境的变化也会对规制效果产生较大影响，可能存在非线性的"U"形或倒"U"形关系（李玲、陶锋，2012）。我国现阶段环境规制的效应还处于"U"形曲线拐点之前的下降期（杜威剑、李梦洁，2016），环境规制对绿色创新的驱动在不同经济发展阶段具有明显的异质性效果（涂红星、肖序，2014）。

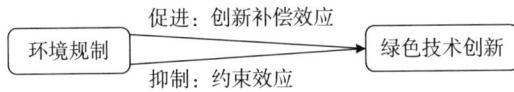

图4-3 环境规制对绿色技术创新的双重效应

环境规制工具主要包括命令控制（市场准入、环境标准等）、市场激励（税费补贴等）及相互沟通（信息披露）三大类，对企业技术创新可能存在正向影响、负向影响以及不确定性。市场激励性规制在竞争市场条件下比管制型工具激励效果更好，而不完全竞争市场中各类环境规制政策的技术创新促进效果则根据实际情况有所不同。环境规制越严厉，创新效率越高（Cole，2010），企业规模越大，环境规制对技术创新的促进作用越明显（成琼文，2014）。随着时间与外界环境的变化，环境规制的长期影响是不确定的。另外，环境管制的不同政策工具对绿色技术创新的效果不同。命令控制型对末端治理既存在正面作用（李婉红等，2013），也存在负面作用（王小宁、周晓唯，2014）；市场激励与沟通响应型工具对绿色技术创新产生正向作用，同时，环境规制对绿色创新的影响还存在行业与地区的差异，不同污染程度与技术水平的工业部门，经济相对发达的东部地区与落后的中西部地区，环境规制的绿色技术创新绩效大相径庭（沈能、刘凤朝，2012）。另外，环境规制还因区域知识产权保护强弱的差别，对绿色技术创新的影响不同（蒋为，2015）。我国绿色创新政策的最大特点就是强调命令与控制型政策，这与我国自上而下的顶层设计与不成熟、不完善的市场极其适应。特别是"十一五"规划以来能源节约与污染减排目标的逐步分解，绿色技术创造的巨大潜在需求极大促进了绿色技术创新。

（三）创新激励

由于绿色技术创新的"双重外部性"特征，根据"丁伯根法则"，政府对绿色技术创新的规制政策应从环境规制与创新激励两个方向入手。以下结合简单的线性函数对丁伯根准则进行具体分析。假定有两种政策工具 I_1、I_2，政策调控目标为 T_1 和 T_2，政策目标是可选工具的线性函数，即：

$$T_1 = \alpha_1 \times I_1 + \alpha_2 \times I_2 \qquad\qquad (4-7)$$

$$T_2 = b_1 \times I_1 + b_2 \times I_2 \qquad\qquad (4-8)$$

两种政策工具对目标的影响相互独立，决策者就能利用政策工具的相互配合达到理想目标。只要满足 $\alpha_1/b_1 \neq \alpha_2/b_2$（即两个政策工具线性独立），可得最佳目标 T_1 和 T_2 时所需的 I_1 和 I_2，即：

$$I_1 = (b_2 \times T_1 - \alpha_2 \times T_2)/(\alpha_1 \times b_2 - b_1 \times \alpha_2) \qquad (4-9)$$

$$I_2 = (\alpha_1 \times T_2 - b_1 \times T_1)/(\alpha_1 \times b_2 - b_1 \times \alpha_2) \qquad (4-10)$$

当 $\alpha_1/b_1 = \alpha_2/b_2$ 时，表明两种政策工具对两个目标的影响相同，也进一步证明决策者企图采用一种工具实现两个目标将难以实现，由此，丁伯根准则得以证明。

绿色技术创新诱发的研究，国内外文献集中于验证环境规制对技术进步（创新）、低碳技术转让的影响（赵红，2007；张成等，2011；何小钢，2012；乔晓楠、张欣，2012），少数文献研究了研发补贴政策对创新的影响（郑绪涛、柳剑平，2008），不同的技术创新激励政策如何诱发不同类型绿色创新的研究则非常鲜见。结合绿色技术创新理论的前沿理论与国际经验证据，同时鉴于我国大量的研发补贴与绿色专利保护的日益加强，深入研究环境规制与创新激励政策的双重互动以构建新的绿色技术创新诱发机制模型具有重要的理论与现实意义。

1. 政府研发补助

为促进绿色技术的进步与不断创新，政府通过直接或间接的研发资助、税收减免与优惠等一系列创新资助与鼓励政策激励绿色技术创新，以矫正绿色技术因正外部性导致的企业研发投入不足问题。政府研发补助作用于绿色技术创新的研究存在促进、抑制、倒"U"形关系及不确定四种结论。

第一，政府研发补贴对绿色技术创新有明显促进作用，政府补助通过纠正因绿色技术创新存在的外向溢出效应引起的市场失灵，促使技术创新达到社会最优的效率水平（朱平芳，2003；白俊红，2011）。研究表明，政府补助对企业自筹研发投入产生积极效果，可以显著正向促进企业技术创新效率的提升，有助于弥补其绿色技术创新的不足

（何小钢，2014）。第二，政府研发补助对绿色技术创新的抑制表现为挤出与替代效应。Gorg，H.，（2007）、吕久琴（2011）等认为，政府研发补贴通过对企业研发投入产生显著的挤出而抑制技术创新。第三，政府补助强度与绿色技术创新之间存在倒"U"形关系。国内外学者普遍认为，政府补助对绿色创新的促进效应存在门槛值，门槛之前随着政府资助的增加将促进绿色技术创新的增加，随后其效果逐渐下降，逐渐呈现出反向关系（Dominiqu，2000；Bohnstedt，A.，2014；黄奇，2015）。第四，政府补助的作用不确定。研发补贴促进产业的研发投入，而对企业的私人研发投入产生挤出效应（David，P. A.，2000）。政府补助还受企业性质的影响，对私有企业有正向作用，而对国有企业有负面影响（李蜻，2013）。政府补助对企业的绿色技术创新作用并不显著（王炳成，2009；郭晓丹，2011）。

根据以上分析表明，政府补助对绿色技术创新既存在正向促进作用，也产生逆向抑制效果（见图4-4）。通过弥补正外部性带来的市场供给不足，激发企业技术创新的积极性并带动社会的杠杆性投资。研发要素价格上涨、市场扭曲等因素对企业研发投入的挤出甚至替代则产生了消极的抑制作用，政府资助强度的变化在两种效应的综合影响下最终呈现出倒"U"形。

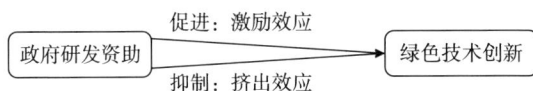

图4-4　政府研发资助对绿色技术创新的双重作用

2. 绿色专利保护

科技的飞速发展在促进经济腾飞的过程中也带来了严重的环境问题。为应对和解决环境问题，需要运用法律和政策对科技创新的方向进行有效规制和引导，以更好地实现环境与经济发展的双赢。绿色低碳技术成为技术发展的重要目标受到了极大的重视，专利制度作为激励技术创新的重要创新政策理应在绿色技术创新中发挥重要的作用。然而事实上，绿色专利还未真正登上绿色发展战略的舞台，较少研究将专利制度与环保结合，少数文献提出绿色专利的概念，从专利制度绿色环保化等方面进行了初步尝试，但研究的深入程度难以达到理论与现实需求。

绿色专利保护的基础是绿色技术创新产权的清晰明确。绿色技术创新产权是绿色技术研发、技术成果转让以及生产运用中，对具有独创性、科技含量高、技术经验技巧性强等绿色技术创新核心要素得到认可并明确知识产权所有权关系。产权关系确定后，产权所有者就获得了绿色技术创新成果的专属权益，未经其许可不能获取研究成果，否则就属于侵权行为。

绿色技术创新的产权与其他物品的产权一样，包括权能和利益两部分。权能主要包括绿色技术的所有权、使用权、索取权和处置权。绿色技术创新产权的利益可概括为经济收益、物品所有、股权或期权、创新者晋级提升、环境质量改善等。绿色技术创新的所有权是拥有创新过程中所产生的绿色技术成果的权利。这项权利的最初产权主体是创新者，创新者既可能是某个人，也可以是若干人组成的机构或集体。绿色技术创新成果也是多方面的，既可以是具体的绿色技术设计方案、工艺过程、零部件，又可以为仪器设备或直接用于环境污染预防和治理的技术系统。绿色技术创新的使用权是对绿色技术创新成果的使用权利，索取权是产权所有者在技术创新成果转化、转让与运用中得到产权契约中规定收益的权利。索取权与所有权相对应，所有权改变意味着具有索取权的主体也相应变化。处置权是拥有技术创新成果产权的所有人在符合政策法规条件下，对其拥有产权的成果进行处置、转让的权利。绿色技术创新产权的权属关系是可以变动的，但必须符合交易双方的契约条件。在我国现阶段，绿色技术创新者、扩散者和最终使用者往往不是统一的。绿色技术创新的研究与开发主要是环境科研机构，绿色技术的扩散者可能是科研机构、中介机构或销售机构，绿色技术的最终使用者则是产生环境影响的企事业单位。因此绿色技术创新的产权在整个创新周期中可能会经过多次变动，在产权变动的过程中保护好创新者的产权利益是至关重要的，否则将严重挫伤创新者从事绿色技术发明和创造的积极性。由于绿色技术创新过程涉及多个主体并容易形成公共领域，容易造成产权归属不清，因而需要产权制度的规范与创新。

强化绿色专利的激励作用。我国正处于经济结构升级与绿色转型的过渡时期，完善专利制度，加强知识产权保护是促进绿色技术研发和扩散的重要手段。绿色技术创新是环境保护与知识产权领域的交叉议题，有效保护知识产权在驱动绿色技术创新，以绿色技术创新方式解决日益严重的环保问题，实现经济社会的绿色可持续发展战略中具有核心作用。技术创新成果如果缺失知识产权保护，很容易被无偿使用，会严重挫败创新者的积极性，绿色专利保护制度的实施能有效激励技术创新。我国迫切需要建立与基本国情、经济社会发展相适应的绿色技术专利制度，优化申请、审核及核准流程，不断调整、扩大绿色技术专利适用范围，提高审核认定效率，快速实现绿色技术成果的专利认定，更好地发挥专利制度对绿色技术创新的激励作用。

第三节　双因素综合影响

对诱发绿色技术创新的因素分析可以发现，驱动我国绿色技术创新的动力源自于内生性因素与外生性因素两类因素，内生性因素相互作用形成内在创新驱动力，外生性因素的作用形成外部推拉动力，内外部动力之间相互耦合，存在相互影响与制约关系。只有内外动力互相协调与配合，才能驱动绿色技术创新行为的发生。杨东和柴慧敏（2015）指出，需要综合内部、外部因素形成的交叉、互动对绿色技术创新的影响。内生性与外生性因素对绿色技术创新行为的诱发具有复杂的作用机制，并由于情景的不同产生不同的作用效果。

一　政策规制的时期与强度效应

绿色技术创新的制度环境分为政府的环境规制政策与创新政策。在环境保护政策出台以前，驱动技术创新的各类因素通过不同方式直接或间接地影响着企业或社会的技术进步及技术变革，随着时空的变化与不同因素的强度变化，这些因素形成一种动力均衡状态。环境政策出台后，环境保护政策即环境规制类似于一个新的外生性限制变量，通过两种途径影响企业的绿色技术创新，第一种途径是通过对企业绿色技术创新的投入与产出实施影响，即提升企业绿色技术创新的投资收益，通过优化要素配置效率产生技术创新效应；第二种途径是通过内外生性因素对绿色技术创新产生间接影响。

环境规制对绿色技术创新的诱发受政策执行时间长短与规制强度大小的影响，存在一定的时期效应和门槛效应。如图4-5所示，随着环境规制政策颁布时间T的推移和政策执法的不断深入，政府环境职能部门的管理技能不断提高，公众的环保意识逐渐增强，社会环保组织的力量日渐凸显以及各项政策的连锁反应，使企业在政策法律的强行规制与社会舆论的双重压力下，转变规制压力为创新动力，激发企业进行绿色技术创新。因而，环境规制随着时间的推移对绿色技术创新产生激励效果。环境规制强度对绿色技术创新具有门槛效应，当环境规制强度小于门槛值时，政府对环境规制的执法力度较弱，不能对企业的环境规制形成有效的监管。然而，企业从事绿色技术创新则面临高额的成本投入、难以规避的高风险与不确定性，使其遵循成本高于绿色技术创新收益，企业缺乏足够的动力从事绿色创新。随着环境规制力度S的进一步增强，逐步逼近、超过临界点M时，企业环境违法的成本迅速增加，投入更多环保支出、从事绿色技术开发的收益不断增多，遵循成本通过创新收益得到了有益的补偿，大大激励了企业的绿色技术创新活动。受经济发展水平、不同区域资源禀赋、产业发展成熟度与企业技术能力的影响，环境规制强度对绿色技术创新影响力差异的阈值个数与范围有所不同。环境政策作用对象的差异，也会导致相同或不同的环境规制政策和手段因产业属性和企业特征所具有的影响力不同。

类似环境规制时期与强度效应，技术创新的专利保护同样具有时期与强度效应。随着专利保护政策实施时间的推移，其对技术创新的影响效果逐步提升。专利保护强度对技术创新的影响根据已有的理论分析与经验研究存在阈值效应，促进或抑制技术创新取决于专利保护强度的大小及其他不确定性因素的综合影响，可能存在多个阈值的情况。

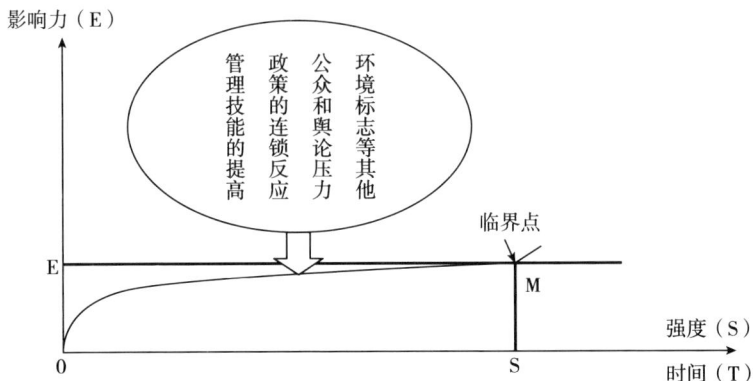

图 4－5　环境规制对企业技术创新的时期与强度效应

在政府的环境规制与创新激励两类政策工具的影响下，我国绿色技术创新的内外生性力量相互影响，共同作用，构成我国绿色技术创新的综合驱动力量，并随着政策实施时间与强度的动态变化，诱发绿色技术创新行为的发生。双因素综合驱动下绿色技术创新的结构如图4－6所示。

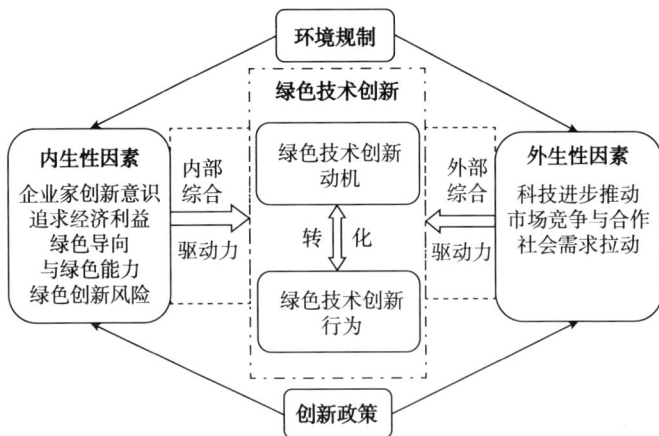

图 4－6　政策规制下绿色技术创新的双因素综合驱动模型

二　政策规制下绿色技术创新两阶段理论模型

根据绿色技术创新的价值形成过程，技术创新主体需经历研发资源投入到绿色知识产出的技术开发阶段，技术成果通过市场化运作与商业化应用的技术扩散与转化阶段。技术开发阶段能够反映技术创新主体在政策规制下，利用已有资源和技术的创新能力；技术扩散阶段则体现了创新主体在科技转化环境下的成果转化水平。绿色技术创新主体的创新能力与技术转化水平在创新价值形成的各个环节，都会受到环境规制与创新激励政策的不同程度影响。据此，可构建如图4-7所示的政策规制下绿色技术创新两阶段理论模型。

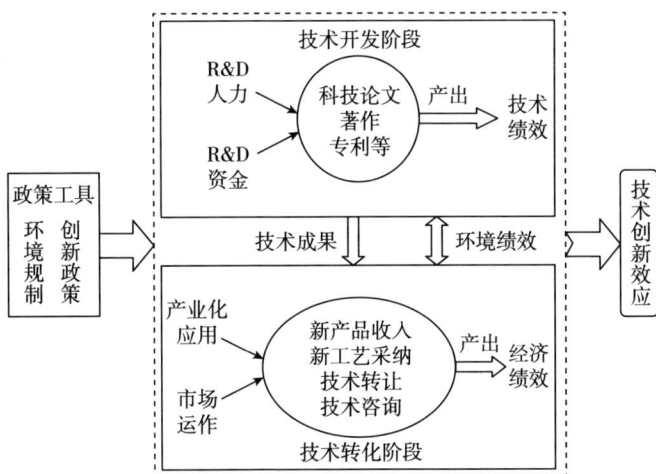

图4-7　政策规制下绿色技术创新两阶段理论模型

在环境规制与创新政策的共同激励下，创新企业在技术开发阶段通过 R&D 人力资本与 R&D 资金要素投入，获得科技论文、著作、专利等知识产出，并作为知识存量获得技术累积与技术进步。技术开发阶段的技术成果在政策规制的驱动下，借助市场化运作与产业化应用，形成具有不同创新性质的新工艺、新产品销售收入，或者通过技术咨询或技术转让实现绿色技术创新的商业化，从而实现了技术创新从资源投入到产业化应用的完整阶段。此模型基于价值链视角整合了外部制度环境、创新主体资源、技术开发与转化能力对绿色技术创新的影响机制，揭示了政策规制与其他因素作用于技术创新的阶段差异，更加符合绿色技术创新活动的现实特征。

第五章

绿色技术创新诱发机制：
传导路径与作用机理

第一节　环境规制的影响机理

一　环境规制的内在作用机理

（一）模型假设

厂商存在三个部门，一是绿色技术研发部门，负责绿色技术的研发；二是生产部门，负责产品的生产；三是负责污染处理的治污部门。厂商依据政府的环境规制，按配置系数 R_K、P_K、D_K 将资本投放到三个部门，以实现持续经营和利润最大化目标。厂商的绿色技术包括清洁技术和末端治理。清洁技术是在产品开发和生产过程中进行技术改进，以"清洁生产"提高生产率。末端治理则对企业排放的污染物进行处理，以降低废水、废气和有害物质的排放量。厂商是否进行绿色技术创新以及进行何种类型的技术创新，主要取决于环境规制强度的变化与所处的内外因素引致的对成本与收益大小的比较与判断，既可能鼓励厂商从事根本性的绿色技术创新，也可能只引发末端治污技术创新，故基于内生增长理论建立环境规制的机理模型。

假设一：资本内生且不存在折旧，即折旧率为 0，储蓄率 s 外生给定。则资本在 t 期的增长量为：

$$\dot{K}(t) = sY(t), \ s \geqslant 0 \tag{5-1}$$

厂商的资本分别配置在研发、生产与治污三个部门，其大小依次为 $R_K K$、$P_K K$ 与 $D_K K$，配置系数 R_K、P_K、D_K 满足：

$$R_K \geqslant 0, \ P_K \geqslant 0, \ D_K \geqslant 0, \ R_K + P_K + D_K \leqslant 1 \tag{5-2}$$

假设二：厂商三大部门决策

1. 绿色技术研发部门

绿色技术研发部门的绿色技术研发能力提高，能提高厂商的投入产出比，也能降低厂商的污染产出比。根据内生增长理论，t 时期绿色技术的增长量为：

$$\dot{G}(t) = B \cdot [b_K K(t)]^{\theta} \cdot G(t)^{\mu} \tag{5-3}$$

式（5-3）中 $B > 0$ 称为转移参数，表示影响研发是否成功的其他因素。$\theta \geqslant 0$ 意味着资本正向作用于绿色技术研发。绿色技术知识的共享使绿色技术研发部门和产品部门都能使用全部的绿色技术存量 G，指数 μ 反映了已有绿色技术存量对研发成败的影响大小，$0 < \mu < 1$。绿色技术生产函数对资本和绿色技术的规模报酬为 $\theta + \mu$。

2. 生产部门

生产函数采用柯布-道格拉斯形式，在 t 时期，厂商的产品数量：

$$Y(t) = F[K(t), G(t)] = [a_K K(t)]^{\alpha} \times G(t)^{1-\alpha}, \ 0 < \alpha < 1 \tag{5-4}$$

式（5-4）中 α 和 $1-\alpha$ 分别为资本和绿色技术的产出弹性，按照 C-D 函数的假设，各自的规模报酬不变。

3. 污染治理部门

企业产生的三废需经污染治理达到排放标准后方可排放。所以，厂商的实际排污量 W 应为产生的污染物总量 W_z 与处理量 W_c 的差值，即 $W_z - W_c$。假定第 t 期厂商实际污染排放函数为：

$$W = H(Y, G, K, M) = W_z - W_c = e(G) \times Y - g(M) \times c_K K \tag{5-5}$$

$e(G) \times Y$ 为污染物总量 W_z，$e(G)$ 为线性系数。污染物是厂商生产过程中的附加物，产量与企业绿色技术有关，满足：$e(G) > 0$，$e(G)' < 0$。$g(M) \times c_K K$ 为污染物已处理量，M 表示治污技术。污染物已处理量是厂商治污投入 $c_K K$ 的线性函数，$g(M)$ 为线性系数，污

染物处理函数的系数随着治污技术的提高而提高，两者呈正向关系，即满足：$g(M) > 0$，$g(M)' > 0$。

（二）厂商绿色技术创新的方向选择

假定厂商处于完全竞争市场，厂商的收益函数为 PY，成本函数为三部门资本投入之和 $(R_K + P_K + D_K)K$，政府对厂商污染排放的配额为 D。厂商在环境规制约束下寻求利润最大化的技术选择。

$$\text{Max } \pi = PY - (a_K + b_K + c_K) K$$

$$\text{s. t.} \quad \begin{array}{l} a_K + b_K + c_K \leqslant 1 \\ e(G) \times Y - g(M) \times c_K K \leqslant R \end{array} \qquad (5-6)$$

建立拉格朗日函数：

$$L = PY - (a_K + b_K + c_K)K - \lambda [e(G) \times Y - g(M) \times c_K K - R] - v(a_K + b_K + c_K - 1) \qquad (5-7)$$

此时厂商的优化条件为：

$$P \times \frac{\partial Y}{\partial a_K} - K - \lambda e(G) \times \frac{\partial Y}{\partial a_K} - v = 0$$

$$P \times \frac{\partial Y}{\partial a_K} - K - \lambda \left[e(G) \times \frac{\partial Y}{\partial a_K} + e'(G) \times \frac{\partial Y}{\partial b_K} \right] - v = 0$$

$$-K + \lambda g(M) \times K - v = 0$$

$$e(G) \times Y - g(M) \times c_K K - R = 0$$

$$a_K + b_K + c_K = 1$$

由于投入资本的配置系数 R_K、P_K、D_K 的表达式较为复杂，为了便于分析，先考虑两种简化模型下厂商的决策，进而推断一般情况下企业的技术创新行为演化。

1. 不考虑环境规制

厂商不再受到政府污染配额的约束，可随意排污且无须治污资本投入。此时，厂商的最优决策为：

$$\text{Max } \pi = PY - (a_K + b_K)K$$

$$\text{s. t.} \quad a_K + b_K \leqslant 1 \qquad (5-8)$$

建立拉格朗日乘数：

$$L = P \times (a_K K)^{\alpha} \times G(b_K)^{(1-\alpha)} - (a_K + b_K)K - v(a_K + b_K - 1) \qquad (5-9)$$

对 a_K、b_K、v 求偏导，由一阶微分条件得厂商资本投入最优配置分别为：

$$a_K = \frac{(1-\mu)\alpha}{(1-\mu)\alpha + (1-\alpha)\theta}$$

$$b_K = \frac{(1-\alpha)\theta}{(1-\mu)\alpha + (1-\alpha)\theta} \qquad (5-10)$$

式（5-10）中，资本 $K(t)$ 对产出和绿色技术研发的弹性系数分别为 α 和 θ，μ 和 $(1-\alpha)$ 则反映绿色技术 $G(t)$ 对产出和绿色技术研发的作用大小。根据式（5-10）可以推出，随着 α 与 μ 的增加，投入生产的资本比例 a_K 与从事绿色研发的资本份额 b_K 随之增加，与之相应的绿色研发资本投入份额 b_K 与生产产品的资本投入比例 a_K 会随之变小。意味着利润最大化厂商会根据绿色技术的贡献度决定资本在不同部门的投资比例，从而实现资源的有效配置。

2. 不考虑绿色技术研发

厂商由三部门简化为生产与治污两个部门，厂商单位产出的污染设定为常数 e。此时，对应一种投入的 C-D 函数为：

$$Y = a_K K \qquad (5-11)$$

相应地，模型（5-8）可简化为：

$$Max \ \pi = P \times a_K K - (a_K + c_K) K$$

s. t. $\quad ea_K K - g(M) \times c_K K \leqslant R$

$$a_K + c_K \leqslant 1 \qquad (5-12)$$

建立拉格朗日函数：

$$L = P \times (a_K K) - (a_K + b_K) K - \lambda [e \times a_K K - g(M) \times c_K K - R] -$$
$$v(a_K + c_K - 1) \qquad (5-13)$$

对 a_K、c_K、λ 和 v 求偏导，由一阶条件得厂商资本投入配置比分别为：

$$a_K = \frac{g(M) \times K + R}{[e + g(M)] \times K}$$

$$c_K = \frac{eK - R}{[e + g(M)] \times K} \qquad (5-14)$$

当政府增加环境规制力度，其他条件不变时，企业的污染配额 R

变小，由式（5-14）可知，a_K 随之减小，c_K 相应变大。意味着厂商为了应对政府更加严格的环境规制，必须通过缩减生产资本投入来增加污染治理支出。

3. 一般情况下厂商的行为决策

根据简化模型（5-12）可知，假定厂商所有类型的技术水平不发生变化，政府的环境规制强度较弱时，污染厂商只需进行末端处理就能轻松满足环境规制的限额要求。随着环保压力增加，政府加强环境规制力度时，厂商将环境投入用于末端污染控制一方面边际产出将下降，另一方面随着环境排污标准的严苛，治污技术进步会越来越难以跟上新的排污标准，运用新的治污技术的投入产出也越来越让企业难以承受，其经济性将出现"瓶颈"，如碳捕捉技术。一旦投入资本的边际治污成本大于边际产品收益，厂商再进行治污技术研发将无利可图（张成等，2011）。故当环境规制达到一定强度，厂商更偏向清洁技术创新，从污染的源头与生产环节的全过程入手，降低污染产出比，从根本上解决污染问题。进行绿色技术研发，是厂商应对环境规制强化，实现长久可持续发展的不二选择。综上分析，当政府的环境规制力度较弱时，厂商将会更多进行末端治污技术处理（c_K 较大，b_K 较小）；随着环境规制强度的增大，将迫使更多厂商选择投入更多资本开展绿色技术研发（c_K 较小，b_K 较大），生产厂商按照式（5-10）的比例配置资本会达到最优的状态。当厂商的污染控制水平远超过政府的环境规制限额时，将不再需要污染处理资本投入。即 $a_K + b_K = 1$，$c_K = 0$。从而长期看来，厂商将主要进行绿色技术研发，且绿色技术水平与环境规制强度呈现倒"U"形曲线关系。由于治污技术是专业环保厂商针对污染控制与减排、污染清理及废弃物处理等环境问题的"终端治理"，是融合环保设备投资过程中的资本偏向型技术进步，因此对污染厂商，治污技术进步具有外生性。越来越严苛的环境规制使污染厂商选择更先进环保技术达到规制排污标准，进而推进了环保产业的迅速发展（见图5-1）。

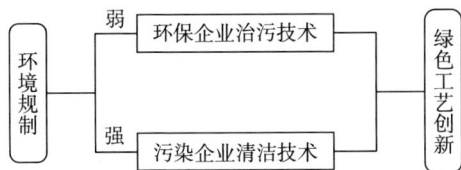

图 5 - 1　环境规制的作用机理

　　具体而言，政府的环境规制对绿色技术创新存在两种传导路径，一种通过增加企业短期的遵循成本与长期的竞争优势获得收益补偿对绿色技术创新产生直接影响；另一种通过其他中介变量的间接传导作用于绿色技术创新，直接影响与间接作用共同在不同的环境规制强度下对企业的成本—收益产生影响，进而诱发企业做出不同的绿色技术创新选择。

二　环境规制的直接作用

　　环境规制通过"补偿效应"与"抵消效应"直接作用于绿色技术创新。一方面，环境规制的力度增强增加了企业的投资与成本压力，促使企业进行生产工艺和环保技术的创新与升级，从而提高了企业的绿色技术创新能力和市场竞争力，部分或全部补偿了污染支出；另一方面，在企业资本总量一定的情况下，增加污染治理支出必然会对企业的研发投入产生挤出效应，不利于绿色技术创新和环境治理的改善。环境规制水平不同，对企业的"补偿与抵消"影响效果不同。规制初期"挤出效应"逐渐增加，规制力度的加强将刺激企业不断提升技术水平降低成本，"创新补偿"效应会逐渐超越"挤出效应"。环境规制的直接作用机制如图 5 - 2 所示。

　　（一）补偿效应

　　1. 先动优势

　　Porter 和 Linder（1995）提出，企业通过技术创新获得先发优势，建立行业标准与经验，获得企业声誉构成模仿者的进入壁垒，是其获得与维持核心竞争力的重要方式。环境规制通过设定污染排放标准、技术标准等方式限制企业在生产过程中的污染排放额度，减少对环境

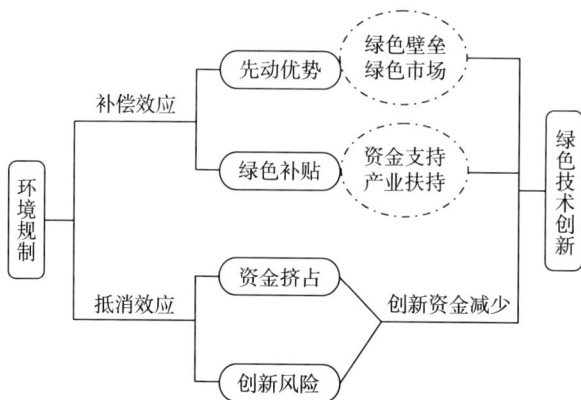

图5-2 环境规制对绿色技术创新的直接作用机制

的污染。环境规制要求较低时，企业可以通过支付超额排放罚款或者增加末端污染治理投入在短期增加"抵御性"支出应对环境规制的约束，但其绩效不高，很难提升企业效能，无法真正提升企业竞争力（徐嵩龄，1999）。随着面向供给的环境规制要求的日益严格，"抵御性"支出随之快速增加，企业面临生存与发展的威胁。为此，企业一方面必须通过改进生产工艺，提高资源使用效率，进行绿色工艺创新或绿色产品创新来获得产品的差异化优势；另一方面，随着面向需求的环境规制的深入，消费者的环境保护意识不断提升，对安全健康的自然环境和生活环境的需求日益强烈，同时为降低环境规制带来的生活成本提升，更多的消费者将选择环保节能的消费方式，对绿色产品的需求不断增加。如上海在2019年7月1日将迎来历史上最为严厉的生活垃圾分类政策，对不遵照执行的消费者实行每次50—200元的行政处罚，此政策的实施，大大推动了人们对垃圾分类等环保产品的生活需求。

在环境规制的约束下和消费者的绿色需求拉动下，率先进行绿色技术创新的企业将掌控有巨大潜力的绿色市场，从而获得高于平均利润水平的超额利润。政府也会优先考虑行业内具有良好环保声誉的创新企业，使之获得一些直接或潜在的政策优惠。总之，不管通过末端治污技术，还是源头控制与生产过程的清洁技术，或者根本性绿色产品创新，只要能优先掌握绿色生产技术并占据广阔的绿色市场获得先动优势，企业终将获得丰厚的收益。

2. 绿色补贴

为提升国家的环境保护水平，帮助企业减轻负担，政府采取市场激励型的环境规制措施，对企业的绿色技术创新行为进行激励和有力的支持。例如，政府通过对企业给予环境补贴措施解决企业创新资金的不足，帮助企业提升绿色技术创新投入产出比，治污与生产技术的改进所获得的创新收益与补贴收入大于环境规制的"遵循成本"，企业就会投资减少污染。政府对国产环保设备进行大力扶持，不断提升环保产业在经济发展中的地位，增加环保技术研发投入，这些政策扶持会对绿色技术创新产生积极、有力的促进效应。

（二）抵消效应

1. 资金"挤占"

环境规制赋予生态资源经济属性，要求企业内部化外部环境成本，从而增加企业要素投入成本。在市场需求一定时，会降低企业利润，从而减少企业的技术创新投入。另外，企业为遵循环境规制的要求，必然要加大污染控制的投入，购买具有更高降污技术的机器设备，进行员工污染治理培训，将有限的资源更多转向环境的检测、监测与报告等环节。遵循环境规制引致的生产成本增加挤占了企业有限的资源，减少技术创新投入，对企业绿色技术创新产生负面抵消作用。此外，企业必须重新配置资源用于污染防控，导致具有获利前景的投资项目受到搁浅，增加了资金的机会成本。

2. 创新风险增大

技术创新具有高风险、高不确定性特征。环境规制使得技术创新不仅要满足经济目标，还要满足环境目标。双重目标带来的双重约束加大了技术创新风险，企业创新生态的复杂化进一步加剧了绿色技术创新绩效的不确定性。中央与地方政府在环境政策中的博弈行为导致双方决策目标的不一致，政策执法机构间缺乏协调统一的标准，使得政策执行的严厉性与监管力度的松紧不一，增加了企业在创新过程中的环境不确定性，抑制了企业绿色技术创新的积极性，减少对创新资金的投入。

三　环境规制的间接作用

环境规制不但通过抵消作用与补偿效应直接作用于绿色技术创新，而且通过对绿色技术的研发与扩散阶段的影响，间接作用于绿色技术创新，其间接作用机制见图5－3。在绿色技术研发阶段，通过绿色设计与开发活动（肖仁桥等，2012），获得绿色技术专利与新产品项目第一阶段的产出；绿色技术的扩散阶段在第一阶段产出的基础上，通过试制与批量生产，将绿色研发的产出转化为销售收益（Rehfeld et al.，2007）。学者（Jaffe et al.，2003；Wagner and Llerena，2011）研究发现，环境政策不仅有助于技术创新的发明创造，而且对绿色技术的扩散转化也产生影响。

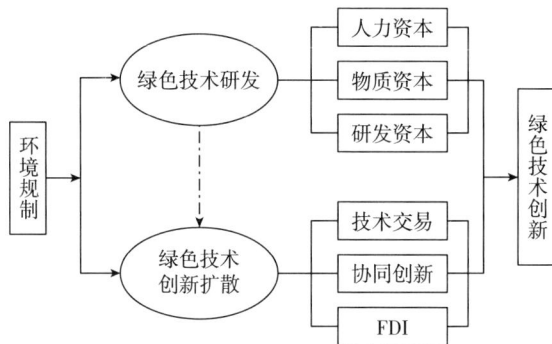

图5－3　环境规制对绿色技术创新的间接作用机制

（一）环境规制对绿色技术研发的影响

绿色技术研发离不开资本的投入，人力资本、物质资本与研发资本的大小决定了创新产出的多少，资本成为绿色技术创新的重要约束。短期内环境规制增加了企业遵循成本，对技术创新产生挤出效应。在利润最大化下，企业在长期将寻找更为有效的成本节约方式以应对环境规制的限制。Jaflfe，F. 和 Palmer F.（1997）认为，环境规制将倒逼企业增加绿色技术投入，以降低合规成本。

（1）环境规制从正、反两个方向对绿色技术创新产生影响。

环境规制强度增加驱动企业提高技术水平，企业必须加大人才引进力度，将人力资本转化为更多的技术创新产出。另外，实施环境规制的费用支出会挤压用于员工的培训与工资支出，从而降低了人力资本的投入水平，在一定程度上对企业的技术创新起到抑制作用。

（2）环境规制存在挤占企业生产性投入，进而影响企业生产经营活动以及市场竞争力，会对企业绿色技术创新能力产生削减影响。

企业技术创新不但需要大量的资金投入，同时面临着创新失败的高风险，实力越雄厚、竞争力越强，企业抗风险能力也越强，越有利于绿色技术创新。

（3）环境规制下企业加大绿色资源投入，当环境规制强度逼近临界点时，企业必然选择提高绿色技术水平以弥补环境规制的成本损失。

从长期来看，企业要投入大量研发资本，通过生态绩效以获取市场竞争优势。研究发现，环境规制可以显著诱导企业将 R&D 投入到绿色技术创新，严格的环境规制可以增加企业在绿色技术创新的 R&D 投入，但也减少了其他活动的研发投入（Richard，K.，2012）。我国工业行业的实证研究（张立光，2014；谢荣辉，2017）进一步表明，加强环境规制会显著促进工业企业的 R&D 投入。

为分析环境规制下，R&D 投入影响绿色技术创新的机制，参照 Krysiak，F.（2011）的研究，构建生产与研发两部门模型。模型假设：第一，环境规制作为政府提出的外生变量，生产部门的治污成本随着排污量的增加而提高；第二，环境规制下，生产部门选择是否采用绿色技术生产；第三，研发部门依据市场需求判断是否从事绿色技术研发，通过向生产部门出售研发技术获取最大利润。具体建模思路为：

（1）生产部门。

假设在完全竞争的市场中存在 n 个同质生产企业，每个企业的固定成本为 F，生产企业购买研发部门的技术进行生产，并按政府环境规制的限额排放污染物。令企业单位排污量得到治理成本为 τ，τ 值随着政府环境规制强度的增加而升高。企业采用绿色与非绿色技术生产的单位排污量分别为 λ_g、λ_b，且 $\lambda_g < \lambda_b$，两种技术下的治理成本分别为 $\tau\lambda_g q_g$ 和 $\tau\lambda_b q_b$，q 为产出量。e_g、e_b 分别表示绿色、非绿色技术下的生产效率，在生产成本固定为 F 时，企业采用两种技术进行生产时产量不同。在现有规模和技术下，企业的产量为 Q，绿色技术产量为 $e_g Q$，非绿色技术产量为 $e_b Q$。企业购买不同类别技术 j 的购入成本为 B_j，绿色生产技术、非绿色生产技术下企业的技术与治污成本不同。使用不同技术 j 时企业的收入为 $pe_j Q$，p 为产品价格。企业采用技术 j 时的利润可表示为：

$$\pi_j^p = pe_j Q - B_j - \tau\lambda_j e_j Q - F \tag{5-15}$$

（2）研发部门。

研发部门通过生产并向生产企业出售绿色与非绿色技术获得利润。假设进行技术研发的成本为 $C_j(K_{jt})$，K_{jt} 为研发努力程度，则研发成本函数表示为：

$$C_j(K_{jt}) = \beta K_{jt}^2 \tag{5-16}$$

式（5-16）中，$\beta > 0$，意味着获得同样的技术进步率需要投入更多的成本。研发部门面临是否投入资源进行绿色技术研发与出售绿色生产技术的价格大小两种决策。假设研发部门首先考虑以价格 b_j 出售生产技术，因生产企业需要考虑技术 j 的排污水平和生产效率，所以技术 j 在 t 期的价格可表示为：

$$b_{j,t} = \varphi e_{jt} + \varphi\lambda_{jt} \tag{5-17}$$

式（5-17）中，$\varphi > 0$，φ 为技术 j 的价格与生产效率、排污水平的系数，研发努力程度与技术外溢决定新技术的生产效率大小，即：

$$e_{jt} = e_{j,t-1}(1+K_{jt})(1+\sigma) \tag{5-18}$$

σ 为技术外溢系数，那么技术 j 的售价为：

$$b_j = \varphi e_{j,t-1}(1+K_{jt})(1+\sigma) + \varphi\lambda_{jt} \tag{5-19}$$

因而研发部门的利润为：

$$\pi^{rd} = [\varphi e_{j,t-1}(1+K_{jt})(1+\sigma) + \varphi\lambda_{jt}] \times q_j(b_j, e_j, \lambda_j) \tag{5-20}$$

式（5-20）中，$q_j(b_j, e_j, \lambda_j)$ 指生产企业对技术 j 的需求量。

（3）均衡分析。

生产企业根据政府环境规制强度选择实现利润最大化的最优技术。当采用绿色技术的利润更大时，生产企业就采用绿色生产技术。由此可得出：

$$\tau > \frac{\left(p - \dfrac{\varphi}{Q}\right)(e_b - e_g) - \dfrac{\varphi}{Q}(\lambda_b - \lambda_g)}{e_b \lambda_b - e_g \lambda_g} \tag{5-21}$$

式（5-21）中，p 为完全竞争市场中产品价格，Q 由生产企业的规模决定。当 $e_b \lambda_b - e_g \lambda_g > 0$ 时，式（5-21）表示生产企业选择绿色生产技术的条件。可以看出，环境规制强度、技术效率和排污水平是决定生产企业是否选择绿色技术的主要因素。

研发部门依据利润最大化目标对是否进行绿色技术研发予以决策，进而通过向生产企业出售绿色或非绿色生产技术获得利润。根据利润最大化一阶求导条件可得：

$$K_{jt} = \frac{\varphi e_{j,t-1}(1 + \sigma) \times q_j(b_j, e_j, \lambda_j)}{2\beta} \tag{5-22}$$

由式（5-22）可以看出，研发部门努力程度与技术 j 的市场需求、现有技术水平和技术外溢程度正相关。政府环境规制强度变化时，生产企业对绿色技术的选择随之变化，从而通过需求最终影响研发部门对绿色技术的研发努力程度。

综合以上分析可知，增加环境规制强度会驱动研发部门投入从非绿色生产技术向绿色生产技术转移。证明了环境规制能影响绿色技术创新，还能通过诱导 R&D 投入激励企业进行绿色技术创新。

（二）环境规制对绿色技术创新扩散的影响

绿色技术创新扩散是指不同的企业之间通过龙头企业在研发投入或技术标准上的带动，实现绿色技术创新在产业内的溢出。绿色科技研发的创新成果只有经过生产过程与市场化运作才能实现绿色技术创新第一阶段成果的转化。在环境规制条件下，企业要遵从环境规制的要求，实现节能减排、达到规制要求的技术标准或绩效标准，仅仅依靠企业现有的资源是不够的。随着环境规制强度的不断提高，企业的技术、人才及满足规制需要的绿色技术知识都难以满足市场竞争的需要，急需通过不同途径获取绿色技术。通常有三种途径：第一，直接在技术交易市场进行绿色技术交易；第二，通过区域内部的产、学、研合作方式进行协同创新，实现优势互补，以获取绿色技术知识；第三，借助优质的 FDI 获取外部先进的绿色技术。

1. 技术交易

政府的环境规制下，企业要满足污染排放限额要求，实现绿色生产与转型，必须要通过自身的绿色研发投入或在市场中寻求绿色技术供给。经济发展与科技水平的地域差异、人才的不平衡聚集导致了绿色技术的区域不平衡。逐渐增强的环境规制有利于企业打破区域限制，在更广阔的市场进行技术交流与合作，推进绿色技术交易，增进了区域之间的绿色技术交流，进而活跃了绿色技术交易市场。单个企业采纳和转移绿色技术的行为会在行业间产生连锁反应，引起技术在整个产业内的扩散并带动关联产业的绿色发展。

2. 协同创新

环境规制可以引导不同创新主体充分发挥自身优势，通过分工与相互协作、资源共享形成协同创新，从而促进创新资源的优化配置与高效利用。高校、科研机构是科技创新的重要平台，拥有庞大的创新资源。企业拥有雄厚的资金力量与最广泛的市场供求信息，通过与高等院校和科研机构的协同合作，企业将客户需求信息、技术要求以及产品研发规划等提供给高校、科研机构并提供资金、物资资助，通过适当的配合会产生 1 + 1 > 2 的协同效应，促进绿色创新投入产出绩效的提升（白俊红等，2009）。

3. FDI

外商直接投资（FDI）是我国获取外部技术的重要路径。外资的进入不但提供了研发资金，也带来了优秀的研发人员与先进科学技术，通过交流合作会产生技术溢出效应，进而有效促进 FDI 所在国家或地区的生产技术水平的提升。环境规制通过影响外商直接投资的区位选择、资本的投入强度与对外资的吸收能力对我国绿色技术创新产生间接效应。一方面，各省区环境规制强度的不同使 FDI 进入方式对绿色技术创新效率产生不同影响。相对严格的环境规制可能会提高外资进入的环境门槛，减少外资规模。对已经存在的 FDI，因遵循环境规制所投入的环境成本对研发与生产资源的挤占，会阻碍 FDI 流入，造成研发资本总量减少，从而产生不利的负面影响（Ederington；Levinson）。另一方面，不断强化的环境规制会对 FDI 进行甄别，更偏向优选技术更先进、更节能环保的投资，获得的 FDI 质量更高，绿色技术创新层次也更高（Wheel）。

第二节　创新政策的影响机理

　　根据新古典经济理论，绿色技术创新的"双重外部性"要求政府采取不同的干预方式内部化外部效应。结合丁伯根法则（Tinbergen's Rule），经济调节政策与经济调整目标的关系相互独立且政策工具数量至少等于目标变量的数量。那么，绿色技术创新要实现技术上的变革与创新并达成低碳绿色发展目标，政府就必须制定有效的环境政策与创新政策。环境规制政策由来已久，国内外众多的学者就环境规制对绿色技术创新的效果进行了广泛而深入的研究，主要围绕"波特假说"展开理论与经验的检验，得出了较为一致的结论：在短期内，环境规制会增大企业环境治理成本，挤占企业生产资源，从而抑制企业的生产；长期来看，环境规制促进了企业进行清洁技术研发，产生了创新补偿效应，增强了企业的市场竞争力。相比环境规制，创新政策对绿色技术创新的影响研究则相对较少，为绿色技术创新的新研究方向，这些研究都基于政府补贴作为创新政策工具，得出两类截然相反的观点，认为政府补贴对企业研发产生有益的补充，能促进企业技术创新。也有研究指出，补贴对企业研发投入有一定的替代作用，从而对企业创新产生挤出效应。绿色产权保护作为创新政策的一项重要制度还没有引起学者的广泛关注，特别是对于绿色技术创新是否产生影响、效果如何，是亟待深入研究的课题。本节就创新政策的两种主要工具政府补贴与产权保护对绿色技术创新影响的内在机理进行深入分析。

　　一　创新补贴的影响机制

　　政府补助是纠正市场失灵、解决技术创新投资不足的重要制度安排，外部性与创新理论共同奠定了政府科技补贴合理性的理论基础。阿罗（Arrow，1962）提出，创新的公共物品属性导致社会收益高于私人收益，政府需要发挥调节作用以激励创新活动。罗默（Romer，1990）进一步建立知识溢出模型说明政府对企业研发活动予以补贴的重要性。

那么，政府进行创新补贴究竟是否有利于刺激企业从传统创新模式向绿色技术创新模式转变，企业是否能够通过获得创新补偿与产业内部其他绿色技术创新能力有差异的企业间进行合作获得绿色技术知识的溢出，抑或是通过弥补绿色研发投入带来的成本损失与其他企业进行竞争，避免绿色知识的无效溢出，从而获得绿色技术创新的收益补偿，是判断政府创新补贴政策效果与产业绿色化转型的关键。绿色技术创新与传统技术创新活动有所区别，具有典型的强公益性与弱经济性特征。企业间除了竞争与合作外，还存在因"市场失效"而处于长期观望的中立态度。当企业绿色技术创新过程中普遍存在知识溢出效应时，政府的绿色技术创新补贴、企业的技术创新能力对企业间关系的演变有何影响，对绿色技术创新的作用机制怎样，以下借鉴段楠楠（2016）的思路，利用演化博弈理论进行深入分析。

（一）模型假设

假设市场存在两类同质企业 A 和 B，它们有三种策略进行技术创新交易：合作、竞争与中立。假设企业 A 以概率 x 采取竞争，以概率 z 采取中立，则合作的概率为 1 − x − z；同理，若企业 B 以概率 y 采取竞争，以概率 z 采取中立，则合作的概率为 1 − y − z。由于企业间的技术能力差异使技术知识存在溢出效应，博弈过程中需要考虑因知识获得与流失带来的收益与损失。借鉴弗森伯的知识溢出公式，得：

$$P_i = \beta(t_j - t_i)e^{\frac{(t_j - t_i)}{\sigma_i}} \tag{5-23}$$

式（5-23）中，P_i 为企业 i 在企业 i 和 j 之间技术溢出的赢得（收益或损失）；β（$0 < \beta < 1$）为潜在技术溢出系数；σ_i（$\sigma_i > 0$）与 t_i 分别表示企业 i 正常的学习能力与技术创新能力，$t_j - t_i$ 表示企业 i 和 j 间的技术能力势差。当 $t_j - t_i > 0$ 时，企业 i 获得 $P_i > 0$ 的技术外溢收益，相反，$t_j - t_i < 0$ 时，企业 i 因技术溢出而遭受 $P_i < 0$ 的损失。绿色技术创新过程中企业需要为削减污染而带来能力耗费成本 C_i，政府根据企业的绿色技术创新能力给予相应补贴 B_i，表达式为：

$$C_i = \mu \frac{t_i^2}{2} \tag{5-24}$$

$$B_i = bt_i \tag{5-25}$$

式（5-24）、式（5-25）中，μ（$\mu > 0$）为企业绿色技术创新的研发成本系数，$b > 0$ 指政府绿色技术创新补贴率。由于绿色技术创新存在"市场失灵"，市场需求不再作为企业收益函数的影响变量，此时企业的技术创新能力与知识溢出、绿色创新补贴及减排成本等构成收益函数的核心组成部分。当企业 i 选择竞争时，为获得竞争对手的技术创新动向以减少自身知识溢出，而增加了其额外的信息成本 C_j。当企业 i 采取中立时总收益为 $t_i + P_i - C_i + B_i$；当两方企业分别采取竞争与合作时，竞争方因分享合作方的技术贡献而获得创新收益。合作方则因竞争企业的中途背弃而造成额外损失 C_h；当双方采取合作时，双方共享创新收益共担创新成本，此时不存在知识溢出。

（二）演化博弈分析

企业 A 和企业 B 基于以上假设进行绿色技术创新方式决策，如果两类企业的竞争与中立行为都归结为非合作行为，则各方在合作与非合作情况下，博弈过程的损益矩阵如表 5-1 所示。

表 5-1 　　　　　　　　　两类企业演化博弈损益矩阵

企业 A	企业 B	
	以概率 y 不合作	以概率 $1-y$ 合作
以概率 X 不合作	$t_1 + \beta(t_2 - t_1)e^{\frac{t_2 - t_1}{\sigma_1}} - \mu\frac{t_1^2}{2} + bt_1 - c_j + zc_j$	$t_1 + t_2 + \beta t(t_2 - t_1)\frac{t_2 - t_1}{\sigma_1} -$ $\mu\frac{t_1^2}{2} + bt_1 - c_j + z(c_j - t_2)$
	$t_2 + \beta(t_1 - t_2)e^{\frac{t_1 - t_2}{\sigma_2}} - \mu\frac{t_2^2}{2} + bt_2 - c_j + zc_j$	$t_2 + \beta(t_1 - t_2)e^{\frac{t_1 - t_2}{\sigma_2}} - \mu\frac{t_2^2}{2} + bt_2 - c_n$

续表

企业 A	企业 B	
	以概率 y 不合作	以概率 $1-y$ 合作
以概率 $1-X$ 合作	$t_1 + \beta(t_2 - t_1) e^{\frac{t_2 - t_1}{\sigma_1}} - \mu \frac{t_1^2}{2} + bt_1 - c_h$	$t_1 + t_2 - u \frac{(t_1^2 + t_2^2)}{4} + b \frac{(t_1 + t_2)}{2}$
	$t_1 + t_2 + \beta t(t_1 - t_2) \frac{t_1 - t_2}{\sigma_2} - \mu \frac{t_2^2}{2} + bt_2 - c_j + z(c_j - t_1)$	$t_1 + t_2 - u \frac{(t_1^2 + t_2^2)}{4} + b \frac{(t_1 + t_2)}{2}$

为计算表达的方便，假设表 5-1 损益矩阵中企业 A 与企业 B 在四种不同情形下（不合作，不合作）、（不合作，合作）、（合作，不合作）与（合作，合作）的损益表示为（M，N）、（O，P）、（Q，R）、（W，W）。根据表 5-1 求解合作与不合作策略时两类企业的适应度、平均适应度函数，由复制动态方程得出二维微分动力系统：

$$\begin{cases} \dfrac{dx}{dt} = x(1-x)\left[(M-O-Q+W)y+O-W\right] \\ \dfrac{dy}{dt} = y(1-y)\left[(N-R-P+W)x+R-W\right] \end{cases} \tag{5-26}$$

令 $\dfrac{dx}{dt}=0$、$\dfrac{dy}{dt}=0$ 得到该微分系统的五个均衡点，分别为 $(0, 0)$、$(0, 1)$、$(1, 0)$、$(1, 1)$ 与 (x_0, y_0)，其中 $x_0 = \dfrac{W-R}{N-R-P+W}$，$y_0 = \dfrac{W-O}{M-O-Q+W}$（$x_0, y_0 \in [0, 1]$）。经计算并分析行列式、迹的符号后，该微分动力系统的雅克比矩阵与五种情形下的均衡如式（5-27）所示。

$$J = \begin{bmatrix} (1-2x)\left[(M-N-Q+W)y+O-W\right] & x(1-x)(M-N-Q+W) \\ y(1-y)(N-R-P+W) & (1-2y)\left[(N-R-P+W)x+R-W\right] \end{bmatrix}$$

$$\tag{5-27}$$

表 5-2　　企业绿色技术创新演化五种情形下的均衡

条件	稳定节点
情形一：$O-W<0$，$R-W>0$，$Q-M>0$	$(0, 1)$
情形二：$O-W>0$，$R-W<0$，$Q-M>0$	$(1, 0)$

续表

条件	稳定节点
情形三：$O-W>0$，$R-W<0$，$Q-M<0$ 或：$O-W<0$，$R-W>0$，$Q-M<0$	$(1,1)$
情形四：$O-W<0$，$R-W<0$，$Q-M>0$	$(0,0)$
情形五：$O-W<0$，$R-W<0$，$Q-M<0$	$(0,0)$　$(1,1)$

（三）模型稳定性分析

假设各情形下，企业 A 与企业 B 采取不合作策略的初始概率值分别为 $x=0.3$，$y=0.7$。并赋值 $\beta=0.3$，$\sigma_1=8$，$\sigma_2=7$，$\mu=10$，$b=70$，$c_j=30$。结合五种情形分别对参数 t_1、t_2、c_h、z 赋予不同数值，利用 MATLAB 对模型仿真可分别得出五种情形下的演化博弈均衡：

第一种情形：企业 A 与企业 B 经过博弈最终在（0,1）趋于稳定。此种情形表明无论双方最初选择不同策略的概率如何，经过博弈演化后最终企业 A 采取合作策略，而企业 B 采取不合作策略。

第二种情形：博弈一段时间后最终稳定在（1,0）。此种情形表明无论双方最初选择不同策略的概率如何，经过博弈演化后最终企业 A 采取不合作策略，而企业 B 采取合作策略。

第三种情形：最终系统的稳定点为（1,1）。此种情形表明无论双方最初选择不同策略的概率如何，经过博弈演化后双方都将采取不合作策略。

第四种情形：双方经过一段时间的博弈后最终稳定在（0,0）。此种情形表明无论双方最初选择不同策略的概率如何，经过博弈演化后双方都将采取合作策略。

第五种情形：博弈最终将稳定在（0,0）和（1,1）。最终稳定在哪点取决于 x 和 y 的初始赋值，当绝大多数企业都倾向选择不合作策略时，企业 A 与企业 B 最终将采取不合作的跟随策略。而当多数企业都采取合作策略时，两类企业同样终将选择合作策略。

为深入分析绿色技术创新补贴率 b 对系统稳定性的影响，调整 b 值后的结果见表 5-3。

表 5 - 3   调整 b 取值对系统稳定性的影响

系统初始稳定点	初始技术创新能力大小	b 的取值	b 对系统均衡点的影响
(0, 1)	$t_1 > t_2$	b = (70; 90, 110, 130)	稳定点由 (0, 1) 经过 (0, 0) 最终变为 (1, 0)
(1, 0)	$t_1 < t_2$	b = (70; 100, 130, 160)	稳定点由 (1, 0) 经过 (0, 0) 最终变为 (0, 1)
(1, 1)	$t_1 > t_2$	b = (70; 90, 110, 130)	稳定点由 (1, 1) 经过 (0, 0) 最终回到 (1, 1)
(0, 0)	$t_1 > t_2$	b = (70; 90, 110, 130)	稳定点由 (0, 0) 变为 (1, 0)
(0, 0) (1, 1)	$t_1 < t_2$	b = (70; 90, 110, 130)	稳定点仍为 (0, 0) (1, 1), 此时一类企业更加快速地接近 0, 二类企业较慢地接近 0

　　显然 b 的增加显著影响了原系统的稳定性并改变了稳定点的演变，政府补贴的提高并未使企业达成合作，有时甚至可能会阻碍企业合作关系的形成。然而在绿色技术创新过程中，企业间的合作有利于加速技术的绿色转型。初始稳态时如果双方在合作与不合作间作出反向决策或者同时选择合作时，由于两类企业的技术创新能力 $t_1 \neq t_2$，提高政府对绿色技术的补贴会使企业的合作收益增加，此时初始稳态向双方企业趋于合作的新稳态过渡。但随着政府绿色创新补贴的进一步增加，企业间的合作关系因技术创新能力强的一方采取不合作策略而被终止。假如初始稳态时两类企业进行同向选择，那么无论怎样提高绿色技术创新补贴都无法促成两类企业间的合作。由此可见，政府绿色技术创新补贴的提高并不是企业合作的充分条件，只有保证至少一方企业具有合作意愿时，绿色技术创新补贴的适度提升才能促成企业间的合作关系，否则的话，将导致企业间竞争的加剧。

　　一些学者通过经验研究也得出与演化博弈理论结果类似的结论，认为政府补贴对于企业绿色创新的影响具有不确定性。无论政府采取直接的资金补贴，还是间接的税收优惠，政策的作用效果在不同情形和方式下有所不同，只有将二者有机结合才会产生最佳效果。有些研究结果发现，政府对科技进步的资助具有双重效应，使企业产生杠杆效应的同时存在因要素价格上涨产生的挤出效应，两种效应随补助力度的增加呈倒"U"形分布。

二　知识产权保护对绿色技术创新的作用机制

据 Hall 和 Helmers（2010）研究证实，环境税与政府的绿色研发补贴政策均不能同时缓解绿色技术的环境外部性与知识溢出带来的双重外部性。知识产权作为创新型社会的重要组成部分，增强知识产权保护力度，有利于减少绿色技术创新收益的外部溢出，绿色技术创新者通过收取高额垄断利润将社会收益内部化为私人收益，从而激励企业绿色技术创新，诱发其绿色技术转让意愿，促进绿色技术市场不断扩大。具体而言，知识产权保护可通过资源的有效配置、内生化外部收益、减少技术转移的不确定性及合理化收入分配四种途径激励绿色技术创新，如图 5-4 所示。

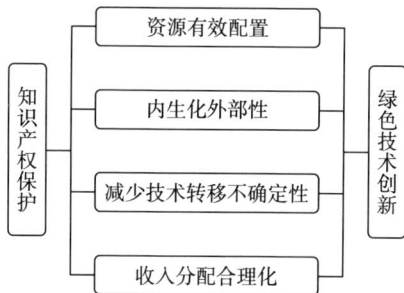

图5-4　知识产权保护影响绿色技术创新的作用机制

（一）促进资源在绿色技术创新主体之间的有效配置

知识产权保护特别是专利保护明晰了绿色技术创新主体的产权结构，明确了资源的所属关系，减少了资源收益的外溢与浪费，通过内在化绿色技术创新的外部性，优化了企业在绿色技术创新过程中的要素资源配置结构，促使资源配置状态向更加有效的方向变化。与产权界定模糊或无产权状态相比，产权明晰、创新资源在不同创新主体间的分解与分配确定，将改变资源在不同行为主体间的配置与分布，从而提高资源的利用效率。

（二）内生化绿色技术创新的外部收益

绿色技术创新存在两种形式的正外部效应，一是创新技术的正外部效应，二是创新收益的溢出效应。创新的绿色技术的正外部效应是由绿色技术的最终用途所决定的，它对环境质量改善所带来的环境与社会效益是创新者所乐于见到的。创新的收益溢出可能引发创新侵权行为，侵权者没有付出费用就无偿使用产权所有者的知识产权，进行创新性产品的生产。"当投资产生的知识被不情愿地扩散到竞争者那里时，一个企业从事 R&D 投入的激励将减少"（Arrow，1962），"溢出效应的增加将减少企业在 R&D 方面的投入"（Spence，1984）。对于利益相对较小的绿色技术产业，过度的溢出效应会极大地影响创新者的积极性。从产权经济学的角度看，外部性是在原有产权格局下，在原有产权范围内，产权主体行使自己的产权时所产生新的权利。对于绿色技术创新的利益溢出效应，实质上是在创新者享有其创新产权的权能和利益的前提下，产生了两种新的权利，即模仿者的侵犯利益的权利和创新者索取利益的权利。只有当创新者的产权权能和利益清晰时，才能判定别人侵犯他的利益，从而与他人谈判以索回自己的收益。根据外部性理论，知识产权制度授予绿色技术创新者具有完全的独占性，保证其能够获得绿色技术在市场中的所有收益（包括外部收益），有效激励企业参与绿色技术创新。

（三）减少绿色技术转移中的不确定性

绿色技术市场的信息不确定性表现为绿色技术需求的不确定性与绿色技术发展动态的不确定性。绿色技术转移实际上是通过不同方式（技术授权与转让、产权质押、强制许可等）让渡绿色技术创新产权的过程。如果绿色技术的产权归属不明确，那么绿色技术的受让方就缺乏对绿色技术的性能、质量、成本、寿命等关键因素深入了解的可靠信息渠道，在这些关键因素不确定的条件下，受让方难以做出决策。若要弄清楚这些不确定因素，需要花费较多的调查研究和实地检验费用。

在绿色技术创新过程中设置或确立产权，可以使绿色技术的产权主体对不同的环境技术具有清楚的归属和明确的权利。这样在绿色技术转移过程中，各交易主体需要转移的要素比较清晰，可交易的选择空间更加明了，大大减少了交易费用与交易过程的不确定性。因此，知识产权保护制度具有减少环境技术转移过程中产权让渡的不确定和复杂性的功能。

（四）通过收入分配功能激励绿色技术创新

产权权能与利益是产权的两个不可分割的方面，创新者拥有绿色技术创新的产权，不仅意味着他对绿色技术有权做什么，而且意味着他行使权力时有了收益保证或收益预期。换句话说，绿色技术创新具有清晰的产权界定和保护，企业就能获得创新收益的法律保障，也就有利于创新的激励与动力。

绿色技术创新过程涉及多个创新主体在多个阶段的协同合作，创新成果涉及多利益主体，根据各利益主体在创新中创新要素投入的边际贡献大小进行产权确权，并作为利益分配的依据，即创新贡献大的利益方获得的权能就大，分配的收入也越高。合理的产权划分保证了收入分配的合理性，有利于激励不同经济主体之间的互助合作与竞争，而这种竞合机制有助于全面推进绿色技术创新。

第三节　环境规制与创新支持混合政策的作用机理

绿色技术创新具有典型的"双重外部性"特征，可引起"双重市场失效"。政府实施环境规制政策主要以行政命令或市场激励的方式来约束企业对环境资源的过度使用，实施的创新支持政策是为了弥补企业因绿色技术创新引起的正外部性收益的损失，两种政策实施的目的都在于纠正外部性造成的市场失灵，使绿色创新资源的分配得以改善和优化。然而，当两种旨在解决负向环境约束与正向创新激励的政策同时作用时，会对企业绿色技术创新产生怎样的耦合影响呢？

国内外对同时考虑环境政策与创新政策的组合对绿色技术创新影

响的研究还非常稀少。国外以 Acemolgu 等（2012）的研究最为典型，认为最优规制结构应该包括碳税和研发补贴，通过政策组合来激励绿色研发投资。表明创新支持（政府补贴）与环境规制政策同样重要，创新支持政策主要通过将外部利益的损失内生化来激励企业获得更多的绿色研发投资收益，从而鼓励企业绿色技术创新。环境规制政策主要将企业与消费者的环境负外部性内在化，增加企业和消费者对绿色技术的需求。国内则以何小钢（2014）的研究为代表，通过构建包含研发支持与环境规制政策互动效应的绿色技术创新诱发机制模型，并从理论上推导得出，绿色技术创新"双重外部性"引起的市场失灵，必须通过政府的研发支持与环境规制政策的互动耦合才能得以有效解决，进而助推绿色技术创新的发展。

以下在 Kolstad（2010）模型的基础上，引入政府创新支持政策，结合何小刚（2014）的研究，将创新过程独立于降污减排来考察政府研发支持与环境规制政策的互动耦合效应。

一 理论假设

（1）全社会存在绿色技术研发与生产两个部门，绿色技术研发部门仅有一家企业，生产部门则有 m 家厂商。创新企业主要进行绿色技术的研发与销售，并以此获得利润并追寻利润最大化。生产厂商在生产最终产品的同时产出副产品污染，通过购买或转让的方式获得绿色创新部门的绿色专利技术，以降低企业的边际减排成本。

（2）仅考虑数量规制与价格规制两种规制类型。政府通过研发补贴对绿色创新企业提供公共支持。

（3）假设公共政策具有持续性，技术创新前后不同类别政策水平维持恒定（Denicolo，1999）。

二 模型推导

采用绿色技术前，如果污染厂商共同选择 q 大小的排放水平，则所有厂商的减排成本大小为 $C(q)$，污染厂商在实施绿色技术创新后，因减排成本减少而获得的环保收益为 $B(q)$。假定 $C'>0$，$C''>0$，$B'>0$，$B''<0$。绿色研发部门选择其边际成本减少量为 ε 时，技术研发成本为 $R(\varepsilon)$，且 $R'>0$，$R''>0$。设 R' 的反函数为 S，绿色研

发部门以价格 λ 将绿色技术成果授权予污染企业，政府则依据减排总量以τ大小对绿色技术创新部门给予补贴。

政策实施中决策主体的行为分为三部分：一是公共政策制定者设定环境规制与研发补贴政策；二是创新企业进行技术创新研发并授权给污染企业；三是污染企业利用创新技术以更低成本减排。

此时，最大化社会福利函数为：

$$W(q, \varepsilon) = B(q) - [C(q) - \varepsilon q] - R(\varepsilon) - \tau q \qquad (5-28)$$

对式（5-28）的 q 和 ε 分别求一阶偏导，可得社会福利最大化时最优的污染减排量与绿色技术创新量：

$$B'(q^*) - C'(q^*) + \varepsilon^* - \tau = 0 \qquad (5-29)$$

$$q^* - R'(\varepsilon^*) = 0 \Rightarrow \varepsilon^* = S(q^*) \qquad (5-30)$$

但在现实经济中，政府并不能对污染厂商的减排量 q 和研发部门的绿色技术创新量 ε 直接施加控制，只能通过创新支持与环境规制政策的干预影响其排放与创新行为。下面分别考虑数量和价格环境规制与政府研发补贴时企业的最优决策。

（一）数量型环境规制与政府研发补贴

政府规定污染企业的减排量为$\bar{q}$时，绿色研发部门选择绿色技术授权率$\bar{\lambda}$以保证利润最大化。污染企业因获得绿色技术使得减排成本减少$\bar{\varepsilon}$，政府向绿色研发部门发放$\bar{\tau}$创新补贴。污染企业只能遵从环境规制强行减排，无讨价还价的能力，因此研发部门可以选择$\bar{\lambda} = \bar{\varepsilon}$获取创新利润，其利润函数为：

$$\prod_i = \varepsilon q - R(\varepsilon) + \tau q \qquad (5-31)$$

在污染企业减排量$\bar{q}$确定时，绿色研发部门可选择$\bar{\varepsilon}$以最大化利润，即：

$$\frac{d\prod_i}{d\varepsilon} = \bar{q} - R'(\bar{\varepsilon}) = 0 \qquad (5-32)$$

对式（5-32）进行全微分，进而得到：

$$\frac{d\bar{\varepsilon}}{d\bar{q}} = \frac{1}{R''} \qquad (5-33)$$

因为 $R'' > 0$，所以 $\dfrac{d\bar{\varepsilon}}{d\bar{q}} > 0$。即随着减排水平的提高，绿色技术创新水平将提升。

（二）价格型环境规制与政府研发补贴

政府规定污染厂商的单位减排价格为 p，依然按照污染厂商的减排量向绿色技术研发部门发放创新补贴 τ，则污染厂商的利润函数：

$$\prod_p = pq - [C(q) - (\varepsilon - \lambda)q] \tag{5-34}$$

对 q 求偏导得：

$$\frac{d\prod_p}{dq} = \bar{p} - C'(\bar{q}) + (\varepsilon - \lambda) = 0 \tag{5-35}$$

$$\bar{p} = C'(\bar{q}) - (\varepsilon - \lambda) \tag{5-36}$$

对式（5-12）进行微分得：

$$C''d\bar{q} - d\varepsilon + d\lambda = 0 \tag{5-37}$$

$$\Rightarrow \frac{d\bar{q}}{d\varepsilon} = \frac{1}{C''} \tag{5-38}$$

$$\frac{d\bar{q}}{d\lambda} = -\frac{1}{C''} \tag{5-39}$$

创新企业的利润函数为：

$$\prod_i = \lambda\bar{q} - R(\varepsilon) + \tau\bar{q} \tag{5-40}$$

创新企业必然会选择 ε 和 λ 最大化其利润，则：

$$\frac{d\prod_i}{d\varepsilon} = \bar{\lambda}\frac{d\bar{q}}{d\varepsilon} - R'(\bar{\varepsilon}) + \bar{\tau}\frac{d\bar{q}}{d\varepsilon} = 0 \tag{5-41}$$

$$\frac{d\prod_i}{d\lambda} = \bar{\lambda}\frac{d\bar{q}}{d\lambda} + \bar{q} = 0 \tag{5-42}$$

将式（5-37）与式（5-38）代入式（5-41）与式（5-42）可得：

$$\bar{\lambda}\frac{1}{C''} - R'(\bar{\varepsilon}) + \bar{\tau}\frac{1}{C''} = 0 \Rightarrow R'(\bar{\varepsilon}) = \frac{\bar{\lambda} + \bar{\tau}}{C''} \Rightarrow \bar{\varepsilon}_G = S\frac{\bar{\lambda} + \tau}{C''} \tag{5-43}$$

$$\bar{q} - \frac{\bar{\lambda}}{C''} = 0 \Rightarrow \bar{\lambda} = \bar{q}C'' \Rightarrow \bar{\varepsilon}_G = S\left(\bar{q} + \frac{\tau}{C''}\right) \tag{5-44}$$

若不存在政府研发支持政策，即 $\bar{\tau}=0$，则：

$$\bar{\varepsilon_N} = S\frac{\bar{\lambda}}{C''} \tag{5-45}$$

比较式（5-43）与式（5-45）可知 $\bar{\varepsilon_G} > \bar{\varepsilon_N}$，可见政府的研发支持对企业的绿色技术创新提高具有明显的助推作用。

（三）社会最优的公共政策结构

根据以上分析，可以得出在两种情况下社会最优的政策结构。

（1）在数量规制政策与政府研发支持混合政策结构下，若政策规制设定减排水平 $\bar{q}=q^*$，则同时满足式（5-29）与式（5-32），此时社会福利达到最大化。此时，环境规制的政策效应不受研发支持政策的影响，绿色研发部门在政府研发补贴与数量型环境规制的组合下，可设定 $\bar{\lambda}=\varepsilon$ 以获取所有的绿色技术创新收益。

（2）在政府实施价格环境规制下，为便于比较分析，考虑存在政府研发支持与不存在政府研发支持两种情形。

根据式（5-36）、式（5-43）、式（5-44）和式（5-45）得出，存在政府研发支持情形下：

$$\tilde{p_G} = C'(\bar{q}) - S\left(\bar{q}+\frac{\bar{\tau}}{C''}\right) + \bar{q}C'' \tag{5-46}$$

如果政府设定研发补贴水平为 τ^*，公共政策选择减排水平 $\bar{q}=q^*$，则绿色创新企业 $\varepsilon_G = S\left(\bar{q}+\frac{\bar{\tau}}{C''}\right)$，而 $S\left(\bar{q}+\frac{\bar{\tau}}{C''}\right) > S(q^*) = \varepsilon^*$，因此 $\bar{\varepsilon} > \varepsilon^*$。显然此时满足式（5-36）、式（5-43）、式（5-44），但不满足式（5-29），从而不能使污染减排与绿色技术创新同时达到社会最优水平。政府研发支持下的价格规制效应在达到最优减排量时会发生变化，$\bar{\varepsilon} > \varepsilon^*$ 意味着绿色研发的创新水平大于社会福利最大化时的规模。比较式（5-46）和式（5-47）可以发现，规制者设定的减排价格 p 比社会福利最大化时更小，表明污染企业的减排收益随着绿色研发部门的创新水平提高而不断增加。研发部门的技术授权费用不受政府是否研发补贴的影响，所以绿色技术创新水平的提高，实际增加了污染厂商的收益，增大了绿色技术部门的研发成本，这时规制者可设定相对较低的

133

减排水平以达到激励相容的政策目的。

不存在研发支持情形下：

$$\widetilde{p_N} = C'(\overline{q}) - S(\overline{q}) + \overline{q}C'' \tag{5-47}$$

则绿色研发部门确定其创新大小满足 $\overline{\varepsilon_N} > \overset{*}{\varepsilon}$，规制者选择的减排水平满足 $\overline{q} = \overset{*}{q}$，此时式（5-29）、式（5-36）、式（5-43）和式（5-45）全部满足，即满足价格规制的社会最大化条件。这种情况下价格规制与数量规制的政策效应相同，污染厂商的边际减排成本降低 $S(q^*)$，相应地，绿色技术研发部门的技术授权费提高 $q^*C''(q^*)$。

三 模型结论

综合考虑环境规制与研发支持混合政策，可以得到如下结论：

第一，不存在研发支持政策下，环境规制政策对绿色技术创新具有促进作用，数量规制与价格规制的政策效果相同，但创新的收益分配方式不同。

第二，研发支持（补贴）政策对提升企业的绿色技术创新水平存在显著的影响。

第三，研发支持与环境规制政策存在直接的互动耦合效应。政府的研发支持政策有助于促进环境规制对绿色技术创新水平的提升。

第六章

环境规制、创新支持与绿色
技术创新指标构建与测度

环境规制、创新支持与绿色技术创新作为本书的三大核心变量，其能否有效验证诱发机制存在的各种直接或间接关系与机理，与核心变量的指标选取存在重要的关系。结合相关产业样本数据进行细致、严谨而又科学合理的指标考量十分必要。本章从直接管制、市场激励与相互沟通三类指标对环境规制指标进行衡量；从政府创新补贴、知识产权保护两个指标测量创新支持指标；环境规制与创新支持的影响程度通过区分不同的绿色技术创新绩效来提供有力证据，创新绩效包括知识创造绩效和价值绩效，价值绩效通过绿色工艺创新、绿色产品创新、绿色技术创新扩散指标衡量，知识创造绩效通过绿色专利衡量。

工业部门是我国经济发展的核心，它能否通过不断的技术创新促进技术进步与绿色低碳发展决定了我国经济发展的可持续性。根据2017年《国民经济行业分类》，将国民经济分为20个门类、97个大类、473个中类与1380个小类。门类代码用一位拉丁字母A、B、C、D等表示，大类、中类、小类代码按层次编码，分别用两位、三位、四位阿拉伯数字表示。其中，工业包含：B（采矿业）、C（制造业）、D（电力、热力、燃气生产和供应业）三大门类。采矿业二级编码从B06—B12，制造业从C13—C42，电力、热力、燃气生产和供应业从D44—D46。三类工业部门按照行业污染程度可细分为重度污染、中

表 6-1　　工业行业分类

B　采矿业

序号	代码	行业
1	B06	煤炭开采和洗选业
2	B07	石油和天然气开采业
3	B08	黑色金属矿采选业
4	B09	有色金属矿采选业
5	B10	非金属矿采选业

C　制造业

序号	代码	行业
6	C13	农副食品加工业
7	C14	食品制造业
8	C15	酒、饮料、精制茶制造业
9	C16	烟草制品业
10	C17	纺织业
11	C18	纺织服装、服饰业
12	C19	皮革、毛皮、羽毛(绒)及其制品业
13	C20	木材加工及木、竹、藤、棕、草制品业
14	C21	家具制造业
15	C22	造纸及纸制品业
16	C23	印刷业和记录媒介的复制
17	C24	文教体育用品制造业
18	C25	石油加工、炼焦及核燃料加工业
19	C26	化学原料及化学制品制造业
20	C27	医药制造业
21	C28	化学纤维制造业
22	C29	橡胶和塑料制品业
23	C30	非金属矿物制品业
24	C31	黑色金属冶炼及压延加工业
25	C32	有色金属冶炼及压延加工业
26	C33	金属制品业
27	C34	通用设备制造业
28	C35	专用设备制造业
29	C36 / C37	交通运输设备制造业(C36与C37合并)
30	C38	电气机械及器材制造业
31	C39	通信设备、计算机及其他电子设备制造业
32	C40	仪器仪表及文化、办公用机械制造业
33	C41	工艺品及其他制造业

D　电力、热力、燃气生产和供应业

序号	代码	行业
34	D44	电力、热力的生产和供应业
35	D45	燃气生产和供应业

资料来源:《国民经济行业分类》。

度污染、轻度污染；按照资本密集程度又分为资本密集型、技术密集型与劳动密集型。工业部门中污染行业的绿色化发展与技术产业的创新发展是我国实现五位一体发展战略的关键所在，因此，本书以我国工业部门为研究对象，构造相关行业指标进行变量设计。考虑到各变量指标数据的连续性与完整性，剔除了 B11（开采辅助活动）、B12（其他采矿业）、C42（废弃资源和废旧材料回收加工业）与 D46（水的生产和供应业），C36（汽车制造业）与 C37（铁路、船舶、航空航天和其他运输设备制造业）于 2017 年前合并为交通运输设备制造业，2017 年后分开为两个行业。研究共涉及 35 个工业行业，详见表 6 - 1。

第一节　环境规制指标的衡量

一　直接管制指标

直接管制又称命令控制型环境政策（CAC），政府实行的直接管制主要针对企业等主体对环境产生的负外部性，为实现其环境保护目标，以法规、行政手段直接规定具体的排放标准，规制效果主要以企业为满足生产准入标准而进行污染治理，即污染治理进行额外的费用支出。因此，本书以废气排放对环境的危害程度以及数据的可得性，选取二氧化硫、烟尘、粉尘、工业氮氧化物等有害物质排放达标率指标来测算行业污染治理投资额。借鉴贾军、刘斌斌、谭德庆等的研究，考虑数据拟合效果，具体采用行业环境污染本年治理投资额与工业总产值增加值比重来表示直接管制指标。鉴于公开统计资料中仅设备运行当年费用有分行业数据，污染治理投资额与排污费仅有每年的总量数据，为得到当年污染治理投资数据，借鉴董敏杰的做法，假定污染治理投资与设备运行费在当年具有相同的比重，则利用各行业设备运行费在总运行费用中的占比与当年污染治理投资总量的乘积得到行业污染治理投资额。

二　市场激励指标

市场激励型环境政策（MBI）主要利用市场调节手段影响市场主

体的行为以实现经济与环境的协调发展。MBI 以市场化方式将负外部性产生的环境成本进行内部化，通过价格、补贴、税费形式或污染物排放交易许可证等工具形式，通过显性化企业等市场主体排污所带来的额外成本，绿色环保选择获得的收益等，以市场机制使相关主体进行合理决策，实现环境与资源绿色可持续发展与资源有效配置之间的激励相容。由于我国目前的市场化体系尚不够健全，排污税与排污交易工具及其他市场化工具未能有效利用并发挥作用，相比之下，排污费制度是我国实施较早且最为典型的经济手段环境政策工具，其政策效果与国情的适用性较强，能有效测度企业的污染治理成本支出。因此，选取排污费作为度量市场激励型环境规制强度水平的指标。

根据《中华人民共和国大气污染防治法》《中华人民共和国水污染防治法》等法律规定，我国 2003 年实施的《排污费征收使用管理条例》将排污超标收费改为排污即收费和超标收费，并按照污染所含的要素不同，将排污收费由原来的单因子收费改为多因子收费。理论上各工业行业的排污费应与所排放的污染物当量直接相关，但由于污染当量的计算非常烦琐，于是理论研究中通常进行简化处理，将各行业缴纳的排污费在总排污费中的比重当作与其未达标污染物排放量在工业未达标污染物排放量中的比例相同。因不能获得工业废水与固体废弃物连续完整的行业数据，研究采用工业行业废气数据作为替代，具体包括工业二氧化硫、工业氮氧化物与工业烟尘和粉尘。行业排污费的计算如下：

行业排污费＝年度排污费×（1－行业排放达标率） （6－1）

行业排放达标率＝

$$\frac{\text{二氧化硫、氮氧化物与工业烟（粉）尘达标排放量之和}}{\text{二氧化硫、氮氧化物与工业烟（粉）尘排放量之和}} \quad （6－2）$$

由于 2011—2015 年工业烟（粉）尘、氮氧化物及二氧化硫排放达标量数据缺失，因此行业排放未达标率用以下公式计算替代：

当年行业未达标排放率＝上年未达标排放率×（1－当年排放未达标下降率） （6－3）

当年排放提高率＝｜（下年工业废气治理设施处理能力－当年工业废气治理设施处理能力）｜/当年工业废气治理设施处理能力×100%　　　　　　　　　　　　　　　　　　　　　　　（6－4）

三　相互沟通指标

相互沟通型环境工具是通过公众与市场监督来督促和激励企业改善环境的规制工具。与直接管制与市场激励型手段相比，是一种非传统的污染控制手段。相互沟通型工具虽然是一种辅助性环境规制，但是其作用日益受到政策制定者和学者的关注。已有学者对区域层面的研究用不同的环境信息数据反映相互沟通型环境规制情况，如以不同地区报道的环境新闻与环境信访数量等表示，但对于工业各行业的环境信息披露数据在我国的宏观统计资料中还没有涉及，鉴于数据获取的完整性和行业数据相关指标的缺失，本书暂不考虑相互沟通型环境规制指标。

第二节　创新支持指标的衡量

一　创新补贴指标

政府研发补贴是为实现技术创新的国家战略，针对特定产业、领域的科技研发，政府给予的扶持性支持。相关企业、科研机构在满足政府科技支持政策条件下，可申请相关科技研发资助资金，也包括政府对新技术创新的财政奖励、税收优惠以及融资便利等与技术创新直接相关的补助。本书以 R&D 经费内部支出中政府资金的比重来表示政府创新补贴指标。

二　知识产权保护指标

本书拟构建工业部门行业层面的知识产权保护强度指标。借鉴沈国斌（2018）行业知识产权保护水平指标的构建方法，计算出我国历年实际知识产权保护水平。多数涉及行业知识产权保护的文献假定，国家内部不同行业的知识产权保护在法律上不存在显著差异，一般采用国家的知识产权保护水平替代行业水平，但由于不同行业技术水平与行业性质差别较大，实际知识产权保护水平不可能相同，必须对不同工业行业的知识产权保护强度进行更准确的度量（杨林燕、王俊，2015）。考虑到不同行业的专利密集度差异较大，体现了行业的技术水平差异与知识产权保护的强弱，不同行业的知识产权保护差异同时受到一个国家实际保护水平的影响，据此，本书利用行业专利密度 $Patent_{it}$ 与国家知识产权保护实际水平 IPR_t 的乘积度量工业行业的知识产权保护强度指标 $HIPR_{it}$。以 $Patent_{it}$ 表示 i 行业 t 年的专利密集度，大小等于 i 行业 t 年的有效发明专利数与该行业全部从业人员年平均人数之比。一国知识产权保护实际水平 IPR_t 的度量，在借鉴祝树金、黄斌志与赵玉龙（2017）计算方法的基础上，引入每年我国实际知识产权保护强度占历年实际知识产权保护水平总和的比重 $RIPR_t$ 反映我国各年实际知识产权保护水平的相对强弱。行业知识产权保护强度 $HIPR_{it}$ 所涉及的计算公式如下：

$$HIPR_{it} = RIPR_t \times Patent_{it} \qquad (6-5)$$

$$RIPR_t = \frac{IPR_t}{\sum IPR_t} \qquad (6-6)$$

$$IPR_t = LF_t \times ZF_t \qquad (6-7)$$

IPR_t 为第 t 年的知识产权保护强度；LF_t 为第 t 年知识产权保护立法强度。ZF_t 表示根据韩玉雄、沈国斌构建的执法强度体系计算得出的执法力度。计算行业专利密集度 $Patent_{it}$ 的有效发明专利量是技术水平与经济价值较高的核心专利，通常专利维持时间较长，相比专利申请与授权指标，更能体现专利的市场价值。我国历年实际知识产权保护水平 IPR_t 的计算过程如下：

首先，采用 Ginarte 和 Park 对国家知识产权的保护思路和做法，从知识产权保护的覆盖范围与专利保护期限长短、所属国际条约成员国及权利丧失的保护、执法的措施五个方面打分评定知识产权保护立法水平。

其次，从经济发展水平、法律执行情况与社会产权保护意识三个层面进行知识产权执法水平的综合评价。其中，经济发展水平指标利用人均国民收入与世界银行中等收入水平上限值之比表示。法律执行

表 6 - 2　2000—2017 年中国实际知识产权保护强度

年份	名义保护水平（1）	经济发展水平（2）权重：0.34	法律执行（3）权重：0.41	社会意识（4）权重：0.25	执法水平 (5) =0.34×(2) +0.41×(3) +0.25×(4)	知识产权实际保护强度 (6) =(1)×(5)
2000	3.40	0.31	0.91	0.49	0.60	2.05
2001	4.19	0.34	0.91	0.49	0.61	2.57
2002	4.19	0.37	0.90	0.49	0.62	2.61
2003	4.53	0.42	0.85	0.49	0.61	2.77
2004	4.53	0.46	0.88	0.49	0.64	2.91
2005	4.53	0.51	0.88	0.49	0.66	2.99
2006	4.53	0.57	0.87	0.49	0.67	3.03
2007	4.53	0.67	0.85	0.49	0.70	3.18
2008	4.53	0.80	0.86	0.49	0.75	3.40
2009	4.53	0.93	0.87	0.49	0.80	3.63
2010	4.53	1.00	0.80	0.62	0.82	3.73
2011	4.53	1.00	0.91	0.62	0.87	3.95
2012	4.53	1.00	0.88	0.62	0.87	3.92
2013	4.53	1.00	0.93	0.62	0.88	3.99
2014	4.53	1.00	0.83	0.63	0.84	3.82
2015	4.53	1.00	0.88	0.65	0.86	3.91
2016	4.53	1.00	0.90	0.64	0.87	3.96
2017	4.53	1.00	0.96	0.64	0.89	4.04

资料来源：根据《中国统计年鉴》、世界银行数据、国家知识产权局专利统计年报整理计算得到。

141

情况采用中国知识产权局专利统计年报中专利执法统计中专利违法侵权结案数占立案数的比值表示。社会产权保护意识则选用初中以上教育人口数占总人口数之比代表（韩玉雄等，2005；沈国斌等，2018）。

最后，三个层面的执法水平在知识产权保护强度中的重要性不同，对其分配不同的权重，其大小分别为0.34、0.41与0.25。经济发展水平、法律执行情况及社会产权保护意识与其相应权重相乘得到知识产权保护的执法强度，它与知识产权保护的立法水平乘积就是中国知识产权保护的实际水平。各指标历年计算值见表6-2。

可以看出，我国名义知识产权保护水平自2003年后直至2017年一直处于4.53的较高水平，而执法水平的相对落后导致实际知识产权保护水平始终滞后于名义知识产权保护水平。随着经济发展水平、法律执行与社会意识的不断提高与增强，中国知识产权保护的实际强度总体平稳上升的趋势反映了我国客观上不断强化的产权保护事实。

第三节　绿色技术创新指标测度

结合前文对绿色技术创新的内涵理解与分类研究，依据绿色技术创新的生命周期过程，把绿色技术创新分为绿色技术知识创造与绿色技术产业化两个阶段，具体以绿色专利、绿色工艺创新、绿色产品创新与绿色技术创新扩散程度来综合测度绿色技术创新。

一　绿色专利

根据我国知识产权绿色专利制度特点，绿色专利是以绿色技术创新性发明为核心的发明、实用新型及外观设计专利。绿色技术必须利于绿色发展、环境友好、节能环保以及人类的可持续发展，主要包括新型可再生绿色能源的开发利用、环保与节能材料发明、减排与污染防控以及资源循环利用。

本书依照国家知识产权局的划分标准，通过专利网站"专利检索及分析"，键入"替代能源、节能减排、环境材料、循环利用技术、污染控制与治理"五个关键词得到我国工业部门各行业2004—2015年的绿色专利数据。因各年份中不同行业五种类别的绿色专利为零的数据较多，故图6-1列出了35个行业2004—2015年总绿色专利的平均数据。可以看出，我国工业部门绿色专利数总体偏低，自2004年以来平均数仅为77件，各行业绿色专利数分布极不均衡，专用设备制造业的绿色专利数居首位，达到1049件，远高于排名第二的化学原料及化学制品制造业417件。以黑色金属矿采选业、农副食品加工业、燃气生产和供应业为代表的14个行业的绿色专利数则为零件。通用设备制造业，电气机械及器材制造业，仪器仪表及文化、办公用品行业的绿色专利位于第三梯队，分别为252件、251件、232件。交通运输设备制造业、饮料制造业、非金属矿物制品业、化学纤维制造业、金属制品业5个行业的绿色专利数分布在28—168件。煤炭开采和洗选业，石油和天然气开采业，通信设备、计算机及其他制造业，电力、热力的生产和供应业，黑色金属冶炼及压延加工业，造纸及纸制品业，木材加工及木、竹、藤、棕、草制品业7个行业的绿色专利平均值不足1件。

二　绿色工艺创新

根据高迎春的研究，工业普查所采用的污染产出系数与排污系数不仅考虑了污染的前端控制，还注意到行业的末端减排水平差异。清洁生产与末端治理反映了工业行业不同的生态化策略导向，排放系数能够反映末端治理的成效，而清洁技术则体现了污染的源头预防效果，两个指标的变化在一定程度上映射出企业清洁生产与末端治理的绿色技术进步程度。根据我国工业污染物类别及统计数据的可获性与一致性，具体采用工业烟粉尘、二氧化硫及工业固体废物的去除量与排放量之和表示清洁生产过程中的污染物产生量，以污染物排放量表示采用末端治理技术所产生的污染剩余。工业污染物排放量（PF）、工业污染物去除量（QC）与工业污染物产生量（CS）可通过以下公式得出：

$$PF = PFso_2 + PF_{yc} + PF_{fc} + PF_{gf} \qquad (6-8)$$

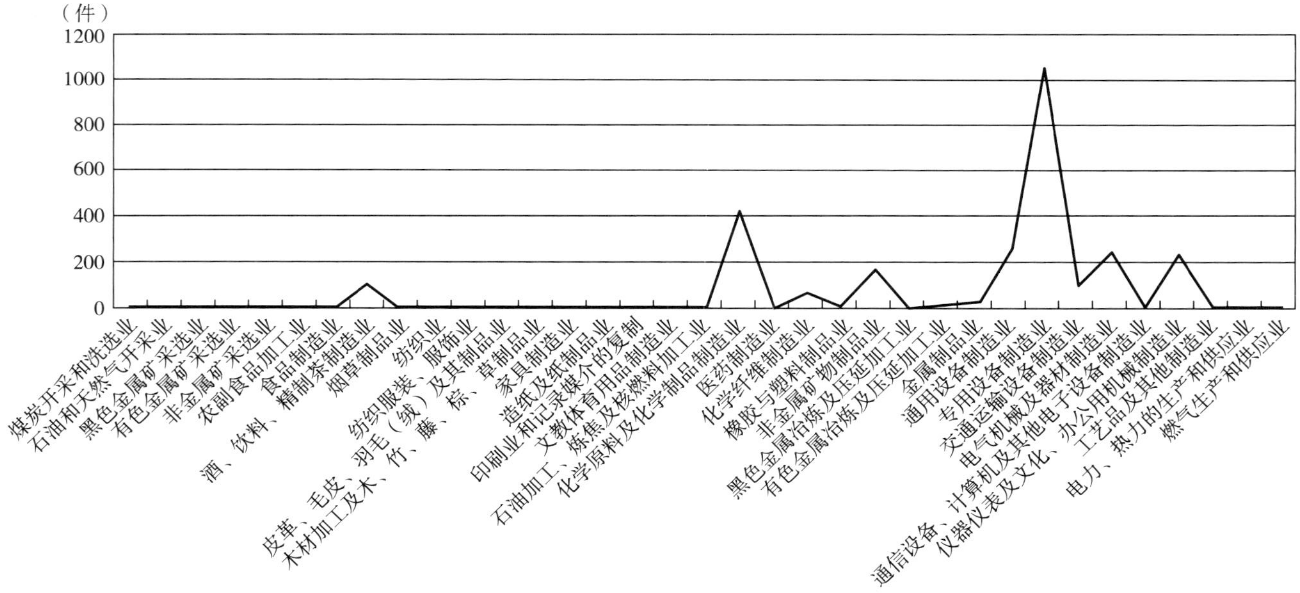

图 6 – 1　35 个工业行业 2004—2015 年绿色专利均值

$$QC = QCso_2 + QC_{yc} + QC_{fc} + PF_{gf} + (CS_{gf} - PF_{gf}) \qquad (6-9)$$

$$CS = PF + QC \qquad (6-10)$$

其中：$PFso_2$、PF_{yc}、PF_{fc}、PF_{gf}分别表示工业二氧化硫排放量、工业烟尘排放量、工业粉尘排放量与工业固体废物排放量；$QCso_2$、QC_{yc}、QC_{fc}、CS_{gf}、PF_{gf}分别为工业二氧化硫去除量、工业烟尘去除量、工业粉尘去除量、工业固体废物产生量与工业固体废物排放量。为了剔除行业经济规模的影响，本书采用单位工业生产值产生的污染物产生量表示清洁技术生产指标，用单位工业生产值产生的污染物排放量表示末端治理指标，指标数值越小，表示技术越进步。

三　绿色产品创新

绿色产品创新是工业行业的根本性技术创新，是绿色技术的推广与商业化应用。绿色产品创新关注从科技研发到生产运用及市场推广全过程中能效提升，污染减排，从而创造出节能环保型绿色产品。参考绝大多数研究者的做法，考虑数据的拟合效果，绿色产品创新采用新产品销售收入与能源消费总量的比值表示。该指标大小与绿色产品的创新程度存在正向关系，其值越大，意味着每单位能源消耗所带来的新产品产出越多。

第四节　中介变量的测度

一　绿色研发中介变量

（一）人力资本

人力资本是现代经济增长的重要生产要素，随着技术的进步，人力资本的重要性更加凸显，如何优化配置人力资本，对于节约企业资源、提高生产效率，促进企业技术创新具有十分重要的作用。本书所涉及的人力资本不仅包含研发人员，还包含那些在不同的技术岗位，利用其职业技能在企业生产过程中进行工艺设计与改进、出谋划策、贡献力量的各类技术工人。故采用各行业全部从业人员平均数占行业全部从业人员平均人数的比重表示。

（二）物质资本

物质资本一直以来都是企业进行生产与技术创新的关键要素，不同行业的资本密度不仅反映了行业的资本水平，也是不同行业技术水平的重要表现。故采用行业资本密集度对物质资本加以衡量，具体用行业资本存量与行业全部从业人员平均数之比表示。鉴于我国工业统计年鉴中对固定资产相关指标的报告情况，考虑到固定资产净值 = 固定资产原值 – 累计折旧，且固定资产净值本身就是一个考虑了折旧的存量值，固定资产净值年平均余额是固定资产净值年度月平均值，其数值大小与固定资产净值非常接近。故与以往研究不同，结合数据的可获性，2009 年以前用固定资产净值年平均余额表示各期行业的物质资本存量，2009 年以后则用固定资产净值表示。为剔除价格因素，以2004 年作为基期用各期固定资产投资价格指数进行平减得出行业每年实际的物质资本存量。

（三）研发资本

研发资本反映一定时期技术知识动态投资的累积特征，是特定时点知识存量的表现，其大小取决于当前与以前研发经费的投入（Griliches，1979）。类似物质资本，研发资本随着知识的积累与更替也存在折旧与贬值。同样，采用永续盘存法测算研发资本存量 RD_{it}。

$$RD_{it} = E_{it} + (1 - \delta)RD_{i(t-1)} \qquad\qquad (6-11)$$

$$RD_{i0} = E_{i0}/(g + \delta) \qquad\qquad (6-12)$$

式（6 – 11）、式（6 – 12）中，E_{it} 为 i 行业第 t 期研发经费投入，$Rd_{i(t-1)}$ 表示上一期 i 行业的研发资本存量，Rd_{i0} 为研发资本的期初值。δ 为研发资本的折旧率，大小为 15%，g 为 E 的年均增长率（Coe，Helpman，1995）。

为减少数据的异方差，研究采用各行业研发密度表示研发资本的大小，具体用各行业人均研发资本存量表示。研发资本存量计算前以2004 年为基期，利用"研发价格指数"对研发经费内部支出进行平减。研发价格指数借鉴 Frantzen（2003）的设计方法，表示为：

$$RD_{id} = 0.75p + 0.25w \qquad\qquad (6-13)$$

式（6 – 13）中，p 表示商业部门产出价格指数，w 为平均工资指数，研发支出中人力与资本成本的比重为 3 : 1，即 25% 表示人力成本均值，75% 表示仪器设备经费均值。

二　绿色技术扩散中介变量

（一）技术交易

已有文献采用绿色技术许可合同发生率或地区技术交易额与当地 GDP 的比重来反映技术交易指标，但此类指标仅有地区数据，结合技术交易的内涵，它主要反映工业部门各行业与国内外技术交易的情况，采用各行业技术交易额与当期所有行业技术交易总额的比值表示，技术交易额等于"技术引进经费"与"购买国内技术经费"相加。

（二）协同创新

相对于企业独立的 R&D 活动，与具有前沿科学技术的研究机构进行协同合作，有利于企业绿色技术研发能力与创新绩效的快速提升。企业的研发主要为下游技改、工艺优化，侧重技术应用；高校与研究机构的 R&D 侧重于上游基础性、前瞻性理论创新以及新型技术运用，多为理论、新知识性创新，企业对高校、研究机构的支出，反映了它们之间合作意愿与密切程度。高校、研究机构研究人员参与企业技改、市场需求产品的研发，可以获取研究的需求方向并获得收益，同时有利于将已有研究成果通过企业进行运用转化；另外，企业可充分利用高校、科研机构雄厚的科研力量实现市场需求产品的研发。双方在协同创新中均可获得积极成果。余泳泽（2013）等用 R&D 外部经费支出中对高校和科研机构的经费支出表示产学研合作，白俊红（2015）用高校研发资金中企业资金的比重和科研机构研发经费中企业资金的比重来表征。囿于已有指标都是地区数据，结合工业企业各行业现有数据，采用工业企业对境内研究机构支出与对境内高校支出之和，即 R&D 经费外部支出表示协同创新中介变量。为减少数据的异方差，具体用各行业 R&D 经费外部支出与当期所有行业 R&D 经费外部支出之比表示。因中国科技统计年鉴中未报告 2004—2008 年的 R&D 经费外部支出指标，所以用 2009—2015 年各行业 R&D 经费外部支出与 R&D 经费内部支出比值的平均值表示 2004—

2008 年各行业 R&D 经费外部支出与 R&D 经费内部支出的比率，利用 2004—2008 年 R&D 经费内部支出，据此推算出 2004—2008 年 R&D 经费外部支出。

（三）FDI

随着对外开放格局的进一步深入，FDI 的进入成为常态，它不仅改善了国内资本要素的配置，还有助于引入先进的生产和管理技术与经验，通过知识溢出形成技术与信息的共享。Jorgenson（2009）指出，外商企业的进入可能使东道国产生一定的污染，但拥有清洁技术的跨国企业也可通过绿色技术外溢帮助东道国绿色发展。因而考虑外商投资变量，借鉴肖仁桥（2019）与宋德勇（2018）的做法，采用按行业分组的外商以及港澳台企业资产总额占规模以上工业企业行业资产总额的比重表示我国工业行业 FDI 的大小。

第五节　指标衡量与数据来源

各类变量指标数据的准确获取是我国绿色技术创新诱发机制实证研究的基础，为了清楚、直观地展示研究数据的基本情况，本小节对实证研究部分所需要的所有变量指标及数据来源进行汇总，如表 6 – 3 所示。

表 6 – 3　　　　　各级变量指标与基本参数及数据来源

一级指标	二级指标	指标变量	三级指标	指标计算的基本参数与数据来源
环境规制（hg）	直接管制	zg	污染治理投资额与行业总产值增加值之比	1. 各行业工业废气排放及处理情况《中国统计年鉴》；2. 工业总产值《中国科技统计年鉴》
	市场激励	sj	行业排污费与工业总产值增加值之比	
创新支持（cb）	创新补贴	cb	R&D 经费内部支出中政府资金所占的之比	1. 按行业分规模以上工业企业 R&D 经费内部支出；2. R&D 经费内部支出、政府资金《中国科技统计年鉴》

续表

一级指标	二级指标	指标变量	三级指标	指标计算的基本参数与数据来源
创新支持（cb）	知识产权保护	ipr	行业知识产权保护水平	1. 按行业分规模以上工业企业专利；2. 全部从业人员年平均人数《中国科技统计年鉴》；3. 中国知识产权保护实际强度——计算得到《国家知识产权局专利统计年报》
绿色技术创新（gti）	末端处理	mc	污染排放强度/单位产值产生的污染排放量	1. 各行业工业固体废物产生和排放情况；2. 工业二氧化硫、工业烟尘、工业粉尘、工业固体废物四类污染物的去除量和排放量；3. 工业总产值《中国环境统计年鉴》
	清洁技术	qj	污染产出强度/单位产值产生的污染产生量	
	绿色产品创新	cc	新产品销售收入与能源消费总量之比	1. 新产品销售收入；2. 能源消费总量《中国能源统计年鉴》《工业企业科技活动年鉴》《中国科技统计年鉴》《中国统计年鉴》
绿色技术研发（gr）	人力资本	rz	各行业从业人数与全部从业人数之比	1. 年末从业人员；2. 固定资产净值年平均余额；3. 固定资产投资价格指数；4. 分行业规模以上工业企业科技活动人员；5. 按行业分规模以上工业企业R&D人员；6. 按行业分规模以上工业企业R&D经费内部支出《中国工业统计年鉴》《中国统计年鉴》《中国科技统计年鉴》
	物质资本	wz	行业资本存量与从业人员数之比	
	研发资本	yz	研发资本存量与研发人员数之比	

一级指标	二级指标	指标变量	三级指标	指标计算的基本参数与数据来源
绿色技术扩散(gt)	技术交易	jj	行业技术交易额与行业技术交易总额之比	1. 分行业企业技术获取和技术改造情况《工业企业科技活动统计年鉴》；2. 按行业分规模以上工业企业 R&D 经费外部支出；3. 按行业分组的外商投资和港澳台商投资企业资产合计；4. 按行业分组的全部国有及规模以上非国有工业企业资产合计《中国工业统计年鉴》

第七章

我国绿色技术创新的
诱发机制：实证研究

鉴于我国工业部门各行业数据相对全面与完整，可通过相关指标的构建与测度获得经验分析所需原始数据，且其涵盖了我国绿色技术创新具有代表性和典型性的资源产业、能源产业及农业的二产行业，本章利用我国工业部门 35 个行业 2004—2015 年的面板数据，基于绿色技术创新诱发的基本理论，实证考察不同类型环境规制政策、创新支持政策及环境规制与创新支持政策的组合对我国工业行业绿色技术创新的三种类型：末端处理、清洁技术及绿色产品创新的作用机制与影响。

第一节　环境规制的绿色技术创新效应

一　研究设计

环境规制不但通过抵消作用与补偿效应直接作用于绿色技术创新，而且通过对绿色技术的研发与扩散阶段的影响，间接作用于绿色技术创新。环境规制对绿色技术创新的不同形式有什么样的作用，是直接影响、间接影响，还是二者皆而有之？如果有间接影响，是通过绿色技术研发还是绿色技术扩散中介分别产生影响，还是先通过绿色研发，再通过绿色技术扩散依次产生作用，是本节研究的主要问题。

研究中涉及的环境规制分为直接管制、市场激励；绿色研发中介包含人力资本、物质资本与研发资本；绿色技术扩散中介又分为技术交易、协同创新与 FDI，为了验证环境规制与绿色技术创新之间复杂的模型关系，研究采用 MPLUS 建模软件进行分析。MPLUS 软件功能强大，对潜变量建模及数据分析具有特别优势，具体包含结构方程模型，中介、调节模型、潜变量增长模型及多组、多水平模型等多种模型。

绿色技术研发与绿色技术扩散阶段分别包括三个中介变量，环境规制对这两个阶段的影响可能存在先后关系，也可能不存在先后关系，而是分阶段单独作用。多重中介模型包含多个中介变量，根据各变量间的从属关系又可分为单步多重与多步多重中介模型。本节基于结构方程模型的多重中介效应，分别构建多步多重中介模型与单步多重中介模型进行实证检验。

二　多重中介模型

（一）多重中介效应的 SEM 分析流程

（1）确定多重中介模型。

MPLUS 中的中介模型是对已构建的理论模型进行验证，在实证检验前需要根据基本的理论分析明确解释变量、中介变量与被解释变量，并厘清不同类型变量与中介变量间的前后逻辑关系。

（2）设置辅助变量。

依据使用的 SEM 软件类型与版本，对已经确定变量间逻辑关系的多重中介模型，增添相关的辅助变量。

（3）偏差校正 Bootstrap 的 SEM 分析。

判断 SEM 模型各拟合指标的拟合效果，如果拟合效果较好，再根据偏差校正 Bootstrap 得到的中介效应区间判断中介效应的显著性，如果零包含于置信区间内，则中介效应不显著；反之，中介效应显著。如果结构方程模型的拟合效果欠佳，则停止分析。

（二）多步多重中介模型

多步多重中介模型又称链式中介模型（柳士顺、凌文辁，2009）。链式中介模型中，多个中介变量存在因果逻辑关联，构成联结自变量与因变量的中介链。其模型如图 7-1 所示。根据模型图，可写出式（7-1）至式（7-3），从而推出多步多重中介模型的函数关系式（7-4）。

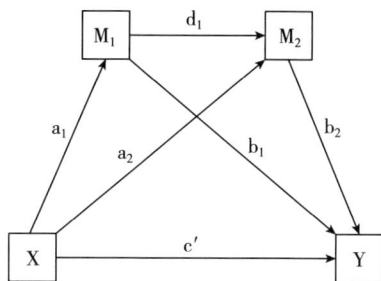

图 7-1 多步多重中介模型

$$Y = b_0 + b_1 M_1 + b_2 M_2 + c'X \qquad (7-1)$$

$$M_1 = a_{01} + a_1 X \qquad (7-2)$$

$$M_2 = a_{02} + a_2 X + d_1 M_1 \qquad (7-3)$$

把式（7-2）与式（7-3）代入式（7-1），整理得到：

$$Y = (b_0 + a_{01}b_1 + a_{02}b_2 + a_{01}d_1b_2) + (a_1b_1 + a_2b_2 + a_1d_1b_2 + c')X$$

$$(7-4)$$

相应地可以写出模型的 MPLUS 代码，如图 7-2 所示。

（三）单步多重中介模型

单步多重中介模型是指多个中介变量间不存在直接的关联，各中介变量平行作用于自变量与因变量，又可称为并行多重中介模型。具体模型见图 7-3，根据模型图可写出式（7-5）、式（7-6）、式（7-7），进而可推出多步多重中介模型的函数关系式（7-8）。

$$Y = b_0 + b_1 M_1 + b_2 M_2 + c'X \qquad (7-5)$$

$$M_1 = a_{01} + a_1 X \qquad (7-6)$$

$$M_2 = a_{02} + a_2 X \qquad (7-7)$$

把式（7-6）与式（7-7）代入式（7-5），整理得到：

$$Y = (b_0 + a_{01}b_1 + a_{02}b_2) + (a_1b_1 + a_2b_2 + c')X \qquad (7-8)$$

```
ANALYSIS:
    TYPE = GENERAL;
    ESTIMATOR = ML;
    BOOTSTRAP = 1000;
MODEL:
    Y ON M₁(b₁);
    Y ON M₂(b₂);
    Y ON X (cdash);
    M₁ ON X (a₁);
    M₂ ON X (a₂);
    M₂ ON M₁(d₁);
MODEL CONSTRAINT:
    NEW(a₁b₁ a₂b₂ a₁d₁b₂ TOTALIND TOTAL);
    a₁b₁ = a₁*b₁;
    a₂b₂ = a₂*b₂;
    a₁d₁b₂ = a₁*d₁*b₂;
    TOTALIND = a₁*b₁+a₂*b₂+a₁*d₁*b₂;
    TOTAL = a₁*b₁ + a₂*b₂ + a₁*d₁*b₂ + cdash;
OUTPUT:
    STAND CINT(bcbootstrap);
```

图 7 - 2　多步多重中介模型 MPLUS 代码

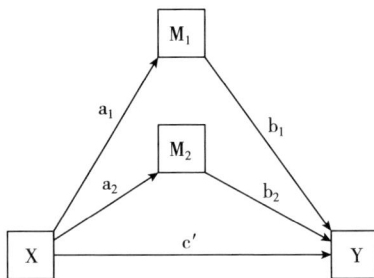

图 7 - 3　单步多重中介模型

相应地可以写出模型的 MPLUS 代码，如图 7 - 4 所示。

```
ANALYSIS:
    TYPE = GENERAL;
    ESTIMATOR = ML;
    BOOTSTRAP = 1000;
MODEL:
    Y ON M₁(b₁);
    Y ON M₂(b₂);
    Y ON X (cdash);
    M₁ ON X (a₁);
    M₂ ON X (a₂);
MODEL CONSTRAINT:
    NEW(a₁b₁a₂b₂ TOTALIND TOTAL);
    a₁b₁ = a₁*b₁;
    a₂b₂ = a₂*b₂;
    TOTALIND = a₁*b₁+a₂*b₂;
    TOTAL = a₁*b₁+a₂*b₂+ cdash;
OUTPUT:
    STAND CINT(bcbootstrap);
```

图 7 - 4 单步多重中介模型 MPLUS 代码

三 估计结果与分析

第四章第一节从理论上阐述了环境规制不仅对绿色技术创新具有直接作用，还在技术创新的绿色技术研发阶段通过人力资本、物质资本与研发资本，在绿色技术创新扩散阶段通过技术交易、协同创新与FDI 路径对绿色技术创新存在间接影响。即人力资本、物质资本、研发资本、技术交易、协同创新、FDI 作为中介变量成为连接环境规制与绿色技术创新的纽带。为了分析环境规制对绿色技术创新的间接作用，以绿色技术研发阶段的人力资本、物资资本与研发资本作为中介变量构建环境规制对绿色技术创新第一阶段——绿色技术研发的三中介模型；以绿色技术交易、协同创新与 FDI 作为中介变量构建环境规制对绿色技术创新第二阶段——绿色技术创新扩散的多中介模型，进行中介效应分析，以探讨不同类型环境规制诱发绿色技术创新的内部机制。

（一）多步多重中介模型

为验证环境规制强度的变化是否通过绿色技术研发阶段的中介变量，进而借助绿色技术扩散最终作用于绿色技术创新，先建立多步多重中介模型进行实证检验。本书构建的环境规制指标分别为直接管制与市场激励，直接管制由污染治理投资额与工业总产值比重观测；市场激励由排污费与工业总产值比值变量观测；绿色技术研发阶段的中介变量人力资本、物质资本与研发资本，分别由从业人员平均数占行业全部从业人员平均人数的比重、行业资本存量与行业全部从业人员平均数之比、研发资本存量与研发人员平均人数之比指标与之对应；绿色技术扩散阶段的中介变量技术交易、协同创新与 FDI，分别由行业技术交易额与所有行业技术交易总额的比值、R&D 经费外部支出与当期所有行业 R&D 经费外部支出之比与外商以及港澳台企业资产总额占规模以上工业企业行业资产总额的比重指标与之对应。绿色技术创新由末端处理、清洁技术与绿色产品创新三个变量构成，分别用污染排放强度、污染产生强度、新产品销售收入能耗比表示。

考虑到表示同一变量的不同指标之间可能存在相关性，构建假设中介模型时，先以环境规制、绿色研发中介、绿色技术扩散中介与绿色技术创新作为潜变量，直接管制与市场激励作为环境规制的观测变量，人力资本、物质资本与研发资本作为绿色研发中介的观测变量，技术交易、协同创新与 FDI 作为绿色技术扩散中介的观测变量，末端处理、清洁技术与绿色产品创新作为绿色技术创新的观测变量，利用MPLUS7.0 软件对此 2 步 2 重中介模型运行后发现，模型存在不收敛问题，无法得出模型拟合结果。在 MPLUS 中，模型不收敛主要原因在于各指标变量间的相关性使因子载荷过小、路径系数大于 1、残差值为负等。为了尽量避免各指标间相关性的存在而导致的结果不收敛问题，考虑利用环境规制与绿色技术创新的单个指标，以绿色研发与绿色技术扩散作为潜变量中介，考察直接管制与市场激励分别通过绿色研发与绿色技术扩散中介对末端处理、清洁技术与绿色产品创新各指标间的影响情况。根据各指标观测变量的个数，可得出 $2 \times 3 = 6$ 个单指标 2 步 2 重中介模型。利用 MPLUS7.0 运行程序后发现，3 个直接管制的假设模型得到了收敛结果：

假设模型（1）zg－－gr－－gt－－mc；

假设模型（2）zg－－gr－－gt－－qj；

假设模型（3）zg－－gr－－gt－－cc

其中：gr 由 rz、wz 和 yz 三个中介变量观测，gt 由 jj、xc 和 fdi 三个中介变量观测。可以发现，环境规制变量的直接管制与绿色技术创新的 3 个所含变量得到了拟合结果。表明政府对环境规制的直接管控通过绿色研发、借助绿色技术扩散对企业生产的末端处理、清洁生产技术开发与绿色产品产出起到了一定的影响作用。程序运行的具体结果汇总如表 7－1 所示。表 7－1 由三部分构成，第一部分检验模型的拟合结果，由 χ^2 检验的 P 值、RMSEA、CFI、TLI 四个参数构成，一般来说，χ^2 检验的 P 值 < 0.10，RMSEA < 0.08，CFI/TLI > 0.90 就认为模型拟合结果可以接受。第二部分给出了假设模型中 zg、gr、gt 与 ci 之间回归关系的标准化参数结果，ci 分别指代 mc、qj 与 cc。第三部分展示了假设模型中环境规制通过不同路径影响绿色技术创新的特定间接效应、直接效应、总间接效应及总效应大小。

表 7 – 1　　　　　　　　　　　2 步 2 重中介模型估计结果

参数	模型（1）	模型（2）	模型（3）
	MODEL FIT INFORMATION		
χ^2 Test P – Value	0.00	0.00	0.00
RMSEA	0.08	0.08	0.09
CFI	0.91	0.91	0.91
TLI	0.84	0.84	0.83
	STANDARDIZED MODEL RESULTS		
GT ON GR	0.12 **	0.18 **	0.17 **
GR ON ZG	– 0.01 *	– 0.03 *	– 0.02 **
GT ON ZG	– 0.06 **	– 0.06 **	– 0.06 ***

参数	模型（1）	模型（2）	模型（3）
CI ON			
GR	0.00*	−0.01*	0.00
GT	−0.14**	−0.07*	0.22**
CI ON ZG	−0.02**	−0.00**	−0.06*
	New/Additional Parameters（STANDARDIZED）		
A1B1	0.00***	0.00***	0.00***
A2B2	−0.01**	0.00*	−0.01**
A1D1B2	−0.00**	0.00*	−0.00**
TOTALIND	−0.01***	0.00**	−0.01**
TOTAL	−0.03***	0.00***	−0.08***

注：***、**、* 分别表示在 1%、5%、10% 显著性水平下显著；下同。

观察第一部分假设模型的拟合结果可以发现，χ^2 检验的 P 值都为 0.00，结果非常显著；RMSEA 的值基本处于 0.09 左右，最小 0.08，最大 0.09，位于 RMSEA < 0.08 可接受的边缘，拟合效果不太理想；CFI 值均大于 0.90，满足 CFI/TLI > 0.90 可以接受的条件，而所有 TLI 值 > 0.80 且 < 0.90，处于可接受条件的边缘。总体来看假设模型的拟合效果不是十分理想，可能的原因在于结构方程模型对于面板数据处理自身存在的缺陷，特别是 MPLUS 软件，对指标数据要求非常高，对数据量级一致的量表数据处理有着更加完美的表现。由于本书研究涉及多个潜变量，需要验证多个变量指标间复杂的路径关系，而 MPLUS 软件在潜变量与多变量间复杂关系的实证方面又具有明显的优势，选择 MPLUS 软件进行实证检验就只能尽量兼顾其优劣势。因此，尽管假设模型的拟合结果不是十分理想，但仍可以作为研判假设模型路径关系及大小的初始依据。为了直观地展示 2 步 2 重中介模型，图 7-5 列示了假设模型（1）标准化结果的基本关系路径图，为了节约篇幅，假设模型（2）和模型（3）的标准化结果路径图在附录中列出。

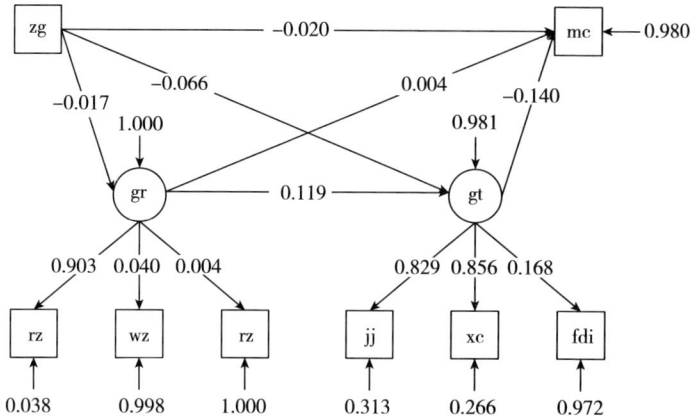

图 7 - 5　2 步 2 重中介 zg. mc 模型

表 7 - 1 第二部分模型拟合的标准化结果显示，GR 与 ZG 的回归系数分别为 - 0.01、- 0.03 与 - 0.02，表明直接管制对于绿色研发具有负向抑制作用，对清洁技术创新的抑制作用最大，对末端处理工艺技术的抑制作用最小。GT 与 GR 的回归系数分别为 0.12、0.18 与 0.17，表明绿色研发对于绿色技术的扩散具有正向促进作用，促进作用力度与直接管制对绿色研发一致，对末端处理的影响最小，对清洁技术的影响最大。GT 与 ZG 的回归系数均值为 - 0.06，说明直接管制同样对于绿色技术扩散起到负向作用。CI 与 GR 的回归系数分别为 0.00、- 0.01 和 0.00，表明在绿色产品创新中，绿色研发没有发挥作用，绿色研发对末端处理具有非常微弱的负向抑制作用，对清洁技术具有正向推动作用；CI 与 GT 的估计系数分别为 - 0.14、- 0.07 和 0.22，表明绿色技术扩散对末端处理存在正向效应，大小为 0.14，对清洁技术的正向效应为 0.07，对绿色产品创新具有较为显著的推进作用，大小为 0.22。表明绿色研发与绿色技术扩散对不同程度的绿色技术创新具有直接的促进或抑制效果。CI 与 ZG 的路径系数分别为 - 0.02、- 0.00 与 - 0.06，说明直接管制对不同创新程度的绿色技

术创新会产生直接的影响，对末端处理产生直接的促进作用①，大小为 0.02；对清洁技术同样存在直接的促进作用，大小为 0.00；对绿色产品创新具有直接的抑制作用，大小为 0.06，对绿色产品创新的抑制效果更为明显。

表 7-1 第三部分展示了 3 个假设模型中环境规制通过不同路径方向影响绿色技术创新的特定间接效应、直接效应、总间接效应及总效应大小。其中 A1B1 表示 zg--gr--ci 路径的特定间接效应；A2B2 表示 zg--gt--ci 路径的特定间接效应；A1D1B2 表示 zg--gr--gt--ci 路径的特定间接效应；TOTALIND 表示各条特定间接效应的总和，即总间接效应。可以看出，3 个模型中的 A1B1 均为 0，意味着直接管制通过绿色研发潜变量对绿色技术创新没有影响。A1D1B2 的特定路径值在末端处理、清洁技术与绿色产品创新三个模型中分别为 -0.00、0.00、-0.00，表明直接管制通过绿色研发、借助绿色技术扩散阶段对不同程度的绿色技术创新的影响效果接近为 0，作用方向从正向变为负向。A2B2 在 3 个假设模型中的路径系数基本不为 0，意味着直接管制通过绿色技术扩散阶段对不同程度的绿色技术创新存在中介作用，其作用方向与大小与绿色技术的创新性直接相关，作用方向由正向逐渐转变为负向，作用大小在作用方向为正时，对末端处理的影响为 -0.01；对清洁技术与绿色产品创新的间接作用表现为负，意味着直接管制通过绿色技术扩散对清洁技术与绿色产品创新具有一定的抑制性，抑制大小由小变大，从 0.00 增加为 0.01。

直接管制对不同创新性绿色技术创新的总效应分别为 -0.03、0.00 与 -0.08，表明从整体上来说，直接管制对工业行业的绿色技术创新具有较显著的影响，影响的方向与程度取决于绿色技术的创新程度。对末端处理具有正向促进作用，大小为 0.03；对清洁技术与绿色产品创新具有抑制效应，大小分别为 0.00 与 0.08；对清洁技术的

---

① 排污强度的数值与末端处理技术创新的强弱成反比，该数值越小，末端处理技术创新性越强；反之亦然；产污强度的数值与清洁技术创新的强弱成反比，该数值越小，清洁技术创新性越强；反之亦然。

抑制效果小于绿色产品创新。

为了进一步观察环境规制分别通过对绿色研发与绿色技术扩散对绿色技术创新的间接作用，可建立环境规制与绿色研发、绿色技术扩散的单步多重中介模型。

（二）单步多重中介模型

明确了环境规制与绿色技术创新之间存在的 2 步 2 重路径关系后，进一步采用单步多重中介模型验证二者之间存在的关系。分别以绿色研发阶段与绿色技术扩散阶段的三个变量作为中介变量，构建单步 3 重中介模型。

1. 绿色研发中介模型

绿色研发中介模型以环境规制的两个变量直接管制与市场激励作为外显变量，以绿色技术研发阶段的人力资本、物质资本与研发资本分别作为中介变量，以末端处理、清洁技术与绿色产品创新所指代的绿色技术创新作为内生结局变量。根据各变量指标的包含与指代关系，可构建 $2 \times 3 = 6$ 个基本假设模型，利用 MPLUS7.0 软件运行 6 个假设模型后，得出了较好的拟合结果，各模型估计结果如表 7-2 所示。参数列中的 CI 分别表示 mc、qj 与 cc；HG 分别指 zg 与 sj。为了直观地展示绿色研发单步 3 重中介模型变量间的路径关系，图 7-6 列示了假设模型 zg. mc 标准化结果的基本关系路径图，为了节约篇幅，其他 5 个假设模型的标准化结果路径图在附录中列出。

假设模型（1）zg - - rz - wz - yz - - mc；

假设模型（2）zg - - rz - wz - yz - - qj；

假设模型（3）zg - - rz - wz - yz - - cc；

假设模型（4）sj - - rz - wz - yz - - mc；

假设模型（5）sj - - rz - wz - yz - - qj；

假设模型（6）sj - - rz - wz - yz - - cc

表 7-2 由三部分构成，第一部分表示各假设模型的拟合结果情况。可以发现，不管是直接管制 zg 还是市场激励 sj 的 x^2 检验 P 值均小于0.01，结果非常显著；直接管制的 RMSEA 值为 0.05，市场激励的 RMSEA 值为 0.08，均满足 RMSEA ＜0.08，拟合效果比较理想；

所有 CFI 值均大于 0.80，TLI 值 > 0.70，虽没能达到 CFI/TLI > 0.90 的理想条件，但结合实际回归系数来看，基本满足研究对变量间相互关系解释的需要。因此，尽管假设模型的拟合结果不是十分理想，但仍可以作为研判假设模型路径关系及大小的初始依据。为了直观地展示绿色研发中介单步 3 重中介模型，图 7 - 6 列示了假设模型（1）标准化结果的基本关系路径图，为了节约篇幅，假设模型（2）至模型（6）的标准化结果路径图在附录中列出。

表 7 - 2　　　　　　　绿色研发中介单步 3 重模型估计结果

参数	zg. mc（1）	zg. qj（2）	zg. cc（3）	sj. mc（4）	sj. qj（5）	sj. cc（6）
	MODEL FIT INFORMATION					
χ^2 Test P - Value	0.00	0.00	0.00	0.00	0.00	0.00
RMSEA	0.05	0.05	0.05	0.08	0.08	0.08
CFI	0.86	0.86	0.83	0.80	0.82	0.80
TLI	0.76	0.75	0.70	0.70	0.70	0.78
	STANDARDIZED MODEL RESULTS					
CI ON HG	- 0.08 ***	0.02 **	- 0.04 *	- 0.15 **	- 0.22 **	- 0.01 *
CI ON						
RZ	- 0.03 **	- 0.17 *	0.16 *	0.00 **	- 0.13 *	0.16 *
WZ	0.13 *	0.04 *	0.01	0.15 *	0.06 *	0.00
YZ	- 0.16 **	- 0.09 *	0.04	- 0.15 *	- 0.07 *	0.03
RZ ON HG	- 0.04 ***	- 0.04 ***	- 0.04 ***	- 0.19 ***	- 0.19 ***	- 0.19 ***
WZ ON HG	0.19 ***	0.19 ***	0.19 ***	- 0.06 ***	- 0.05 ***	- 0.06 ***
YZ ON HG	0.03 ***	0.03 ***	0.03 ***	- 0.09 ***	- 0.09 ***	- 0.09 ***
	New/Additional Parameters（STANDARDIZED）					
A1B1	- 0.00 **	0.01 ***	- 0.01 **	- 0.00 **	0.02 ***	- 0.03 ***
A2B2	- 0.03 ***	0.01 **	0.00 *	- 0.01 *	- 0.00 *	0.00 *
A3B3	0.00 **	- 0.00 **	0.00	0.01 ***	0.01 *	- 0.00 *
TOTALIND	- 0.02 **	0.01	- 0.00 *	0.01 **	0.03 *	- 0.03 *
TOTAL	- 0.10 ***	0.03 **	- 0.04 **	- 0.14 ***	- 0.19 **	- 0.04 **

表7-2第二部分报告了模型拟合的标准化结果。模型（1）至模型（3）给出了直接管制通过人力资本、物质资本、研发资本中介变量分别对末端处理、清洁技术与绿色产品创新的影响效果。模型（4）至模型（6）列示了市场激励通过人力资本、物质资本、研发资本中介变量分别对末端处理、清洁技术与绿色产品创新的影响效果。可以发现，直接管制对末端处理存在直接的促进作用，大小为0.08。对清洁技术与绿色产品创新产生直接的抑制作用，大小分别为0.02与0.04，对绿色产品创新的抑制作用高于清洁技术；市场激励则对末端处理、清洁技术具有直接的促进作用，大小分别为0.15与0.22，但对清洁技术的促进作用略大于末端处理。对绿色产品创新产生较微弱的直接抑制作用，大小为0.01。

人力资本RZ在直接管制对不同绿色技术创新程度的回归中，对末端处理与清洁技术存在正向影响，分别为-0.03与-0.17，对绿色产品创新存在正向影响，为0.16；在市场激励对不同绿色技术创新程度的回归中，对清洁技术与绿色产品创新具有正向促进作用，大小分别为-0.13与0.16，对末端处理存在较微弱的负向影响。物质资本WZ在直接管制对不同绿色技术创新程度的回归中，对末端处理、清洁技术的影响都为负向，反向作用从大到小，分别为0.13与0.04，对绿色产品创新具有正向促进作用，大小为0.01；在市场激励对不同绿色技术创新程度的回归中，类似于直接管制，对末端处理与清洁技术存在负向影响，分别为0.15、0.06，对绿色产品创新具有较小的促进作用，大小为0.00。研发资本YZ在直接管制对不同绿色技术创新程度的回归中，对末端处理、清洁技术与绿色产品创新均存在显著的促进作用，促进的力度由强渐弱，分别为-0.16、-0.09与0.04；在市场激励对不同绿色技术创新性的回归中，类似于直接管制，对末端处理、清洁技术与绿色产品创新具有由强变弱的助推作用，大小分别为-0.15、-0.07与0.03。环境规制HG与RZ、WZ、YZ的回归系数在直接管制与市场激励中分别对末端处理、清洁技术与绿色产品创新的影响效果相同。直接管制中，对人力资本的影响为-0.04、对物质资本的影响为0.19、对研发资本的影响为0.03；市场激励中，对人力资本的影响为 -0.19、对物质资本的影响为 -0.05、对研发资本的影响为 -0.09。

表 7-2 第三部分展示了 6 个假设模型中政府的环境规制通过不同路径方向对绿色技术创新的特定间接效应、总间接效应、直接效应及总效应影响的大小与方向。其中 A1B1 表示 hg--rz--ci 路径的特定间接效应；A2B2 表示 hg--wz--ci 路径的特定间接效应；A3B3 表示 hg--yz--ci 路径的特定间接效应；TOTALIND 表示各条特定路径方向的间接效应总和，即总间接效应。TOTAL 表示用总间接效应与直接效应之和反映的总效应。

可以看出，在直接管制影响估计中，A1B1 值分别为 -0.00、0.01 与 -0.01，表明直接管制通过人力资本对末端处理、清洁技术、绿色产品创新的间接影响。其中，对末端处理存在非常微小的促进作用，而对清洁技术和绿色产品创新具有一定的抑制作用；在市场激励影响估计中，A1B1 值分别为 -0.00、0.02 与 -0.03，说明市场激励通过人力资本对末端处理、清洁技术与绿色产品创新存在与直接管制相似的间接影响，对末端处理的正向效果不明显，但对绿色产品创新的抑制作用大于清洁技术。根据 A2B2 的估计值可以发现，直接管制通过物质资本对末端处理、清洁技术、绿色产品创新的间接影响分别为 -0.03、0.01、0.00，表明直接管制通过物质资本对末端处理存在间接的促进作用，对清洁技术具有一定的负向影响；市场激励通过物质资本对末端处理、清洁技术，绿色产品创新的间接影响分别为 -0.01、-0.00 与 0.00，说明市场激励通过物质资本对末端处理、清洁技术与绿色产品创新存在间接的促进作用，促进强度由大到小直至消失。由 A3B3 估计值可以看出，直接管制通过研发资本对末端处理、清洁技术、绿色产品创新的间接影响分别为 0.00、-0.00 与 0.00，市场激励通过研发资本对末端处理、清洁技术、绿色产品创新的间接影响分别为 0.01、0.01 与 -0.00。表明直接管制通过研发资本对末端处理存在极弱的负向影响，对清洁技术与绿色产品创新具有极弱的正向影响。而市场激励则通过研发资本对末端处理、清洁技术与绿色产品创新都具有反向抑制作用，抑制大小由强渐弱。

　　表 7-2 第三部分的总间接效应 TOTALIND 值显示，以绿色研发为中介的直接管制通过人力资本、物质资本与研发资本三个中介变量分别对末端处理、清洁技术与绿色产品创新的总间接影响为 -0.02、0.01 与 -0.00；市场激励通过人力资本、物质资本与研发资本三个中介变量分别对末端处理、清洁技术与绿色产品创新的总间接影响为 0.01、0.03 与 -0.03。从中可以发现，直接管制与市场激励对清洁技术与绿色产品创新总的间接效应为负，具有抑制作用，市场激励比直接管制抑制力度更大。而直接管制对末端处理存在积极的正向影响，市场激励则对末端处理存在一定的负向作用。表 7-2 的最后一行显示了总效应 TOTAL 值，报告了以绿色研发为中介的直接管制与市场激励两种环境规制影响不同绿色技术创新的总效应大小。直接管制对不同创新性绿色技术创新的总效应分别为 -0.10、0.03、-0.04，表明从整体上来说，直接管制对工业行业的绿色技术创新具有较显著的影响，对末端处理具有积极的推进作用，对清洁技术与绿色产品创新具有一定的抑制效应，绿色产品创新的抑制作用更强；市场激励对不同创新性绿色技术创新的总效应分别为 -0.14、-0.19、-0.04，说明市场激励整体上对工业部门的绿色技术创新同样影响显著，不同于直接管制，对末端处理和清洁技术具有积极的助推作用，清洁技术的促进效果略大于末端处理，对绿色产品创新存在负向的抑制作用。

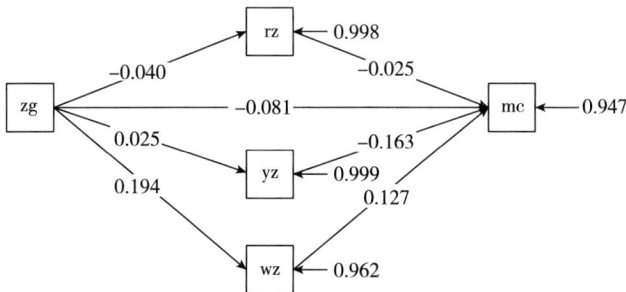

图 7-6　绿色研发中介单步 3 重 zg. mc 路径

2. 绿色技术扩散中介模型

绿色技术扩散中介模型以环境规制的两个变量直接管制与市场激励作为外显变量，以绿色技术扩散阶段的技术交易、协同创新与外商直接投资 FDI 分别作为中介变量，以末端处理、清洁技术与绿色产品创新所指代的绿色技术创新作为内生结局变量。根据各变量指标的包含与指代关系，也可构建 2 × 3 = 6 个基本假设模型。利用 MPLUS7.0 软件运行 6 个假设模型后，结果发现虽然各模型得到了收敛结果，但拟合效果参数并不理想。因此对基本假设模型进行修正，增加 3 条路径关系：jj – – xc；xc – – fdi；jj – – fdi 后，得到较好的拟合结果。由于新增的路径关系不是本书研究关注的重点，表 7 – 3 只报告了本书研究关注的估计结果，参数列中的 CI 分别表示 mc、qj 与 cc；HG 分别指 zg 与 sj。为了直观地展示绿色技术扩散单步 3 重中介模型变量间的路径关系，图 7 – 7 列示了假设模型 zg. mc 标准化结果的基本关系路径图，为了节约篇幅，其他 5 个假设模型的标准化结果路径图在附录中列出。

假设模型（1）zg – – jj – xc – fdi – – mc；

假设模型（2）zg – – jj – xc – fdi – – qj；

假设模型（3）zg – – jj – xc – fdi – – cc；

假设模型（4）sj – – jj – xc – fdi – – mc；

假设模型（5）sj – – jj – xc – fdi – – qj；

假设模型（6）sj – – jj – xc – fdi – – cc。

表 7 – 3　　　　　绿色技术扩散中介单步 3 重模型估计结果

参数	zg. mc（1）	zg. qj（2）	zg. cc（3）	sj. mc（4）	sj. qj（5）	sj. cc（6）
	MODEL FIT INFORMATION					
χ^2 Test P – Value	0.0	0.0	0.0	0.0	0.0	0.0
RMSEA	0.07	0.02	0.09	0.05	0.09	0.05
CFI	0.94	0.99	0.91	0.96	0.91	0.96
TLI	0.86	0.99	0.81	0.92	0.80	0.92

续表

参数	zg. mc（1）	zg. qj（2）	zg. cc（3）	sj. mc（4）	sj. qj（5）	sj. cc（6）
	STANDARDIZED MODEL RESULTS					
CI ON HG	− 0. 07 ***	− 0. 02 ***	− 0. 02 **	− 0. 13 ***	0. 22 **	− 0. 00 *
CI ON						
JJ	− 0. 02 **	− 0. 02 ***	− 0. 14 ***	0. 00 *	− 0. 01	− 0. 14 ***
XC	− 0. 05 *	− 0. 06 **	0. 44 ***	− 0. 05 *	− 0. 05 **	0. 44 ***
FDI	− 0. 25 ***	− 0. 34 ***	0. 08 **	− 0. 26 ***	− 0. 33 ***	0. 08 **
JJ ON HG	0. 04 ***	0. 04 ***	0. 04 ***	− 0. 12 ***	− 0. 12 ***	− 0. 12 ***
XC ON HG	− 0. 03 ***	− 0. 03 ***	− 0. 03 ***	− 0. 12 ***	− 0. 12 ***	− 0. 12 ***
FDI ON HG	− 0. 14 ***	− 0. 14 ***	− 0. 14 ***	− 0. 05 ***	− 0. 05 ***	− 0. 05 ***
	New/Additional Parameters（STANDARDIZED）					
A1B1	0. 00 **	− 0. 00 **	− 0. 01 ***	0. 00 **	0. 00 ***	0. 02 **
A2B2	− 0. 00	0. 00 *	− 0. 01 **	− 0. 01 *	0. 01	− 0. 05 **
A3B3	− 0. 03 ***	0. 05 ***	− 0. 01 *	− 0. 01 ***	0. 02 ***	− 0. 00 **
TOTALIND	− 0. 03 **	0. 05 *	− 0. 03 **	− 0. 02 *	0. 02 **	− 0. 04 **
TOTAL	− 0. 10 ***	0. 03 **	− 0. 04 *	− 0. 15 **	0. 24 **	− 0. 04 *

观察表 7 - 3 第一部分模型拟合信息的四个参数 χ^2 检验的 P 值、RMSEA、CFI、TLI 可以发现，所有模型 χ^2 检验的 P 值均为 0. 00 < 0. 01，通过显著性检验。模型（2）、模型（4）、模型（6）的 RM-SEA 值几乎均小于 0. 05，模型（1）< 0. 08，表明模型检验效果良好，模型（3）和模型（5）的 RMSEA 值也基本与 0. 08 接近。所有模型的 CFI 值都超过了 0. 90，整体拟合效果良好。模型（2）、模型（4）、模型（6）的 TLI 值也都大于 0. 9，拟合良好。模型（1）、模型（3）、模型（5）的 TLI 值虽然没超过 0. 90，但其值都与 0. 90 非常接近，结果也可接受。从模型拟合的四个参数总体上来说，绿色技术扩散中介假设模型拟合效果良好。

表 7 - 3 第二部分报告了模型拟合的标准化结果。模型（1）至模型（3）给出了直接管制通过技术交易、协同创新、FDI 中介变量分

别对末端处理、清洁技术与绿色产品创新的影响效果。模型（4）至模型（6）列示了市场激励通过技术交易、协同创新、FDI 中介变量分别对末端处理、清洁技术与绿色产品创新的影响效果。可以发现，直接管制对末端处理与清洁技术存在积极的促进作用，大小为 -0.07 与 -0.02，对绿色产品创新具有抑制作用，大小为 -0.02；市场激励则对末端处理具有直接的促进作用，大小为 -0.13，对清洁技术与绿色产品创新产生消极的抑制，大小分别为 0.22 与 -0.00，清洁技术与绿色产品创新相比，抑制效果更为突出。

技术交易 JJ 在直接管制对不同绿色技术创新程度的回归中，对末端处理与清洁技术存在正向作用，对绿色产品创新则存在负向影响，分别为 -0.02、-0.02 与 -0.14；在市场激励对不同绿色技术创新程度的回归中，对末端处理与绿色产品创新具有负向抑制作用，对末端处理的抑制效果较小，接近 0.00，对绿色产品创新的抑制效果较大，为 -0.14。对清洁技术则产生一定的促进效应，大小为 -0.01。协同创新 XC 在直接管制对不同绿色技术创新程度的回归中，对末端处理、清洁技术与绿色产品创新均存在正向促进作用，大小分别为 -0.05、-0.06 与 0.44，促进作用不断增强；在市场激励对不同绿色技术创新性的回归中，类似于直接管制，对末端处理、清洁技术与绿色产品创新均存在正向的推动作用，大小为 -0.05、-0.05 与 0.44。外商直接投资 FDI 不管在直接管制还是市场激励对不同绿色技术创新程度的回归中，对末端处理、清洁技术与绿色产品创新都具有显著的促进作用，对清洁技术的助推作用最强，末端处理次之，绿色产品创新最弱。直接管制中的影响系数分别为 -0.25、-0.34 与 0.08，市场激励中的影响系数分别为 -0.26、-0.33 与 0.08。环境规制 HG 与 JJ、XC、FDI 的回归系数在直接管制与市场激励中分别对末端处理、清洁技术与绿色产品创新的影响效果相同。直接管制中，对技术交易的影响为 0.04，对协同创新的影响为 -0.03，对外商直接投资的影响为 -0.14；市场激励中，对技术交易的影响为 -0.12，对协同创新的影响为 -0.12，对外商直接投资的影响为 -0.05。

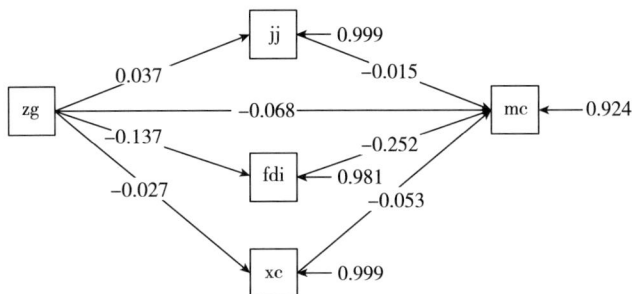

图 7 - 7　绿色技术扩散中介单步 3 重 zg. mc 路径

表 7 - 3 第三部分给出了 6 个假设模型中政府的环境规制通过不同路径方向对绿色技术创新的特定间接效应、总间接效应、直接效应及总效应的影响大小。其中 A1B1 表示 hg - - jj - - ci 路径的特定间接效应；A2B2 表示 hg - - xc - - ci 路径的特定间接效应；A3B3 表示 hg - - fdi - - ci 路径的特定间接效应；TOTALIND 表示各条路径特定间接效应总和，即总间接效应。TOTAL 代表以总间接效应与直接效应之和表示的总效应。

可以看出，在直接管制影响估计中，A1B1 值分别为 0.00、-0.00 与 -0.01，表明直接管制通过技术交易对末端处理与绿色产品创新具有极微弱的负向间接影响，对清洁技术具有极小的促进作用。其中，对末端处理与清洁技术的作用大小相同，对绿色产品创新的抑制作用最大；在市场激励影响估计中，A1B1 值分别为 0.00、0.00 与 0.02，说明市场激励通过技术交易对末端处理没有影响，对清洁技术具有较弱的负向抑制作用，对绿色产品创新存在较大的正向间接影响。根据 A2B2 的估计值可以发现，直接管制通过协同创新对末端处理、清洁技术、绿色产品创新的间接影响分别为 -0.00、0.00、-0.01，表明直接管制通过协同创新对末端处理存在间接的微弱促进作用，而对清洁技术与绿色产品创新存在负向的抑制作用，大小为 0.00 与 0.01；市场激励通过协同创新对末端处理、清洁技术、绿色产品创新的间接影响分别为 -0.01、0.01 与 -0.05，与直接管制类似，市场激励通过协同创新对末端处理同样产生推动作用，对清洁技术与绿色产品创新则依然具有间接的抑制作用，抑制强度分别为0.01与0.05。由A3B3估计值可以看出，直接管制通过外商直接投资对末端处理、清洁技术、绿色产品创新的间接影响分别为 - 0.03、0.05与 - 0.01，市场激励通过外商直接投资对末端处理、清洁技术、绿色产品创新的间接影响为 - 0.01、0.02与 - 0.00。表明直接管制通过外商直接投资对末端处理、清洁技术与绿色产品创新的影响效果与市场激励一致，对末端处理存在积极的促进作用，对清洁技术与绿色产品创新则具有负向的抑制效果。直接管制对不同创新性的绿色技术创新的间接影响都强于市场激励。

表7-3第三部分的总间接效应TOTALIND值显示，以绿色技术扩散为中介的直接管制通过技术交易、协同创新与外商直接投资三个中介变量分别对末端处理、清洁技术与绿色产品创新的总间接影响为 - 0.03、0.05与 - 0.03；市场激励通过技术交易、协同创新与外商直接投资三个中介变量分别对末端处理、清洁技术与绿色产品创新的总间接影响为 - 0.02、0.02与 - 0.04。从中可以看出，直接管制与市场激励对末端处理总的间接效应为正，具有较显著的促进作用，直接管制的促进力度大于市场激励，而对清洁技术与绿色产品创新则都存在较强的反向抑制作用，直接管制对清洁技术的抑制作用大于市场激励，而市场激励对绿色产品创新的抑制作用大于直接管制。表7-3的最后一行报告了总效应TOTAL值，展示了以绿色技术扩散为中介的直接管制与市场激励两种环境规制手段影响不同绿色技术创新的总效应大小。直接管制对不同创新性绿色技术创新的总效应分别为 - 0.10、0.03、 - 0.04，说明综合来看，以绿色技术扩散为中介的直接管制对工业行业的绿色技术创新具有较显著的影响，对末端处理具有积极的推进作用，对清洁技术与绿色产品创新具有一定的抑制效应，大小分别为0.03与0.04，绿色产品创新的抑制性更大；以绿色技术扩散为中介的市场激励对不同创新性绿色技术创新的总效应分别为 - 0.15、0.24、 - 0.04，说明市场激励整体上对工业部门的绿色技术创新同样影响显著，类似直接管制，对末端处理具有积极的助推作用，但对清洁技术与绿色产品创新存在消极的反向作用，大小分别为0.24

与 0.04，清洁技术的反向作用更强。

第二节　创新支持的绿色技术创新效应

除环境规制政策外，创新支持政策作为支持绿色技术创新的另一只有力的手，对我国绿色技术创新发挥着不可小觑的作用。本节主要考虑创新补贴与知识产权保护两种创新支持政策对我国绿色技术创新的作用路径与影响效果。

一　模型设定

考虑到技术创新存在继承性与累积性（董雪兵、史晋川，2006），是具有路径依赖特征的连续动态过程，由于受到前期技术水平的影响，可能存在滞后效应，绿色技术创新也是如此，动态模型的滞后项可以控制因技术积累对绿色技术创新存在的传递效应。除了政府创新补贴与知识产权保护的影响，研发物质资本投入、研发人力投入是技术创新形成的核心要素（李平等，2007）。但通过研究相关文献实证结果发现，研发物质资本投入对技术创新具有明显的促进作用，研发人力资本投入可能存在负向的抑制作用，原因在于我国研发人员主要集中在国有大型企业，其研发效率较低，研发人力资本投入只反映了研发人员投入的数量，不能反映研发人员投入的质量。故考虑结合研发物质资本投入与人力资本投入，用研发物质资本存量与研发人员数的比值，即人均研发资本存量表示主要影响绿色技术创新的研发资本要素投入。但研发资本对不同类型绿色技术创新的影响周期存在差异，创新程度越高，需要的投入产出期越长。为衡量构成创新支持的创新补贴、知识产权保护指标对绿色技术创新的直接作用，综合考虑末端处理、清洁技术与绿色产品创新的投入产出周期，本书研究将绿色技术创新产出的滞后一期、研发资本的滞后一期作为解释变量纳入模型，构建动态面板数据基本模型。

$$\ln gti_{it} = \alpha_0 + \alpha_1 \ln gti_{i,t-1} + \beta_1 \ln cb_{it} + \beta_2 \ln ipr_{it} + \beta_3 \ln rd_{it} + \beta_4 \ln rd_{i,t-1} + \varepsilon_{it}$$

$$(7-9)$$

创新补贴与知识产权保护不仅直接影响绿色技术创新的大小和方向，还可通过激励企业增加研发物质资本投入和科技人员投入间接影响绿色技术创新。因此在模型（7-9）的基础上引入知识产权保护和创新补贴与研发资本投入的交叉项。

$$gti_{it} = \alpha_0 + \alpha_1 gti_{i,t-1} + \beta_1 cb_{it} + \beta_2 ipr_{it} + \beta_3 \ln rd_{it} + \beta_4 \ln rd_{i,t-1} + \beta_5 ipr_{it} \times$$
$$rd_{it} + \beta_6 cb_{it} \times rd_{it} + \beta_7 ipr_{id} \times cb_{it} + \varepsilon_{it} \tag{7-10}$$

知识产权保护与技术创新之间由于受到知识产权保护强度、经济发展水平等外生性因素影响，从而呈现倒"U"形或"U"形曲线关系（Braga and Fink，2000；余长林、王瑞芳，2009），胡凯（2012）利用面板门槛模型验证了知识产权保护水平与技术创新之间存在"U"形门槛效应。为了验证知识产权保护对绿色技术创新的非线性关系，在回归模型（7-9）的基础上引入知识产权保护水平二次项。

$$gti_{it} = \alpha_0 + \alpha_1 gti_{i,t-1} + \beta_1 cb_{it} + \beta_2 ipr_{it} + \beta_3 ipr_{it}^2 + \beta_4 rd_{it} + \beta_5 rd_{i,t-1} + \varepsilon_{it}$$
$$\tag{7-11}$$

二　SYS - GMM 估计方法

模型（7-9）至模型（7-11）中包含了被解释变量的滞后项，成为"动态面板"模型。此时，采用固定效应方法估计会产生"动态面板偏差"。Arellano 和 Bond（1991）把所有可能的滞后变量作为工具变量，提出了"差分广义矩估计方法"（GMM），该方法无须额外寻找工具变量，但可能导致弱工具变量问题。Blundell 和 Bond（1998）将差分 GMM 与水平 GMM 相结合，提出了能够弥补"差分 GMM"缺陷的"系统 GMM"方法，从而大大提升了系统估计效率。另外，模型涉及的知识产权保护、研发资本投入可能受到绿色技术创新的影响而具有内生性，选择 SYS - GMM 估计能够克服解释变量内生性，是一种更加适宜的估计方法。

工具变量选择与解释变量滞后阶数的确定是正确估计模型的关键。研究基于所构建经济模型的内在逻辑并利用统计规律，将被解释变量的滞后项作为解释变量，研发资本的滞后项设定为前定变量。胡凯等（2012）认为，知识产权保护与研发资本都存在内生性，但考虑到本书采用的指标含义与胡凯不同，且我国的创新补贴主要根据企业研发经费的多少以税收减免的方式进行，故创新补贴也可能是内生变量。创新补贴、研发资本与知识产权保护到底是否为内生变量，通过对以末端处理、清洁技术与绿色产品创新作为被解释变量进行回归估计前的 3 个模型进行内生变量的 DWH 检验来确定。检验结果发现，研发资本、知识产权保护水平与创新补贴在 3 个模型中的 DWH 检验值均小于 0.001，拒绝接受不存在内生变量的原假设 H_0，表明存在内生变量，应使用工具变量法。

　　模型中工具变量滞后阶数的确定，可通过限制最大滞后阶数，从以下三个方面进行检验以保证估计结果的有效性：一是检验模型扰动项是否存在自相关性，即判断是否存在一阶 AR（1）和二阶 AR（2）序列相关；二是利用 Sargan 检验判断选取的工具变量是否存在过度识别，以判定工具变量的整体有效性；三是分析解释变量滞后项系数是否介于混合回归与固定效应回归的估计值之间。

　　三　估计结果与分析

　　（一）描述性统计

　　为减小异方差，所有变量取自然对数。表 7 - 4 显示了各变量自然对数的描述性统计结果。

表 7 - 4　　　　　　　　　　变量的描述性统计

变量	观测值	平均数	中位数	标准差	最小值	最大值
Lnmc	420	- 6.35	- 6.26	2.07	- 11.61	- 1.29
Lnqj	420	- 2.73	- 3.07	2.37	- 8.74	3.30
lncc	420	3.25	3.44	1.94	- 2.30	8.47
Lnipr	420	- 0.50	- 0.40	1.61	- 4.41	3.62
Lnrd	420	- 1.14	- 0.97	0.96	- 4.53	1.98
Lncb	420	- 3.66	- 3.52	0.82	- 6.78	- 2.13

　　（二）末端处理估计结果与分析

　　表 7 - 5 第二列基本模型（7 - 9）的估计结果显示，除了滞后一期的末端处理对本期的末端处理在 1% 的显著性水平存在显著促进外，

创新补贴、知识产权保护与同期的研发资本对末端处理工业创新的影响都不显著。表明我国工业部门各行业的污染排放强度存在一定的惯性，路径依赖特点明显。知识产权保护水平的提高有利于促进高技术含量的根本性创新，末端处理属于减污技术，本质上是渐进性工艺创新，对知识产权保护强度变化的反应并不敏感。但其正向的弹性系数表明，知识产权保护的提高增加了工业行业的污染排放强度，即对末端处理工艺创新具有抑制效果。可能的原因在于，加强知识产权保护，使企业很难低成本或无成本地获得减污技术，企业便选择更高的污染排放来抵消更高的减污技术成本。政府的创新补贴与知识产权保护相似，同样对工业行业的污染排放强度影响不显著，存在正向的弹性系数。可能的原因在于，在环境管制较松时，企业的边际排污成本低于政府的创新补贴，企业最终选择更多的污染排放。以上分析表明，我国的创新支持政策虽然对工业行业的末端处理工业创新影响不显著，但却存在一定的抑制性。滞后一期与同期的研发资本对工业行业的污染排放强度都具有负向影响，滞后一期的影响系数大于同期，在10%显著性水平显著，同期的负向影响不显著。结果表明，研发资本的增加有利于工业行业降低污染排放强度，促进末端处理工业创新，并且存在一定的时滞效应。[①]

表 7 - 5 　　　　　　　　　末端处理 - mc 估计结果

参数	模型 （7 - 9）	模型 （7 - 10）	模型 （7 - 11）
$mc_{i, t-1}$	0.69 ***	0.70 ***	0.69 ***
	(0.19)	(0.15)	(0.15)
cb	0.05	0.02	0.04
	(0.14)	(0.17)	(0.14)
ipr	0.09	- 0.02	0.09
	(0.12)	(0.34)	(0.09)
ipr^2			- 0.01
			(0.02)

---

① Lnmc 与 Lnqj 的数值越小，末端处理与清洁技术创新性越强；反之亦然。

续表

参数	模型（7-9）	模型（7-10）	模型（7-11）
rd	-0.01	-0.06*	-0.02
	(0.13)	(0.09)	(0.12)
$rd_{i,t-1}$	-0.07*	-0.12	-0.06*
	(0.07)	(0.12)	(0.09)
cb × rd		0.00	
		(0.20)	
ipr × rd		0.02*	
		(0.06)	
ipr × cb		0.06	
		(0.08)	
AR（1）	0.04	0.05	0.07
AR（2）	0.96	0.96	0.96
Sargan 检验	1.00	1.00	1.00
工具变量滞后阶数	[2 3]	[2 4]	[2 4]
工具变量数	116	109	107
样本截面数	35	35	35
观察值	350	350	350

注：***、**、*分别表示在1%、5%、10%显著性水平下显著；（）内为标准差。AR（1）、AR（2）、Sargan 检验报告了 p 值；因模型含有滞后期，估计时观察值小于相应的样本数。下同。

表7-5第三列交互模型（7-10）与第四列非线性模型（7-11）的估计结果显示，末端处理工艺创新的滞后一期与模型（1）类似，对本期的污染排放强度存在显著的正向影响，其系数大小基本稳定在0.70左右。创新补贴在两个模型中对末端处理工艺创新同样具有不显著的抑制作用，知识产权保护在两个模型中的作用也不显著，但在交互模型中的系数为负，系数绝对值小于基本模型与非线性模型，显现出对末端处理工艺创新较微弱的促进效应。研发资本不管是滞后一期还是本期，在模型（7-10）和模型（7-11）中的系数都为负，同样呈现出对末端处理减排技术的正向促进作用，在加入与知识产权保护和创新补贴后，增强了本期研发资本对减排技术的促进效

应，其系数绝对值大于基本模型与非线性模型，并且作用较为显著。同期研发资本在非线性模型（7-11）中对末端处理工艺创新显示出较显著的正向影响。交互模型（7-10）中，创新补贴与知识产权保护通过研发资本对减排技术的影响系数分别为0.00和0.02，由于创新补贴与知识产权保护对末端处理主效应的影响系数分别为正值与负值，意味着创新补贴通过研发资本对减排技术的影响系数为正，即存在不明显的抑制作用；而知识产权保护通过研发资本对减排技术创新的影响系数为负，从而存在较明显的正向促进作用，其大小为0.02。非线性模型（7-11）中，知识产权保护平方项的系数为-0.01，表明知识产权保护水平的确与末端处理技术创新存在"U"形曲线关系，一次项的系数为0.09，暗示知识产权保护对工业行业的末端减排工艺创新影响处于拐点之前，具有反向作用，但这种效应非常微弱，而且极其不显著。其缘由很大程度上在于知识产权保护水平与技术创新程度较低的末端减排工艺不相匹配，边际减排成本大于排污成本所致。知识产权保护与政府创新补贴交互项的系数呈现出不显著的正值，意味着创新支持的两种政策相互补充，对末端处理工艺创新具有互相强化的作用。

（三）清洁技术估计结果与分析

表7-6第二列基本模型（7-9）的估计结果显示，除了创新补贴与同期的研发资本对清洁技术创新的影响不显著外，滞后一期的清洁技术工艺创新、知识产权保护水平、滞后一期的研发资本分别在1%、5%与10%的显著性水平下显著。表明我国工业部门各行业的污染产生强度存在一定的惯性，路径依赖特点明显。知识产权保护对清洁技术创新的回归方向一致，系数大小为0.07，说明知识产权保护水平的提高会增加工业行业的污染产生强度，对清洁技术创新具有抑制作用。可能的原因在于清洁技术创新虽然相比末端处理工艺技术水平有所提高，但仍然属于渐进性创新，随着知识产权保护强度的提高，企业获得清洁技术的成本随之快速增加，从而抹平甚至降低企业的利润，于是仍然选择传统的生产方式。政府的创新补贴对工业行业的污染产生强度影响仍不显著，但与末端处理工业不同，具有负值的弹性

系数，意味着政府的创新补贴对于从事清洁技术创新的企业的投入成本起到了有益的补充。研发资本投入的同期影响效果仍未发挥出来，但滞后一期的研发资本投入对清洁技术创新的系数显著为负，说明两者存在显著的促进效应，反映了研发资本效应的发挥具有一定的时滞性。

表7-6　　　　　　　　　清洁技术 - qj 估计结果

参数	模型（7-9）	模型（7-10）	模型（7-11）
$qj_{i,t-1}$	0.75 ***	0.74 ***	0.77 ***
	(0.16)	(0.15)	(0.15)
cb	-0.04	-0.06	-0.03
	(0.08)	(0.13)	(0.13)
ipr	0.07 **	-0.14	0.06 **
	(0.04)	(0.19)	(0.05)
ipr^2			-0.02 *
			(0.02)
rd	0.15	0.70	0.18
	(0.10)	(0.19)	(0.12)
$rd_{i,t-1}$	-0.08 *	-0.08 *	-0.03 *
	(0.09)	(0.07)	(0.09)
cb × rd		0.12	
		(0.17)	
ipr × rd		0.05 *	
		(0.08)	
ipr × cb		-0.07 *	
		(0.06)	
AR（1）	0.03	0.03	0.05
AR（2）	0.94	0.94	0.96
Sargan 检验	1.00	1.00	1.00
工具变量滞后阶数	[2 4]	[2 4]	[2 4]
工具变量数	106	109	107
样本截面数	35	35	35
观察值	350	350	350

表7-6第三列交互模型（7-10）与第四列非线性模型（7-11）的估计结果显示，清洁技术创新的滞后一期与模型（7-9）类似，对本期的污染产生强度存在显著的正向影响，其系数均值为0.75。创新补贴与模型（7-9）相似，在两个模型中影响仍不显著，但估计系数为负，暗含对清洁技术创新会产生一定的促进作用。知识产权保护在两个模型中的作用不同，在交互模型中的系数为负，在非线性模型中与基本模型相同，系数为正。但交互模型中的系数虽不显著，其绝对值却大于基本模型与非线性模型，暗示了知识产权保护在其他变量的共同交互作用下，对清洁技术创新起到了正向促进效应。研发资本对清洁技术创新的影响效果在模型（7-10）和模型（7-11）中类似于模型（7-9），同期影响效果仍未发挥，滞后一期存在显著的促进效应。交互模型（7-10）中，创新补贴与知识产权保护通过研发资本对清洁技术的影响系数分别为0.12和0.05，由于创新补贴与知识产权保护对清洁技术主效应的影响系数均为负值，意味着创新补贴与知识产权保护通过研发资本对清洁技术的影响系数为负，能够降低工业行业的污染产生强度，对促进清洁技术创新产生一定的助推作用，且知识产权保护的影响相比政府补贴更为明显；非线性模型（7-11）中，知识产权保护平方项的系数为-0.02，表明知识产权保护与清洁技术创新之间存在"U"形关系，一次项的系数为0.06，暗示知识产权保护对大部分工业行业的清洁技术创新影响仍处于拐点之前，存在一定的反向作用，意味着我国工业行业整体绿色技术水平还较低，强化知识产权保护水平不利于清洁技术的发展。知识产权保护与政府创新补贴交互项的系数为-0.07，显示出较显著的负值，意味着创新支持的两种政策相互抵制，对清洁技术创新具有排斥的作用。

（四）绿色产品创新估计结果与分析

表7-7第二列基本模型（7-9）的估计结果显示，滞后一期的绿色产品创新、创新补贴、知识产权保护、研发资本与滞后一期研发资本对绿色产品创新的影响分别在1%、10%、10%、10%和1%显著性水平下显著。表明我国工业行业的绿色产品创新具有显著的路径

依赖特性，影响大小均值为 0.89，高于末端处理与清洁技术工艺创新，表明绿色技术创新程度越高，对技术存量的依存性越强。知识产权保护对绿色产品创新的估计系数为 0.04，在 10% 显著性水平下显著，说明知识产权保护水平的提高会增加单位工业能耗的新产品销售收入，促进工业行业绿色产品创新。表明更高保护强度的知识产权有助于企业获得更多的垄断利润，促进企业进行根本性的绿色技术创新。政府的创新补贴对工业行业单位能耗的新产品销售收入开始呈现出较显著的正向影响，表明创新补贴有助于促进工业部门从事绿色产品创新。研发资本投入无论滞后一期还是本期，对绿色产品创新都存在较显著的正向影响，有力地促进了绿色产品创新，相比本期，滞后一期的效应表现得更为突出。

表 7 - 7　　　　　　　　　　绿色产品创新 - cc 估计结果

参数	模型（7 - 9）	模型（7 - 10）	模型（7 - 11）
$cc_{i,t-1}$	0.88 *** (0.09)	0.89 *** (0.10)	0.91 *** (0.08)
cb	0.08 * (0.05)	0.13 (0.14)	0.08 * (0.07)
ipr	0.04 * (0.03)	0.04 * (0.19)	0.03 ** (0.03)
ipr^2			- 0.01 ** (0.02)
rd	0.02 * (0.08)	0.03 * (0.08)	0.02 ** (0.07)
$rd_{i,t-1}$	0.02 *** (0.04)	0.07 *** (0.03)	0.02 ** (0.06)
cb × rd		0.03 * (0.10)	
ipr × rd		0.07 ** (0.03)	
ipr × cb		0.01 * (0.05)	

参数	模型（7-9）	模型（7-10）	模型（7-11）
AR（1）	0.00	0.00	0.028
AR（2）	0.91	0.89	0.63
Sargan 检验	1.00	1.00	1.00
工具变量滞后阶数	［4 2］	［4 3］	［4 2］
工具变量数	110	131	111
样本截面数	35	35	35
观察值	385	385	385

表7-7第三列交互模型（7-10）与第四列非线性模型（7-11）的估计结果显示，绿色产品创新的滞后一期与模型（7-9）类似，对本期的绿色产品创新存在非常显著的正向影响，其系数均值为0.89。创新补贴与模型（7-9）中的估计系数方向一致，显示出对绿色产品创新的正向促进作用，但在交互模型（7-10）中的影响并不显著，10%的显著性水平下在非线性模型（7-11）中影响较为明显，而影响系数较小。知识产权保护在两个模型中的影响效果类似，对绿色产品创新都起到了较为显著的正向推动作用，作用大小分别为0.04与0.03。可以看出，在其他变量对知识产权保护的间接影响下，交互效应的知识产权保护系数略大于其他两个模型。研发资本对绿色产品创新的影响效果在模型（7-10）和模型（7-11）中类似于模型（7-9），无论是同期还是滞后一期都具有较显著的促进效应，滞后一期的促进效应更为突出。交互模型（7-10）中，创新补贴与知识产权保护通过研发资本对绿色产品创新的影响系数分别为0.03和0.07，因创新补贴与知识产权保护对绿色产品创新主效应的影响系数均为正值，意味着创新补贴与知识产权保护通过研发资本对绿色产品创新的影响系数也为正值，能够增加单位工业能耗的新产品销售收入，对促进绿色产品创新存在一定的推动作用，并且知识产权保护的影响较创新补贴更为明显。非线性模型（7-11）中，知识产权保护平方项的系数为-0.01，表明知识产权保护对绿色产品创新存在倒"U"形的

非线性关系，一次项的系数为 0.03，在 5% 的显著性水平下显著，表明知识产权保护对工业部门绿色产品创新的影响处于拐点之前，存在正向的促进作用，意味着我国工业部门的知识产权保护水平适宜行业的绿色产品创新，强化知识产权保护有利于更高绿色技术水平的创新发展。知识产权保护与政府创新补贴交互项的系数为 0.01，显现出较显著的正值，意味着创新支持的两种政策相互补充，对绿色产品创新具有正向强化的作用。

第三节　环境规制、创新支持与绿色技术创新

一　研究设计

绝大部分学者围绕"波特假说"从理论与实践证明了环境规制对于绿色技术创新具有正向的推动作用，本章第一节通过实证分析验证了环境规制对我国工业部门各行业绿色技术创新具有促进作用。毫无疑问，创新政策对绿色技术创新的影响作用也是部分学者研究的热点。已有研究大部分从政府的创新补贴、税收优惠展开，少数研究也开始考虑知识产权保护的绿色技术创新效果，但仅局限于理论分析与定性描述，对于知识产权保护对绿色技术创新作用的实证研究还非常少有。本章第二节从创新支持政策视角，分别考虑政府创新补贴与知识产权保护，实证检验对我国绿色技术创新的作用效果。结果表明：政府的创新补贴与知识产权保护对我国工业行业末端处理、清洁技术与绿色产品创新三种绿色技术创新存在不同的作用机制与影响效果。

丁伯根法则启示我们，要实现绿色发展与技术创新的双重目标，就必须兼顾环境规制与创新支持政策。为此，本节在前两节分别研究环境规制与创新支持对绿色技术创新影响的基础上，结合环境规制与创新支持，实证检验二者的交互耦合对绿色技术创新的综合影响。相比创新支持，我国环境规制法律政策历史更为久远、政策制度体系更为健全，政策执行强度与力度更为有力。创新支持政策还处于不断健

全、完善与快速发展阶段，特别是保护绿色产权的绿色专利制度还处于起步研究阶段。因此，环境规制对绿色技术创新具有核心作用，创新支持作为外生力量，通过与环境规制的合力，调节环境规制与绿色技术创新的作用方向与大小。

为了从总体上确定创新支持对环境规制与绿色技术创新的调节作用，本节首先利用 MPLUS 软件，通过构建潜变量调节模型实证检验环境规制与创新支持政策的交互作用对绿色技术创新的影响。为进一步探讨不同的环境规制与创新支持政策对各类绿色技术创新的影响，分别建立环境规制、创新支持与绿色技术创新的显变量交互效应方程模型，再利用 STATA 软件实证检验各自效应大小。结合前文的研究，环境规制与创新支持各包含两个变量，分别为直接规制、市场激励与政府创新补贴、知识产权保护。绿色技术创新包含三个变量，分别为末端处理、清洁技术与绿色产品创新。把环境规制、创新支持与绿色技术创新分别作为外生与内生潜变量，各变量的测度指标作为观测变量，可构建含有一个调节变量的潜变量结构方程模型。根据显变量各指标，可建立 $3 \times 4 = 12$ 个交互效应基本模型。

二 潜变量调节模型

(一) 调节效应分析

调节效应分析是社会科学研究向精准化发展的重要途径。如果自变量 X 与因变量 Y 之间的关系程度受第三方变量 W 的影响，则称 W 为调节变量，含有调节变量的模型见图 7-8。根据模型图可写出式（7-12），从而推出潜变量调节模型的函数关系式（7-13），W 固定

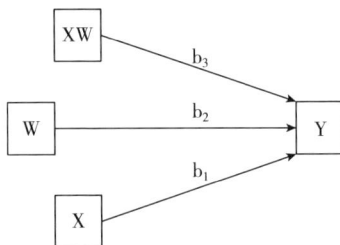

图 7-8 潜在交互效应

时，这是 Y 对 X 的线性回归。Y 与 X 的关系大小由回归系数（$b_1 + b_3W$）来体现，它是 W 的线性函数，b_3 衡量了调节效应的大小。模型的 MPLUS 代码呈现在图 7 – 9 中。

$$Y = b_0 + b_1X + b_2W + b_3XW \tag{7 – 12}$$

$$Y = (b_0 + b_2W) + (b_1 + b_3W)X \tag{7 – 13}$$

```
DEFINE:
    XW = X*W;
ANALYSIS:
    TYPE = GENERAL;
    ESTIMATOR = ML;
    BOOTSTRAP = 10000;
MODEL:
    [Y] (b₀);
    Y ON X (b₁);
    Y ON W (b₂);
    Y ON XW (b₃);
MODEL CONSTRAINT:
    NEW (LOW_W MED_W HIGH_W SIMP_LO SIMP_MED SIMP_HI);
    LOW_W = #LOWW;
    MED_W = #MEDW;
    HIGH_W = #HIGHW;
    SIMP_LO = b₁ + b₃*LOW_W;
    SIMP_MED = b₁ + b₃*MED_W;
    SIMP_HI = b₁ + b₃*HIGH_W;
    PLOT (LOMOD MEDMOD HIMOD);
    LOOP(XVAL,1,5,0.1);
    LOMOD = (b₀+ b₂*LOW_W) + (b₁ + b₃*LOW_W) *XVAL;
    MEDMOD = (b₀+ b₂*MED_W) + (b₁ + b₃*MED_W) *XVAL;
    HIMOD = (b₀+ b₂*HIGH_W) + (b₁ + b₃*HIGH_W) *XVAL;
PLOT:
    TYPE = plot2;
OUTPUT:
    STAND CINT (bcbootstrap);
```

图 7 – 9 潜变量调节模型 MPLUS 代码

（二）潜调节结构方程（LMS）

构建潜变量调节模型时，涉及外生潜变量的交互效应，交互效应潜变量的指标采用外生潜变量的配对相乘后的乘积项，这种方法称为乘积指标法。但是在潜变量模型中构建交互项不同于回归模型，存在生成交互潜变量的不同策略（Marsh, Wen and Hau, 2004；温忠麟、吴艳，2010），不同指标乘积策略下参数估计的结果差异明显。乘积指标法只有在正态分布假设下，显著性检验结果与置信区间才能确保其有效性（Moosbrugger, Schermelleh. E. K, 2003；Klein and Moosbruger, 2000）。

潜调节结构方程法（LMS）解决了乘积指标法所面临的乘积指标生成问题，也避免因乘积项非正态产生的估计偏差问题（Keleva et al., 2011；温忠麟等，2012）。LMS 无法提供模型拟合指数，采用信息指数 AIC 和 BIC 进行模型比较，目前只能在 MPLUS 中执行，且 MPLUS7.0 及以下版本中 LMS 不提供标准化结果。据此，图 7 - 10 具体给出了本书使用的 LMS 调节效应的 MPLUS 代码，其中：hg 表示环境规制，hg1 为直接管制、hg2 为市场激励；cz 表示创新支持，cz1 为政府创新补贴、cz2 为知识产权保护；ci 表示绿色技术创新，ci1 为末端处理、ci2 为清洁技术、ci3 为绿色产品创新。

```
TITLE: this is a SEM with latent   moderation model using LMS;
DATA: FILE IS 1.dat;

VARIABLE:   NAMES ARE id year hg1-hg2 cz1-cz2 ci1-ci3;
            Usevariables = hg1-hg2 cz1-cz2 ci1-ci3;
ANALYSIS:   TYPE = RANDOM;
            ALGORITHM = INTEGRATION;
            PROCESSOR = 2;
MODEL:
            hg   by   hg1-hg2;
            cz   by   cz1-cz2;
            ci   by   ci1-ci3;
            hg@ cz@ ci@1;

            ci on hg cz;
            int | hg XWITH cz;
            ci on int;

OUTPUT: tech1 tech8;
```

图 7 - 10   LMS 调节效应的 MPLUS 代码

（三）实证检验与结果

根据构建的含有单个调节变量的潜变量结构方程模型：hg－－cz－－hg × cz－－ci，运行 LMS 调节效应的 MPLUS 程序后收敛效果较好，估计结果如表 7 - 8 所示。

表 7 - 8　　　　　LMS 调节效应的 MPLUS 程序运行结果

MODEL FIT INFORMATION/Information Criteria			MODEL RESULTS		
Akaike（AIC）	Bayesian（BIC）	Sample - Size Adjusted BIC ［n* =（n + 2）/24］	CI　ON　HG		0.88（0.01）
			CI　ON　CZ		0.11（0.01）
4172.75	4261.63	4191.82	CI　ON　INT		4.56（0.00）

表 7 - 8 由两部分构成，第一部分反映模型的拟合信息结果，由于 LMS 不提供模型拟合指数，对于不同的模型比较只可使用信息指数 AIC 和 BIC，因此这部分报告了模型的三个信息指数 AIC、BIC 与调整 BIC。由于 MPLUS7.0 及以下版本中 LMS 不提供标准化结果，表 7 - 8 的第二部分报告了一般的估计结果。

由第一部分拟合信息结果可知，模型的 AIC 和 BIC 值分别为 4172.75 与 4261.63，拟合效果较好。从第二部分模型回归结果可以看出，绿色技术创新 ci 与环境规制 hg、创新支持 cz 和交互项 int 的三个回归系数的 P 值均小于 0.01，结果非常显著。图 7 - 11 呈现了模型的调节效应路径图，可以看出，环境规制 hg 与绿色技术创新 ci 的路径系数为 0.88，表明环境规制对绿色技术创新具有强劲的推动作用，其作用大小为 0.88。创新支持 cz 对绿色技术创新 ci 也存在一定的促进，其作用力度较小，为 0.11。而创新支持 cz 与环境规制 hg 的交互效应 int 对绿色技术创新 ci 却存在显著的正向影响，大小为 4.56，意味着创新支持与环境规制两种政策存在相互协调与互补，创新支持在环境规制对绿色技术创新的促进中起到了明显的推波助澜作用。

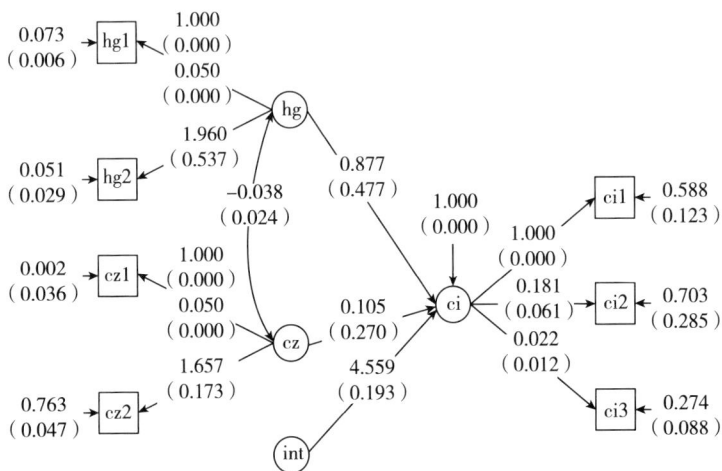

图 7 - 11　潜变量调节效应路径

三　显变量交互效应模型

MPLUS 软件在潜变量结构方程模型中有优异的表现，但在显变量调节模型中，存在诸多弊端。为了研究环境规制与创新支持所包含的每一个具体变量直接管制、市场激励与创新补贴、知识产权保护对不同创新程度的绿色技术创新——末端处理、清洁技术与绿色产品创新的不同调节效应，故采用 STATA12.0 软件对其进行实证检验。根据环境规制、创新支持与末端处理、清洁技术和绿色产品创新各变量的不同组合，可得出 3 组分别含有 4 个主效应总共 12 个交互效应基本模型，如表 7 - 9 所示。

表 7 - 9　　　　　　　　　　　交互效应基本模型

主效应	末端处理 - mc	清洁技术 - qj	绿色产品创新 - cc
zg	mc - zg - zg * sj - zg *	qj - zg - zg * sj - zg *	cc - zg - zg * sj - zg *
主效应	cb - zg * ipr	cb - zg * ipr	cb - zg * ipr
sj	mc - sj - sj * zg - sj *	qj - sj - sj * zg -	cc - sj - sj * zg - sj *
主效应	cb - sj * ipr	sj * cb - sj * ipr	cb - sj * ipr

续表

主效应	末端处理 - mc	清洁技术 - qj	绿色产品创新 - cc
cb 主效应	mc - cb - cb * zg - cb * sj - cb * ipr	qj - cb - cb * zg - cb * sj - cb * ipr	cc - cb - cb * zg - cb * sj - cb * ipr
ipr 主效应	mc - ipr - ipr * zg - ipr * sj - ipr * cb	qj - ipr - ipr * zg - ipr * sj - ipr * cb	cc - ipr - ipr * zg - ipr * sj - ipr * cb

（一）实证检验

1. 面板数据单位根与协整检验

面板数据的变量之间可能会存在截距问题而导致非平稳。通过单位根检验与协整检验可以判断面板数据时间序列是否非平稳，以避免伪回归。为避免因变量不平稳引起的参数估计偏差，先要对每个变量进行平稳性检验。面板数据的平稳性检验包含：相同单位根的 Breitung（Breitung，2000）检验和 LLC（Levin、Lin and Chu，2002）检验，个体具有单位根的 IPS（Im、Pesaran and Shin，2003）检验、Fisher - ADF（Choi，2001）检验与 PP（Phillips and Perron，1988）检验，本书具体报告了采用 LLC 检验考察各变量是否平稳的检验结果，如表 7 - 10 所示。

表 7 - 10　　　　　　　　　LLC 与平稳性检验结果

变量名称	调整 t 值	p 值	是否平稳
LNzg	- 5. 22	0. 00	平稳
LNsj	- 4. 44	0. 00	平稳
LNcb	- 7. 31	0. 00	平稳
LNipr	- 0. 80	0. 21	不平稳
D. LNipr	- 7. 53	0. 00	平稳
LNmc	- 5. 50	0. 00	平稳
LNqj	- 5. 87	0. 00	平稳
LNcc	- 7. 80	0. 00	平稳

由表 7 - 10 可以看出，所有变量的 p 值均在 1% 的显著性水平下

表现显著，因此拒绝含有单位根的原假设，全部变量都平稳，不存在伪回归。

2. 面板模型的 Hausman 检验

面板数据模型存在混合效应或个体效应。混合效应模型同时含有固定效应和随机效应，而个体效应模型区分个体固定与随机效应。混合效应模型中回归系数 α 和 β 均相同，而个体固定效应模型 α_{it} 是与 X_{it} 相关的随机变量；个体随机效应模型中 α_{it} 虽然也为随机变量，但其变化却与 X_{it} 无关。本书先对各模型进行 F 检验，以判断模型存在混合效应还是个体效应。结果显示各模型对应的 F 统计量的 P 值均为 0，从而断定模型存在个体效应，进而再对各模型进行 Hausman 检验，以确定模型存在个体固定效应还是随机效应。为减少异方差，对所有变量取自然对数 LN，Hausman 检验结果见表 7 – 11。

表 7 – 11　　　　　　　　Hausman 检验结果

主效应	mc			qj			cc		
	χ^2 值	P 值	检验结果	χ^2 值	P 值	检验结果	χ^2 值	P 值	检验结果
zg 主效应	70.80	0.00	固定效应	77.97	0.00	固定效应	18.84	0.00	固定效应
sj 主效应	70.80	0.00	固定效应	77.97	0.00	固定效应	18.84	0.00	固定效应
cb 主效应	70.80	0.00	固定效应	77.97	0.00	固定效应	18.84	0.00	固定效应
ipr 主效应	70.80	0.00	固定效应	77.97	0.00	固定效应	18.84	0.00	固定效应

由表 7 – 11 可知，末端处理 – mc、清洁技术 – qj 与绿色产品创新 – cc 对应 Hausman 检验的 χ^2 统计量的 P 值分别为 0.00、0.00 与 0.00，均小于 0.01，从而强烈拒绝 α_{it} 与解释变量不相关的原假设，所有模型均存在固定效应。

（二）实证结果

以直接管制、市场激励、创新补贴与知识产权保护分别作为主效应，各变量指标间的交互对不同绿色技术创新程度的末端处理、清洁技术、绿色产品创新影响的模型估计结果如表 7 – 12 至表 7 – 14 所示。

1. 对末端处理结果的影响

表7－12报告了环境规制与创新支持的不同变量之间分别交互对末端处理的作用效果。第二列展示了以环境规制中的直接管制 zg 作为核心解释变量的主效应。可以发现，zg 在1%显著性水平对末端处理具有非常明显的促进作用，大小为－0.55[①]；直接管制与市场激励、创新补贴、知识产权保护交互项分别在5%、10%与1%的显著性水平下显著，表明市场激励与创新补贴对直接管制与末端处理之间的促进作用起到了负向的强化，市场激励的负强化作用为0.09，略大于政府创新补贴0.08；知识产权保护对直接管制与末端处理之间存在的正向影响具有显著的正向促进作用，其力度大小为0.57。

表7－12　　　　　　　末端处理－Lnmc 回归结果

参数	zg 主效应	sj 主效应	cb 主效应	ipr 主效应
cons	－ 5.53 *** (0.00)	－ 5.53 *** (0.00)	－ 5.53 *** (0.00)	－ 5.529 *** (0.000)
Lnzg	－ 0.55 *** (0.00)			
Lnsj		0.43 *** (0.00)		
Lncb			0.41 *** (0.00)	
Lnipr				－ 0.887 *** (0.000)
Lnzg × sj	－ 0.09 ** (0.04)			
Lnzg × cb	－ 0.08 * (0.08)			
Lnzg × ipr	0.57 *** (0.00)			

① Lnmc 的数值与末端处理技术创新成反比，数值越小，末端处理技术创新性越强；反之亦然。

续表

参数	zg 主效应	sj 主效应	cb 主效应	ipr 主效应
Lnsj * zg		0.15 *** (0.00)		
Lnsj * cb		0.08 * (0.08)		
Lnsj * ipr		− 0.57 *** (0.00)		
Lncb * zg			0.15 *** (0.00)	
Lncb * sj			0.09 ** (0.04)	
Lncb * ipr			− 0.57 *** (0.00)	
Lnipr * zg				0.15 *** (0.00)
Lnipr * sj				0.09 ** (0.04)
Lnipr * cb				0.08 * (0.08)
R^2	0.57	0.57	0.57	0.57
F 值	21.68	21.68	21.68	21.68
模型类型	固定效应	固定效应	固定效应	固定效应

注：*** 、** 、* 分别表示在1%、5%、10%显著性水平下显著，括号内的值表示 $P > |z|$ 统计量。

表7-12第三列展示了以环境规制中的市场激励 sj 作为核心解释变量的主效应。可以看出，sj 在1%显著性水平对末端处理具有非常明显的抑制作用，大小为0.43；市场激励与直接管制、创新补贴、知识产权保护水平的交互项分别在1%、10%及1%显著性水平下显著，表明直接管制、创新补贴与知识产权保护强化了市场激励对末端处理的影响，直接管制与创新补贴具有负向强化的作用，而知识产权保护

起到了正向促进的作用。直接管制的负强化大小为0.09，略大于政府创新补贴0.08，知识产权保护的正向推动力度为0.57。

表7-12第四列与第五列给出了以政府创新支持中的创新补贴与知识产权保护作为核心解释变量的主效应。从中可以看出，创新补贴在1%显著性水平对末端处理起到了非常显著的反向抑制作用，大小为0.41，知识产权保护在1%显著性水平对末端处理则起到了非常显著的正向推动作用，大小为0.89。直接管制对创新补贴与末端处理之间的负向影响具有反向强化作用，大小与sj主效应中的影响效果同为0.15。ipr主效应中，虽然直接管制对知识产权保护与末端处理之间的正向作用关系仍为0.15，但由于知识产权保护对末端处理的主效应为正向，意味着直接管制正向强化了知识产权保护对末端处理的正向作用，增强了对末端处理技术的促进。类似于直接管制，市场激励对创新补贴与末端处理间的抑制同样产生负向强化，而对知识产权保护与末端处理间存在正向促进；在cb主效应中，知识产权保护对创新补贴与末端处理间的负向影响具有正向作用，而在ipr主效应中，创新补贴对知识产权保护与末端处理间的正向关系产生正强化。

2. 对清洁生产技术创新的影响

表7-13呈现了环境规制与创新支持的不同变量之间分别交互对清洁技术的影响效果。第二列展示了以环境规制中的直接管制zg作为核心解释变量的主效应。可以发现，zg在1%显著性水平对清洁技术具有非常明显的抑制作用，大小为0.56[①]；直接管制与市场激励、创新补贴的交互项的估计系数非常小，且表现不显著。表明市场激励与创新补贴对直接管制与清洁技术之间的抑制作用几乎无影响。直接管制与知识产权保护的交互项在1%显著性水平为负，大小为-0.37，表明知识产权保护对直接管制与清洁技术之间存在的负向影响具有显著的正向促进作用。

表7-13第三列展示了以环境规制中的市场激励sj作为核心解释变量的主效应。可以看出，sj在1%显著性水平对清洁技术具有非常

---

① Lnqj的数值与清洁技术创新成反比，数值越小，清洁技术创新性越强；反之亦然。

明显的促进作用，大小为 0.19；市场激励与直接管制、知识产权保护交互项分别显现 1% 显著性水平，意味着直接管制与知识产权保护强化了市场激励对清洁技术的影响，直接管制与创新补贴具有正向强化的作用，而知识产权保护起到了负向抑制的作用。直接管制的正强化大小为 0.19，知识产权保护的负向抑制力度为 0.37。创新补贴则对市场激励与清洁技术之间的正向关系影响不显著。

表 7 − 13 清洁技术 − Lnqj 回归结果

参数	zg 主效应	sj 主效应	cb 主效应	ipr 主效应
cons	− 2.40 *** (0.00)	− 2.40 *** (0.00)	− 2.40 *** (0.00)	− 2.40 *** (0.00)
Lnzg	0.56 *** (0.00)			
Lnsj		− 0.19 *** (0.01)		
Lncb			0.19 *** (0.00)	
Lnipr				− 0.56 *** (0.00)
Lnzg × sj	− 0.00 (0.96)			
Lnzg × cb	0.00 (0.98)			
Lnzg × ipr	− 0.37 *** (0.00)			
Lnsj × zg		− 0.19 *** (0.00)		
Lnsj × cb		− 0.00 (0.98)		
Lnsj × ipr		0.37 *** (0.00)		

续表

参数	zg 主效应	sj 主效应	cb 主效应	ipr 主效应
Lncb × zg			0.19 ***	
			(0.00)	
Lncb × sj			− 0.00	
			(0.96)	
Lncb × ipr			− 0.37 ***	
			(0.00)	
Lnipr × zg				0.19 ***
				(0.00)
Lnipr × sj				− 0.00
				(0.96)
Lnipr × cb				0.00
				(0.98)
R²	0.48	0.48	0.48	0.48
F 值	75.63	75.63	75.63	75.63
模型类型	固定效应	固定效应	固定效应	固定效应

注：＊＊＊、＊＊、＊分别表示在1%、5%、10%显著性水平下显著，括号内的值表示 P > | z| 统计量。下同。

表 7 - 13 第四列与第五列给出了以政府创新支持中的创新补贴与知识产权保护作为核心解释变量的主效应。从中可以看出，创新补贴在 1% 显著性水平对清洁技术起到了非常显著的负向抑制作用，大小为 0.19，知识产权保护在 1% 显著性水平对清洁技术则起到了非常显著的正向促进作用，大小为 0.56。直接管制对创新补贴与清洁技术之间的负向影响具有负向强化作用，大小与 sj 主效应中的影响效果同为 0.19。ipr 主效应中，虽然直接管制对知识产权保护与清洁技术之间的正向作用关系仍为 0.19，但由于知识产权保护对清洁技术的主效应为正向，意味着直接管制正向强化了知识产权保护对清洁技术的正向作用，增强了对清洁技术的促进。与直接管制不同，市场激励对创新补贴、知识产权保护与清洁技术间的关系影响不显著。类似于知识产

权保护在 zg 与 sj 主效应中的影响，在 cb 主效应中，知识产权保护对创新补贴与清洁技术间的负向影响同样具有显著的正向促进作用；而在 ipr 主效应中，市场激励与创新补贴对知识产权保护与清洁技术间的正向关系未产生显著影响。

3. 对绿色产品创新结果的影响

表 7 - 14 显现了环境规制与创新支持的不同变量之间分别交互对绿色产品创新的间接作用。第二列展示了以环境规制中的直接管制 zg 作为核心解释变量的主效应。可以发现，zg 在 1% 显著性水平对绿色产品创新具有非常明显的抑制作用，大小为 - 0.40；直接管制与市场激励和创新补贴交互项的估计系数均不显著，表明市场激励与创新补贴对直接管制与绿色产品创新之间的抑制效果未产生明显的作用；直接管制与知识产权保护交互项的估计系数在 1% 的显著性水平显著为正，说明知识产权保护对直接管制与绿色产品创新之间存在的负向影响具有显著的负向抑制作用，其力度大小为 0.41。

表 7 - 14 第三列展示了以环境规制中的市场激励 sj 作为核心解释变量的主效应。可以看出，sj 在 1% 显著性水平对绿色产品创新具有非常明显的抑制作用，大小为 - 0.42；直接管制、创新补贴与市场激励交互项的估计系数均不显著，表明直接管制与创新补贴均未对市场激励与绿色产品创新之间的负向抑制关系产生明显作用。知识产权保护交互项的估计系数在 1% 显著性水平为正，大小为 0.41，意味着知识产权保护对市场激励与绿色产品创新之间的负向关系存在明显的抑制作用。

表 7 - 14 第四列与第五列报告了以政府创新支持中的创新补贴与知识产权保护作为核心解释变量的主效应。从中可以看出，创新补贴在 1% 显著性水平对绿色产品创新具有非常显著的反向抑制作用，大小为 - 0.28，知识产权保护在 1% 显著性水平对绿色产品创新则起到了非常显著的正向推动作用，大小为 0.54。直接管制、市场激励对创新补贴与绿色产品创新之间的负向影响没有明显的作用。知识产权保护对创新补贴与绿色产品创新之间的反向作用影响显著为正，类似于 zg 主效应与 sj 主效应，说明知识产权保护对创新补贴与绿色产品创新

之间的负向关系存在明显的抑制作用。ipr 主效应中，直接管制、市场激励与创新补贴交互项的估计系数都不显著，意味着直接管制、市场激励与创新补贴均对知识产权保护与绿色产品创新之间的促进关系不产生影响。

表 7 – 14　　　　　　　绿色产品创新 – Lncc 回归结果

参数	zg 主效应	sj 主效应	cb 主效应	ipr 主效应
cons	2.80 ***	2.80 ***	2.80 ***	2.80 ***
	(0.00)	(0.00)	(0.00)	(0.00)
Lnzg	– 0.40 ***			
	(0.00)			
Lnsj		– 0.42 ***		
		(0.00)		
Lncb			– 0.28 ***	
			(0.00)	
Lnipr				0.54 ***
				(0.00)
Lnzg × sj	– 0.07			
	(0.14)			
Lnzg × cb	– 0.00			
	(0.98)			
Lnzg × ipr	0.41 ***			
	(0.00)			
Lnsj × zg		– 0.06		
		(0.22)		
Lnsj × cb		– 0.00		
		(0.98)		
Lnsj × ipr		0.41		
		(0.00)		
Lncb × zg			– 0.06	
			(0.22)	
Lncb × sj			– 0.07	
			(0.14)	

参数	zg 主效应	sj 主效应	cb 主效应	ipr 主效应
Lncb × ipr			0.41 ***	
			(0.00)	
Lnipr × zg				− 0.06
				(0.22)
Lnipr × sj				− 0.07
				(0.14)
Lnipr × cb				− 0.00
				(0.98)
R^2	0.36	0.36	0.36	0.36
F 值	31.72	31.72	31.72	31.72
模型类型	固定效应	固定效应	固定效应	固定效应

注：***、**、*分别表示在1%、5%、10%显著性水平下显著，括号内的值表示 $P > |z|$ 统计量。

第四节　实证结果小结

一　环境规制对绿色技术创新的影响

为验证环境规制对我国工业行业是否存在以及存在怎样的绿色技术创新效应，本章第一小节首先通过构建2重2步中介假设模型，实证检验环境规制是否通过绿色技术研发中介，进而借助绿色技术扩散最终作用于绿色技术创新；其次通过建立绿色研发与绿色技术扩散阶段的单步3重中介模型，估计分析环境规制分别通过绿色研发阶段的人力资本、物质资本、研发资本，通过绿色技术扩散阶段的技术交易、协同创新与外商直接投资对不同绿色技术创新性的末端处理、清洁技术及绿色产品创新的直接影响、间接影响及总的影响效果。研究结果表明：

第一，2重2步中介模型的检验结果表明，政府对环境规制的直接管制通过绿色研发、借助绿色技术扩散对企业生产的末端排污处理，清洁技术开发与绿色产品产出具有一定的影响。直接管制对末端处理与清洁技术具有直接的促进作用，对绿色产品创新具有直接的抑制作用，绿色产品创新的抑制效果更为明显；直接管制通过绿色研发潜变量对绿色技术创新没有影响，直接管制通过绿色研发、借助绿色技术扩散阶段对不同程度的绿色技术创新的影响效果逐渐减小，作用方向从正向变为负向；直接管制通过绿色技术扩散阶段对不同程度的绿色技术创新存在中介作用，作用方向、大小与绿色技术的创新性直接相关，作用方向由正向逐渐转变为负向，对末端处理的影响为正，对清洁技术与绿色产品创新的间接作用表现为负；综合来看，直接管制对工业行业的绿色技术创新具有较显著的影响，影响的方向与程度取决于绿色技术的创新程度。对末端处理具有正向促进作用，对清洁技术与绿色产品创新具有抑制效应，清洁技术的抑制效果小于绿色产品创新。

第二，环境规制与绿色研发的单步3重中介模型估计结果说明，直接管制对末端处理存在直接的促进作用，对清洁技术与绿色产品创新产生直接的抑制作用，对绿色产品创新的抑制作用高于清洁技术；市场激励则对末端处理、清洁技术具有直接的促进作用，但对清洁技术的促进作用略大于末端处理，对绿色产品创新产生较微弱的直接抑制作用。直接管制通过人力资本对末端处理、清洁技术，绿色产品创新存在间接影响。其中，对末端处理存在较小的促进作用，对清洁技术和绿色产品创新具有一定的抑制作用，对清洁技术的抑制作用更强。市场激励通过人力资本对末端处理、清洁技术与绿色产品创新存在与直接管制相似的间接影响，对末端处理的正向效果不明显，但对绿色产品创新的抑制作用大于清洁技术；直接管制通过物质资本对末端处理与绿色产品创新存在间接的促进作用，对末端处理的促进作用更强，对清洁技术具有一定的负向影响。市场激励通过物质资本对末端处理、清洁技术与绿色产品创新存在间接的促进作用，促进强度由大到小直至消失；直接管制通过研发资本对末端处理存在负向影响，对清洁技术与绿色产品创新具有积极的正向影响。市场激励则通过研发资本对末端处理、清洁技术与绿色产品创新都具有反向抑制作用，抑制大小由强渐弱；直接管制与市场激励对清洁技术与绿色产品创新总的间接效应为负，具有抑制作用，市场激励比直接管制抑制力度更大。而直接管制对末端处理存在积极的正向影响，市场激励则对末端处理存在一定的负向作用；整体来说，直接管制对工业行业的绿色技术创新具有较显著的影响，对末端处理具有积极的推进作用，对清洁技术与绿色产品创新具有一定的抑制效应，绿色产品创新的抑制作用更强。市场激励整体上对工业部门的绿色技术创新同样影响显著，不同于直接管制，对末端处理和清洁技术具有积极的助推作用，清洁技术的促进效果略大于末端处理，对绿色产品创新存在负向的抑制作用。

第三，环境规制与绿色技术扩散的单步 3 重中介模型实证结果表明，直接管制对末端处理与清洁技术存在积极的直接促进作用，而对绿色产品创新具有抑制作用。市场激励则对末端处理具有直接的促进作用，但对清洁技术、绿色产品创新呈现消极的不利影响，对清洁技术的抑制效果高于绿色产品创新；直接管制通过技术交易对末端处理与绿色产品创新具有负向的间接影响，对清洁技术具有积极的促进作用。其中，对末端处理与清洁技术的作用大小相同，对绿色产品创新的抑制作用最大。市场激励通过技术交易对末端处理没有影响，对清洁技术具有较弱的负向抑制作用，对绿色产品创新存在较大的正向间接影响；直接管制通过协同创新对末端处理存在间接的促进作用，而对清洁技术与绿色产品创新存在负向的抑制作用。市场激励通过协同创新对末端处理同样产生推动作用，对清洁技术与绿色产品创新则依然具有间接的抑制作用；直接管制通过外商直接投资对末端处理、清洁技术与绿色产品创新的影响效果与市场激励一致，对末端处理存在积极的促进作用，对清洁技术与绿色产品创新则具有负向的抑制效果。直接管制对不同创新性的绿色技术创新的间接影响都强于市场激励；直接管制与市场激励对末端处理总的间接效应为正，具有较显著的促进作用，直接管制的促进力度大于市场激励，而对清洁技术与绿色产品创新则都存在较强的反向抑制作用，直接管制对清洁技术的抑制作用大于市场激励，而市场激励对绿色产品创新的抑制作用大于直接管制；整体看来，以绿色技术扩散为中介的直接管制对工业行业的绿色技术创新具有较显著的影响，对末端处理具有积极的推进作用，对清洁技术与绿色产品创新具有一定的抑制效应，绿色产品创新的抑制性更大。市场激励整体上对工业部门的绿色技术创新同样影响显著，类似直接管制，对末端处理具有积极的助推作用，但对清洁技术与绿色产品创新存在消极的反向作用，清洁技术的反向作用更强。

综合2步2重与单步3重中介模型的实证结果可以发现，环境规制对工业行业的绿色技术创新不仅存在直接作用，还具有间接的影响，综合直接作用与间接影响，呈现出环境规制对不同创新性绿色技术创新的整体影响效果。

第一，直接的作用表明，在含有绿色技术扩散中介时，直接管制对末端处理与清洁技术具有直接的促进作用，对绿色产品创新具有直接的抑制作用，对绿色产品创新的抑制作用相比促进效果更为明显；在不考虑绿色技术扩散中介时，直接管制仅对末端处理具有促进效果，对清洁技术与绿色产品创新则存在抑制作用。从而表明，我国的直接环境管制有利于促进末端处理绿色技术创新，对于清洁技术绿色技术创新的作用效果取决于绿色技术扩散作用的发挥。绿色技术扩散发挥作用时，有助于推动清洁技术绿色技术创新；反之，绿色技术扩散未能发挥作用时，则阻碍了清洁技术绿色技术创新；市场激励环境规制还未能通过绿色研发中介、进而借助绿色技术扩散中介对工业部门不同行业的绿色技术创新产生一定的影响。不管以绿色研发还是绿色技术扩散为中介，市场激励对末端处理绿色技术创新都呈现出显著的直接促进作用，而对绿色产品创新均具有消极的直接抑制效果。对清洁技术绿色技术创新的影响效果则取决于中介变量。以绿色研发为中介时，对清洁技术具有直接的促进作用，以绿色技术扩散为中介时，对清洁技术产生消极的影响。

第二，间接的影响表明，直接管制通过绿色研发、借助绿色技术扩散阶段对不同创新程度的绿色技术创新的影响效果逐渐减小，整体影响效果较微弱，作用方向从正向变为负向，对末端处理影响为正，清洁技术无影响，绿色产品创新为负。以绿色研发为中介时，直接管制与市场激励对清洁技术与绿色产品创新总的间接效应为负，具有抑制作用，市场激励比直接管制抑制力度更大。而直接管制对末端处理存在间接的积极影响，市场激励则对末端处理存在间接的负向作用。具体而言，直接管制与市场激励通过人力资本对末端处理具有较弱的促进作用，对清洁技术和绿色产品创新具有一定的抑制作用；通过物质资本对末端处理与绿色产品创新存在间接的促进作用，但对清洁技术的作用方式不同，直接管制对清洁技术具有一定的负向影响，市场激励则对清洁技术具有间接的促进作用；通过研发资本对末端处理具有负向影响，而对清洁技术与绿色产品创新影响不同，直接管制对清洁技术与绿色产品创新具有积极的正向影响，市场激励则存在反向抑制作用。以绿色技术扩散为中介时，直接管制对不同创新性的绿色技术创新的间接影响都强于市场激励，直接管制与市场激励对末端处理总的间接效应为正，具有较显著的促进作用，而对清洁技术与绿色产品创新则都存在较强的反向抑制作用。具体而言，直接管制与市场激励通过技术交易对末端处理、清洁技术与绿色产品创新的影响各不相同，直接管制对末端处理具有负向的间接影响，市场激励则无影响。直接管制对清洁技术具有积极的促进作用，市场激励则存在较弱的抑制。直接管制对绿色产品创新具有负向的间接影响，市场激励则存在较强的正向推进；直接管制与市场激励通过协同创新对末端处理存在间接的促进作用，而对清洁技术与绿色产品创新存在负向的抑制作用；直接管制通过外商直接投资对末端处理、清洁技术与绿色产品创新的影响效果与市场激励一致，对末端处理存在积极的促进作用，对清洁技术与绿色产品创新则具有负向的抑制效果。

第三，综合直接作用与间接影响，环境规制借助不同中介对不同创新性绿色技术创新的最终影响效果为：直接管制对工业行业的绿色技术创新具有较显著的影响，对末端处理具有积极的推进作用，对清洁技术与绿色产品创新具有一定的抑制效应，对绿色产品创新的抑制作用更强；市场激励对工业部门的绿色技术创新影响同样显著，对末端处理具有积极的助推作用，对绿色产品创新存在消极的抑制影响。对清洁技术的影响因中介变量不同而有所差异：以绿色研发为中介时，对清洁技术具有积极的推动作用；而以绿色技术扩散为中介时，则呈现出消极的抑制效果。

二 创新支持对绿色技术创新的影响

创新补贴与知识产权保护是影响绿色技术创新最主要的两种创新支持政策。本章第二小节通过构建三个计量模型，采用 SYS - GMM 估计方法实证检验了不同创新支持政策对我国工业部门三种绿色技术创新：末端处理、清洁技术与绿色产品创新的影响方式与效果。实证结果总结如下：

（一）创新支持对末端处理绿色技术创新的影响

滞后一期的末端处理对本期的末端处理工艺创新具有显著的促进效应，研发资本的增加有利于工业行业降低污染排放强度，促进末端处理工艺创新，并且存在一定的时滞效应。创新补贴、知识产权保护对末端处理工艺创新的影响不显著，表明我国工业部门各行业的污染排放强度存在一定的惯性，路径依赖特点明显。末端处理对知识产权保护强度变化的反应并不敏感，但其正向的弹性系数表明，知识产权保护的提高增加了工业行业的污染排放强度，即对末端处理工艺创新具有抑制效果。政府的创新补贴与知识产权保护相似，同样对工业行业的污染排放强度影响不显著，存在正向的弹性系数，对末端处理工艺创新也具有抑制效果。结合创新补贴与知识产权保护的影响分析表明，我国的创新支持政策虽然对工业行业的末端处理工业创新影响不显著，但却存在一定的抑制性；创新补贴通过研发资本对末端处理技术创新的影响系数为正，存在不明显的抑制作用。知识产权保护通过研发资本对末端处理的影响系数为负，存在较明显的促进作用。知识产权保护对末端处理存在"U"形关系，我国目前的知识产权保护水平对工业行业的末端减排工艺技术创新的影响处于"U"形拐点之前，具有反向作用，但这种效应非常微弱且极不显著。知识产权保护与政府创新补贴两种创新支持政策相互补充，对末端处理工艺创新具有互相强化的效应。

（二）创新支持对清洁技术绿色技术创新的影响

创新补贴与同期的研发资本对清洁技术创新的影响不显著，滞后一期的清洁技术工艺创新与研发资本、知识产权保护水平均对清洁技术工艺创新影响显著。表明我国工业部门各行业的污染产生强度存在一定的惯性，路径依赖特点明显。知识产权保护水平的提高会增加工业行业的污染产生强度，对清洁技术创新具有抑制作用。政府的创新补贴对工业行业的污染产生强度影响仍不显著，但与末端处理工业不同，具有负值的弹性系数，意味着政府的创新补贴对于从事清洁技术创新的企业的投入成本起到了有益的补充。研发资本投入的同期影响效果仍未发挥出来，但滞后一期的研发资本投入对清洁技术创新的系数显著为负，说明两者存在显著的促进效应，反映了研发资本效应的发挥具有一定的时滞性。知识产权保护在其他变量的共同交互作用下，对清洁技术创新起到了正向促进效应。研发资本对清洁技术创新的同期影响效果仍未发挥，滞后一期存在显著的促进效应；创新补贴与知识产权保护通过研发资本对清洁技术的回归系数为负，能够降低工业行业的污染产生强度，对促进清洁技术创新产生一定的助推作用，且知识产权保护的影响超过创新补贴。知识产权保护对清洁技术创新存在"U"形关系，一次项的系数为正，暗示了知识产权保护对我国大部分工业行业的清洁技术创新的影响还处于"U"形拐点之前，存在一定的抑制作用，意味着我国工业行业整体绿色技术水平还较低，强化知识产权保护水平不利于清洁技术的发展。政府创新补贴与知识产权保护两种创新支持政策相互抵制，对清洁技术创新产生负向排斥。

（三）创新支持对绿色产品创新的影响

滞后一期的绿色产品创新、创新补贴、知识产权保护、研发资本与滞后一期研发资本对绿色产品创新的影响均十分显著，表明我国工业行业的绿色产品创新具有显著的路径依赖特性，且影响大小高于末端处理与清洁技术工艺创新，说明绿色技术创新程度越高，对技术存量的依存性越强。知识产权保护水平的提高会显著增加单位工业能耗的新产品销售收入，促进工业行业绿色产品创新。政府的创新补贴有助于促进工业部门从事绿色产品创新。研发资本投入无论是滞后一期还是本期，都有力促进了绿色产品创新，滞后一期的促进效应更为突出。在其他变量对知识产权保护的间接影响下，交互效应的知识产权保护系数更大，对绿色产品创新具有更强的促进效应。无论是同期还是滞后一期的研发资本都对绿色产品创新具有较显著的促进效应，滞后一期的促进效应更为突出；创新补贴与知识产权保护通过研发资本对绿色产品创新的影响系数为正值，能够增加单位工业能耗的新产品销售收入，促进绿色产品创新，知识产权保护的影响比创新补贴更为显著。知识产权保护对绿色产品创新存在倒"U"形的非线性关系，一次项的系数为正值，表明知识产权保护对工业部门绿色产品创新的影响处于倒"U"形拐点之前，存在正向的促进作用，意味着我国工业部门的知识产权保护水平适宜行业的绿色产品创新，强化知识产权保护有利于更高绿色技术水平的创新发展。政府创新补贴与知识产权保护两种创新支持政策相互补充，对绿色产品创新存在正向强化。

（四）创新支持对绿色技术创新的影响

综合创新支持对末端处理绿色技术创新、清洁技术绿色技术创新与绿色产品创新的影响可以发现，滞后一期的绿色技术创新与研发资本对绿色技术创新存在显著的促进效应，表明我国工业行业的绿色技术创新具有显著的路径依赖特性，随着绿色技术创新性的不断增强，其促进效应也逐渐增强，暗示了绿色技术创新程度越高，对技术存量的依存性越强。同期研发资本对末端处理与清洁技术绿色技术创新的促进效果不显著，对绿色产品创新存在较明显的促进作用，但滞后一期的研发资本促进效应更为突出，表明研发资本对绿色技术创新助推效应的发挥具有一定的时滞性。创新补贴与知识产权保护两种创新支持政策对我国工业行业三种不同创新性的绿色技术创新的影响经历了从不显著到显著、从负向到正向的变化过程。具体而言，政府的创新补贴政策虽未对末端处理与清洁技术绿色技术创新产生显著影响，但却表现出对末端处理的抑制，对清洁技术的促进，对工业行业的绿色产品创新则呈现出明显的推进作用；知识产权保护与末端处理和清洁技术间的关系为"U"形曲线，我国目前的知识产权保护水平对工业行业的末端减排与清洁技术工艺技术创新的影响还处于"U"形拐点之前，存在一定的抑制效果。知识产权保护与绿色产品创新之间呈现倒"U"形曲线，知识产权保护对工业部门绿色产品创新的影响处于倒"U"形拐点之前，存在正向的促进作用。创新补贴通过研发资本对末端处理存在不显著的抑制作用、对清洁技术与绿色产品创新则存在较显著的促进作用。知识产权保护通过研发资本对末端处理、清洁技术与绿色产品创新三种绿色技术创新均存在较显著的助推作用，并且影响效果大于创新补贴。知识产权保护与政府创新补贴两种创新支持政策对末端处理与绿色产品创新具有相互补充、互相强化的效应，对清洁技术绿色技术创新则产生相互的抵制与排斥。

三　环境规制与创新支持交互效应

本章第三节先通过构建潜变量调节模型从总体上检验环境规制与创新支持政策的交互效应对绿色技术创新的影响，再建立环境规制、创新支持与绿色技术创新的显变量交互效应模型估计各变量效应的大小，根据实证检验结果可以发现：

第一，考虑环境规制、创新支持与绿色技术创新作为潜变量，创新支持作为环境规制与绿色技术创新的调节变量时，环境规制对绿色技术创新存在较大的促进作用，创新支持对绿色技术创新也存在一定的助推作用。创新支持与环境规制的交互项对绿色技术创新显示出明显的正向影响，创新支持与环境规制之间协同互补，创新支持在环境规制对绿色技术创新的促进中起到了明显的推波助澜作用。

第二，不同类型的环境规制与创新支持政策作为主效应，各类型政策间的交互项对清洁技术绿色技术创新的显变量交互效应模型结果显示：以直接管制作为主效应时，市场激励与创新补贴对直接管制与末端处理之间的促进作用起到了负向的强化，市场激励的负强化略大于政府创新补贴。知识产权保护对直接管制与末端处理之间存在的正向影响具有显著的正向促进作用；以市场激励作为主效应时，直接管制、创新补贴与知识产权保护强化了市场激励对末端处理的影响，直接管制与创新补贴具有负向强化的作用，知识产权保护则起到了正向促进的作用。直接管制的负强化大小略大于政府创新补贴；以创新补贴与知识产权保护作为主效应时，直接管制与市场激励对创新补贴与末端处理之间的负向影响具有反向强化作用，对知识产权保护与末端处理的正向关系则存在正向强化的作用。在创新补贴主效应中，知识产权保护对创新补贴与末端处理间的负向影响具有正向作用，而在知识产权保护主效应中，创新补贴对知识产权保护与末端处理间的正向关系产生正强化。

第三，不同类型的环境规制与创新支持政策作为主效应，各类型政策间的交互项对绿色产品创新影响的显变量交互效应模型结果显示：以直接管制作为主效应时，市场激励与创新补贴对直接管制与清洁技术之间的抑制作用几乎无影响，知识产权保护对直接管制与清洁技术之间存在的负向影响具有显著的正向促进作用；以市场激励作为主效应时，直接管制与知识产权保护强化了市场激励对清洁技术的影响，直接管制与创新补贴具有正向强化的作用，而知识产权保护起到了负向抑制的作用，创新补贴则对市场激励与清洁技术之间的正向关系影响不显著；以创新补贴与知识产权保护作为主效应时，直接管制对创新补贴与清洁技术之间的负向影响具有负向强化作用，大小与市场激励主效应中的影响效果相同。ipr 主效应中，直接管制正向强化了知识产权保护对清洁技术的正向作用，增强了对清洁技术的促进。与直接管制不同，市场激励对创新补贴、知识产权保护与清洁技术间的关系影响不显著。类似于知识产权保护在直接管制与市场激励主效应中的影响，知识产权保护在创新补贴主效应中对创新补贴与清洁技术间的负向影响具有显著的正向效应，但市场激励与创新补贴在知识产权保护主效应中对知识产权保护与清洁技术间的正向关系则未产生显著影响。

第四，不同类型的环境规制与创新支持政策作为主效应，各类型政策间的交互项对末端处理绿色技术创新的显变量交互效应模型结果显示：以直接管制作为主效应时，市场激励与创新补贴对直接管制与绿色产品创新之间的抑制效果未产生明显的作用，知识产权保护对直接管制与绿色产品创新之间存在的负向影响具有显著的负向抑制作用；以市场激励作为主效应时，直接管制与创新补贴均未对市场激励与绿色产品创新之间的负向抑制关系产生明显作用，知识产权保护对市场激励与绿色产品创新之间的负向关系存在明显的抑制作用；以创新补贴与知识产权保护作为主效应时，直接管制、市场激励对创新补贴与绿色产品创新之间的负向影响没有明显的作用，知识产权保护对创新补贴与绿色产品创新之间的负向关系存在明显的抑制。直接管制、市场激励与创新补贴在知识产权保护主效应中均对知识产权保护与绿色产品创新之间的促进关系不产生影响。

综合潜变量调节模型与显变量交互效应模型实证结果可以看出，环境规制与创新支持两类政策对我国的绿色技术创新均存在一定的促进作用。两种绿色技术创新政策之间相互补充、相互促进，协调发展。创新支持在环境规制对绿色技术创新的促进中起到了积极的推波助澜作用。以直接管制作为主效应时，市场激励与创新补贴对直接管制与末端处理之间的促进作用起到了负向的强化，市场激励的负强化略大于政府的创新补贴，对直接管制与清洁技术、绿色产品创新之间的抑制几乎不存在显著影响，知识产权保护则对直接管制与清洁技术存在明显的正向促进，对直接管制与绿色产品创新存在显著的负向抑制；以市场激励作为主效应时，直接管制、创新补贴与知识产权保护强化了市场激励对末端处理与清洁技术的影响，且三种环境政策在末端处理与清洁技术两种绿色技术创新中具有反向的作用，直接管制与创新补贴对末端处理存在负向强化，政府创新补贴的负强化略小于直接管制，而对清洁技术具有正向强化，但创新补贴对两者之间的正向关系影响微弱。知识产权保护对末端处理具有正向的促进，而对清洁技术存在负向的抑制。直接管制与创新补贴均未对市场激励与绿色产品创新之间的负向关系产生显著的影响，而知识产权保护则对两者的负向关系存在明显的抑制；以创新补贴与知识产权保护作为主效应时，直接管制与市场激励对创新补贴与末端处理、清洁技术之间的负向影响具有反向的强化作用，对创新补贴与绿色产品之间的负向影响无明显作用。直接管制与市场激励对知识产权保护与末端处理的正向关系存在正向的强化作用。直接管制正向强化了知识产权保护对清洁技术的促进，市场激励对创新补贴、知识产权保护与清洁技术间的关系影响不显著。直接管制、市场激励对创新补贴与绿色产品创新之间的负向影响没有明显作用，知识产权保护对两者之间的负向关系存在明显的抑制作用。知识产权保护对创新补贴与清洁技术间的负向影响具有显著的正向促进，但市场激励与创新补贴对知识产权保护与清洁技术间的正向关系则未产生显著影响。

第八章

我国绿色技术创新的政策重构

本章将根据绿色技术创新的传导路径与作用机理，结合我国绿色技术创新诱发机制的实证结果，从我国绿色技术创新政策重构的预设背景出发，提出我国绿色技术创新政策重构的基本思路与路径。

第一节　绿色技术创新政策重构的预设背景

研究我国的绿色技术创新政策，不能脱离中国的实践，必须结合我国当前的发展战略与宏观经济形势，从我国的具体国情出发进行思索。

一　解锁路径依赖，促进市场发育

我国目前正经历着大规模的制度变迁，经济领域的制度转型与产业结构的转型加快了我国市场化的步伐，加速了绿色发展与生态文明建设的进程，毫无疑问，推进政府职能的不断转变具有十分重要的影响。然而制度的变迁存在"路径依赖"效应，使政策的质量和效率的提高在短期内难以发生根本改变。就环境规制政策来说，"路径依赖"效应无疑给中国的环境政策烙上了浓郁的计划色彩，对习惯以命令与控制手段进行环境治理的政府来讲，更多地采用市场激励和沟通手段来提高其质量和运行效率，需要经历一个漫长的适应和学习过程。从而告诉我们，经济理论中的"帕累托最优"在实践中需要结合特定的条件寻求"帕累托优化",环境规制政策的改进是一个渐进的过程,不能操之过急。在思考环境规制政策和创新支持政策与绿色技术创新的关系时,既要考虑环境政策与创新政策的绿色技术创新效果,指出政府政策的发展方向,又要看到以命令与控制为主的直接环境管制对于应对环境状况的不断恶化、改善环境质量所发挥的积极作用。市场激励手段和相互沟通手段的有效运用是建立在市场充分发育到较为成熟的市场体系基础之上,包括市场主体的绿色发展意识强烈、绿色产权清晰、存在合理的交易规则与较低的交易成本、具有有效的价格信号传递机制和完善的市场信用体系等,这些构成完善市场体系的基础性条件不具备,市场激励与相互沟通的环境规制手段的运用效果就会大打折扣,甚至劣于直接管制手段。

二 绿色技术进步与经济、社会协调发展

绿色技术创新寻求经济与环境的双赢,而经济社会的发展有多重目标,我们还必须把视野拓宽至经济社会发展的大背景中。经济社会发展的目标包含国民经济发展质量的提升、国家综合实力的增强、国民生活水平与社会福利的提高、人与自然更加和谐以及生态文明建设获得更大成效、科技创新与技术进步动力更强等。从而在经济社会发展的目标集合内,绿色发展与技术进步仅仅是诸多目标的一个子集,具体来讲,绿色技术创新是生态环境健康与技术进步的一个交集。所以,在制定一项政策体系时,需要有多维视角,兼顾多重目标,不能就事论事,顾此失彼。因而政策目标的多维性、政策之间的相容性、政策执行的互动性等就显得十分重要。这些是政策制定者推出一项具体政策时必须认真加以考虑的重要前提。所以,制定和完善绿色技术创新政策不能脱离我国当前的经济发展水平和中国的具体国情,中国绿色技术创新政策的重构须遵循环境与经济协调发展的基本原则,实现两者的"共赢"以及环境与社会的"多赢"。

绿色创新政策的发展是与经济社会政策不断融合的动态过程,从促进企业绿色技术创新的角度来看,不但需要环境政策与创新政策做出相应的调整,其他的经济社会政策,尤其是与绿色技术上创新密切相关的配套政策也必须得到同步的改善。这些基础的政策环境包括:

创新文化的营造；创新机制的构建；知识产权制度的建立与完善；创新人才的培养；创新孵化器的搭建；官、产、学、研的结合及其市场体系的完善；技术交易市场的不断成熟；教育体系的完善与发达；信息与通信网络的成熟以及产业结构的优化等，见图 8 - 1。

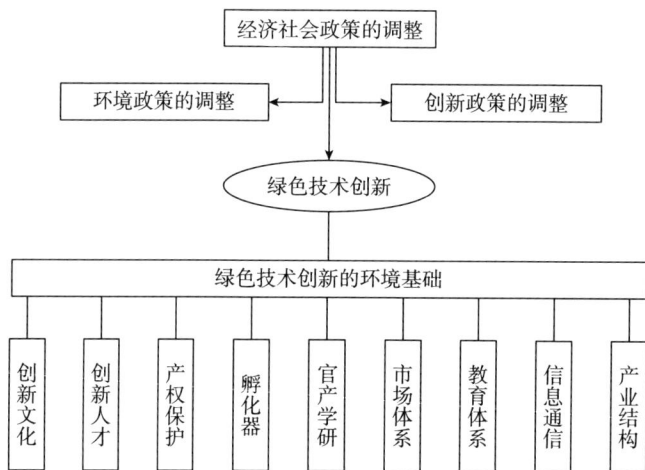

图 8 - 1　绿色技术创新政策重构的背景

第二节　绿色技术创新政策重构的基本思路

一　权衡不同类别政策的利弊

政策本质上对人们在经济社会中的行为起到了约束作用，具有较强的目标性和时效性，每种政策的制定并不反映所有人的意志，是为了实现特定人群的特殊目的，同时是在特殊内外部环境下实行的，具有一定的时效性。对某些群体在特定时期合理有效的政策，对其他群体在其他环境的不同时期来说，这种政策手段可能就变得无效。即使是同一目标，政策手段的差异化引致的具体效果也会有所不同。政策的构思与设计及最终选择都要以兼顾多个目标的实现、经济社会整体的效用最大化为基本准则，进而推动政策不断演进、趋向优化。

环境规制政策包含三种基本类型：一是以环境法规、技术标准与规范、生产许可和工艺监管为代表的命令控制型规制；二是以排污权交易制度、污染税费、财政补贴等为主的市场激励手段；三是以公众与市场监督来督促和激励企业改善环境的相互沟通型手段。三种类型的环境规制政策在实践中发挥着不同的绿色技术创新作用，产生了差异化的效果，即使是同类型政策，对企业采用何种绿色技术进行环境管理的最终结果也差异明显。不同类型政策工具的影响如表8－1所示。主要观点为：

表8－1　　　　　环境规制政策类型对绿色技术创新的影响

政策类型与工具	绿色工艺创新	绿色产品创新	绿色技术扩散	持续绿色创新
直接管制工具				
市场准入	☆☆☆	☆	?	?
产品标准	☆☆	☆	☆☆☆	☆
产品禁令	☆	☆☆☆	☆☆	?
绩效标准	☆☆☆	☆	☆☆	☆☆
技术规范	☆☆	☆	☆☆☆	☆
设施许可	☆☆	☆		☆
市场激励工具				
排污税费	☆☆☆	☆	☆☆	☆☆☆
排污权交易	☆☆	☆	☆	☆☆
环境补贴	☆☆☆	☆☆	☆☆☆	☆☆
生产商责任	☆☆	☆☆☆	☆	☆☆
沟通型工具				
信息披露	☆☆☆	☆	☆	☆☆☆
自愿协议	☆☆	☆	☆☆☆	☆☆

注：☆、☆☆、☆☆☆分别表示影响弱、影响中等、影响强；? 表示不确定。

资料来源：Heaton（1997），转引自吕永龙（2003），赵细康（2006）。

（1）市场准入、绩效标准、排污税费、环境补贴与信息披露能有效促进包含末端处理与清洁技术的渐进性绿色工艺创新；产品标准、技术规范、设施许可、排污权交易、生产商责任与自愿协议对渐进性绿色工艺创新的促进效果一般；产品禁令的促进效果最弱。

（2）产品禁令与生产商责任一般能够引发技术变革，激发绿色产品创新的根本性创新。相比生产商责任，产品禁令由于限制对某种产品的供给，激励生产厂商通过寻求替代技术或替代产品以满足市场需求。

（3）产品标准、技术规范、环境补贴与自愿协议对绿色技术扩散起到了积极作用；产品禁令、绩效标准、实施许可与排污税费等手段也具有一定的积极效果。

（4）排污税费与信息披露有助于引导企业进行持续性创新，绩效标准、排污权交易、环境补贴、生产商责任与自愿协议对持续绿色创新也发挥了肯定的作用。

创新支持政策通常分为三类，分别为庇古方法的政府创新补贴、林达尔法的专利制度与萨缪尔森法的政府公共研发。相比环境规制，创新政策对绿色技术创新影响的理论与实证研究还不够丰富，该研究方向属于绿色技术创新领域新的研究分支，其主要研究如表8-2所示。已有文献主要以政府创新补贴作为创新政策的核心工具展开研究。政府创新补贴包括政府直接研发资助与间接的税收抵免与优惠，从理论上创新补贴对绿色技术创新存在互补或替代的作用，实践中因政府资助强度的变化与社会环境变化带来的不确定性使对绿色技术创新的影响不同。政府研发资助通过弥补绿色技术创新的正向外溢损失使企业获得正向的创新激励，但也可能由于要素市场资源价格的扭曲与企业成本的变化导致受政府资助的企业减少或挤出自身研发投入，对企业绿色技术创新产生抑制作用。企业的绿色技术创新还可能受政府资助强度的变化，产生促进或抑制的交替影响而呈现出"U"形或倒"U"形。政策的连续与一致性、消费者的绿色消费需求和环保意识等外部影响使两种反向作用将产生的影响以及影响程度等均会带来不确定问题。仅次于创新补贴，少量文献对政府公共研发工具对绿色技术创新的影响效果进行了有益的探索和尝试。国外学者的研究相对

表 8 - 2　　　　创新支持政策工具对绿色技术创新的影响

政策工具	研究层次	数据类型	分析方法	研究结论			
				互补与促进	替代与抑制	"U"形或倒"U"形	不确定
创新补贴	实证分析	宏观数据	委托代理模型等	敖莹莹（2015）	Gorgh 等，（2007）	Dominique，Guell，Bohnstedt A et al.（2000，2014）—"U"形关系	敖莹莹（2015）
	理论实证	微观数据	门槛回归；问卷调查	朱平芳等（2003）；白俊红、李婧和何小钢（2011，2014）	吕久琴等（2011）	李瑞茜等（2013）；黄奇等（2015）—倒"U"形关系	David，P. A. 等（2000）；王炳成（2009）；李婧（2013）；郭晓丹等（2011）
产权保护	理论分析			何小钢（2014）；Dutz 和 Sbarma（2012）			
公共研发	微观实证	横截面	OLS；WT - DOLS；固定效应；联立方程；工具变量	Hamberg（1966）；Link（1982）；Lichtenberg（1984，1987，1988）	Link（1982）；Lichtenberg（1984，1987，1988）		
	中观实证	面板数据	结构方程	Levin 和 Reiss（1984）			Mansfield（1984）
	宏观理论实证	时间序列；数值模拟	多部门内生增长模型	何小钢（2014）；Dutz 和 Sbarma（2012）	Dutz 和 Sbarma（2012）	张金胜等（2011）；Dominique 和 Bruno（1998，2000）—倒"U"形	

资料来源：Dutz 和 Sbarma（2012），转引自许治等（2006），何小钢（2014），郭英远（2018）。

丰富，主要从微观到宏观层面，利用横截面数据、时间序列数据与面板数据，采用最小二乘法、加权最小二乘法、固定效应模型、结构方程与工具变量等多种计量方法进行实证研究，尽管目前这类研究仍存在许多缺陷和不足，但其研究思路与方法、强调实证研究对政策效果的检验仍具有积极的借鉴意义。国内研究囿于数据的限制，仅有何小钢、张金胜等从理论上分析了公共研发对绿色技术创新可能存在的促进作用与倒"U"形关系。

表 8－3　　　　　　　　　我国绿色技术创新政策的演进方向

项　目	演进方向
政策的制定	政府职能部门单向、孤立→企业与政府协调沟通、双向 单个部门、单一决策→多部门、多目标决策
政策的运行	刚性、静止→柔性、动态运行 开环的执法检查→扩展到政策运行效果的评估、改进→闭环于再实施至再改进 政策制定与实施监管权利的集中→决策与政策执行、监管的分散
政策工具的种类与运用	简单少数→复合多数 单一手段→多种手段综合运用 环境规制→环境规制与创新规制结合
政策工具的性质	命令与控制型管制手段为主→ 市场激励型为主→市场激励与自愿沟通结合
政策制定的思路	进行社会性规制，同时从传统的服务型规制→ 激励性规制转变
政策手段的目标	环境治理→兼顾环境治理与技术创新 绿色工艺创新→绿色产品创新
政策手段的预期	非连续、不严格→严厉、稳定

　　绿色产权保护作为创新政策的一项重要制度还没有引起学者的广泛关注，仅有个别学者（何小钢，2014；彭衡，2019）通过定性分析得出，知识产权保护对绿色技术创新具有促进作用，对绿色技术转移既存在积极影响又存在消极作用。知识产权保护对于绿色技术创新及绿色技术扩散是否产生影响、作用机理怎样、效果如何是急待深入探索的新课题。

由表8－2和表8－3可以看出，三种类型的环境规制政策对不同创新性质的绿色技术创新的影响强弱不同；创新补贴、产权保护和公共研发三种创新支持政策工具对绿色技术创新的影响效果研究结论并未统一，存在不同的观点。表明每种环境规制与创新政策工具都有各自的适用范围与优缺点，政策实施的效果与政策支持力度、经济环境的确定性、绿色消费意识与需求、经济发展水平等多种内外因素相关。因此，应权衡不同规制政策的利弊，选择不同政策手段的组合会得到更好的规制效果。

二　我国绿色技术创新政策的演进方向

（一）我国绿色技术创新政策存在的主要问题

绿色技术创新政策在我国历经近30年的发展，初步建立起了一套较为完整的绿色技术创新政策体系，政策数量不断增加，政策执行力度逐渐增强，政策制定参与者与政策内容的广度和深度有所增加。但是，与发达国家相比，仍存在不完善之处。主要体现为以下几点：

1. 不系统的政策周期过程

政策周期理论认为政策实施具有分阶段、分步骤过程周期性，具体包括目标确定、政策颁布、实施、政策效果评估与终结。当前，我国的绿色技术创新政策是由全国人大、国务院、国家发改委等部委机构独立或联合颁布。政策类型涉及绿色技术创新经济、管理、技术、产业政策以及贸易等方面。可以看出，我国的绿色技术创新政策制定主体逐步多元化，涉及的政策类型不断丰富，政策数量与政策强度整体逐渐增加。然而，由于部委职权划分、部委等部门与企业等市场主体之间缺少沟通机制，不同部门颁布的政策间存在相互矛盾、缺乏协调、实施性差等问题。特别是在政策的执行中，各部门的执行标准不统一，政策的评估体系不完善，评估方法不科学，从政策推行、效果评价到政策完善均有很大的提升空间。在许多省（区、市），政策的执行力度较弱，监管缺失，从而未能形成系统的政策周期与良性的周期循环过程，制约了绿色技术的创新发展。

2. 不完善的政策环境体系

首先，不同部门之间缺乏有效的协调机制。不但在环境政策与创新政策间缺乏协调，即使是不同类别的环境政策也缺乏协调。以水资源管理为例，环保部门与水资源管理部门的职能存在差异，环保部门以保证水质为目标，而水资源管理部门则以保证水量为职责，两部门各自的职能冲突抑制了绿色技术创新。其次，基于市场的环境政策工具应用空间有限，缺乏效率。政府的财政政策、税收政策以及补贴政策等基于市场的环境政策工具没有得到充分的实施与有效的利用。主要原因在于我们国家的市场运行机制不够健全，市场发育还不成熟，市场有效运作的配套机构与管理制度缺失，还未形成基于市场的环境政策工具有效实施的政策环境。最后，我国的能源消费、碳排放与污染排放等活动，由于环境监管力度不足，政策执法的严厉性不一以及中央政府与地方政府之间的利益博弈等问题，目前还不能达到政府环境规制，特别是命令控制型环境规制的要求标准，使政府的环境规制效果不能有效发挥。

3. 政策目标、政策类型和手段的单一

绿色技术创新的政策目标是促进绿色发展与创新发展的统一，最终实现环境与经济发展的"双赢"。目前，我国的绿色技术创新政策要么以环境规制为主要手段，要么以激励技术创新与技术扩散的创新政策为工具，两种类型的政策规制分别以环境保护与经济增长为主要单一目标，缺乏兼顾绿色发展与技术创新共同协调发展的综合目标。传统单一的环境政策以减少和控制污染的排放为主，难以兼顾或考虑企业技术效率的改进与提高。技术创新政策的核心目标则是通过政府的创新补贴与知识产权保护，促进企业的研发投入，较少考虑企业创新产出的质量与创新技术的扩散与商业化应用。多数政策措施囿于各级政府的传统计划与行政命令，政策类型与手段呆板单一，缺乏灵活性，很难在实践中有效实施。

4. 政策监管缺乏稳定性，政策评估弱化

政策监管是职能部门对绿色创新规制的执行与实施与否进行监督与管理，从行政与立法层面强调打击违反规制的行为。我国的政策监管还未形成稳定的监管体系，近年来存在较大的波动。说明我国的绿色创新政策规制还处于政策的形成与调整期，呈现出松紧相间的大起大落状态。政策的评估与修正环节不够重视，不能及时针对政策执行过程中存在的问题进行调整、完善，还未能形成完整的评估体系。

（二）世界绿色创新政策的发展与现状

1. 绿色创新政策的发展历程

在一定意义上，环境问题与经济发展的密切关联使发达国家的绿色技术创新政策历程呈现出典型的世界特征，具有一定的代表性。其绿色创新政策经历了对一般性的产业进行直接的绿色研发政策激励到间接的鼓励与促进绿色产业（可再生能源等绿色能源）的发展以促进绿色技术创新的阶段性变化过程。从20世纪70年代至21世纪，经历了三个阶段的发展过程，如图8-2所示。

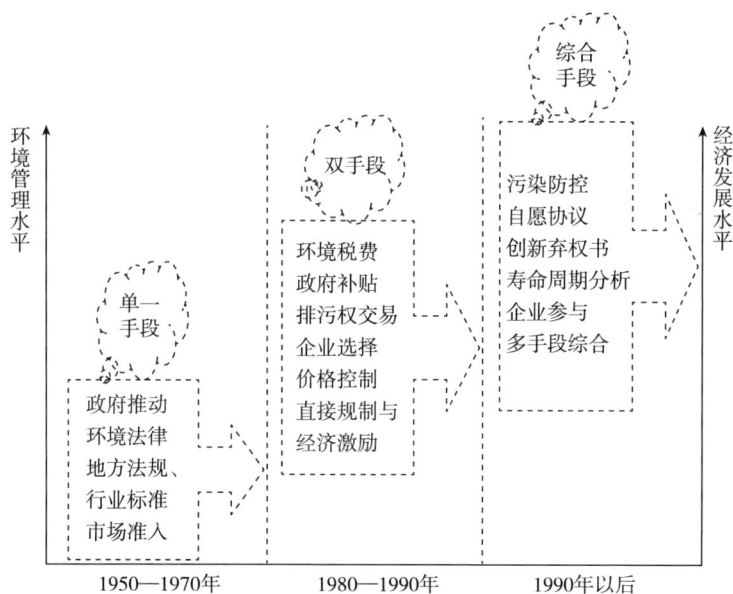

图8-2　绿色创新政策发展历程

（1）直接管制阶段。

1950—1970年以政府主导的命令控制方式为主，通过国家法律法规的制定与行业标准及市场准入门槛等手段直接进行环境管理的规制。

（2）直接管制与经济手段结合。

自 1980 年以来，发达国家逐步扩展了传统的直接管制范畴，开始把环境税费、政府补贴与投资激励、市场交易配额等多种经济手段广泛运用到绿色创新活动中。本阶段的显著特点是直接管制与经济手段两种方式的结合采用。

（3）多种手段综合使用。

1990 年之后，发达国家开始重视以自愿协议及创新弃权书为主的沟通协调型政策手段，逐步建立起政府环境规制与经济激励方式相结合，积极鼓励企业与社会团体自发成立的自愿响应多种手段综合实施的政策体系。

2. 绿色技术创新政策的现有体系

（1）成熟型绿色发展体系。

环境问题总是与经济发展水平相伴而生，由于世界发达国家的经济先于发展中国家，根据库兹涅茨曲线，发达国家先后经历了"先污染，后治理"的发展模式，丰富的环保实践与绿色发展经验形成了以发达国家为主的成熟型绿色发展体系。成熟型绿色发展体系具有如下特征：

第一，站在人类全局高度，掌握最新环保政策发展方向，国家环保政策不断优化，对国家绿色与可持续发展提前布局，有清晰的发展战略，提前确立国际环保政策领导者地位以及竞争优势。以欧盟及其核心国家为代表，把经济社会发展置于环保约束下，实现经济社会的可持续发展。第二，通过重组、整合国家环保政策权力机构，将原有分散、多头管理的体制强化为统一、协调一致的新型环境政策管理机构，为适应新的发展理念与战略提供了组织与制度保障。第三，充分发挥市场性规制工具与行政手段各自优势，形成协调一致的环境政策工具组合，实现环境成本与收益的内部化，完成以事后末端治理向事先预防为主转变。第四，不断强化环境保护法规的立法工作，为推进变革性环境保护政策提供制度性保障。第五，引导并提升国民的环保意识，充分发挥非政府性民间组织与国民在环境保护中的重要作用，为环保政策的推行构建坚实的社会基础。

（2）发展型绿色发展体系。

发展型绿色发展体系是指绿色发展政策体系还不完善，政策权能尚不明晰，政策实施的基础环境尚未形成或还不成熟，正处于发展变革中的欠发达国家情形。这些国家囿于经济发展水平与市场发育的限制，在发达国家日益严苛的环境壁垒下，虽然积极引进和采用经济激励方式进行环境管理并实施环境规制，但由于各类环境法规与标准的实施建立在一定的环境与技术情景下，相对于本国的实际国情而言，这些环境法律法规及标准要么过于严苛，要么在实施中缺乏执法保障，最终导致环境规制的效果差强人意。近年来，绿色发展国家逐步引入相互沟通型的环境规制方式，开始关注绿色产权的知识保护，但因政策实施过程中存在诸多困难和阻力，政策实施效果也不尽如人意。以中国实施的企业环境目标责任制为例，该制度类似环境协议，且多数协议并非企业自愿，在实施过程中因刚性太强，缺乏灵活性，使企业难以真正执行，结果演变为另一类环境标准。再如，中国大部分重污染行业自愿进行环境会计信息披露的上市企业，主要通过招股说明书、企业会计报表、定期信息披露以及企业发展报告等披露环境信息，少部分上市企业涉及重大重组并购等会通过相关报告予以环境信息披露。通过对我国石油、化工、造纸、有色金属、煤炭等重污染行业的上市企业环境信息披露情况进行统计分析可以发现，大部分企业在披露环境信息时随意性强、披露位置分散、重复率高，披露内容不连贯，定性描述为主、定量分析较少，多数企业都选择披露对自己有利的环境会计信息，不利的信息要么只字不提，要么放在"报表附注"等不易发现的地方轻描淡写，隐藏在大量无关的信息中。由此可以看出，企业的环境信息披露还不能满足公众、社会和政府对企业环境污染与处理情况的了解和监督需要，更无法满足投资决策的需求。

（三）我国绿色技术创新政策的演进方向

借鉴发达国家成熟型绿色发展政策的经验，结合我国绿色技术创新的实际，从污染控制到预防、促进绿色技术创新，从政府传统规制到激励的视角，从绿色技术创新政策的制定、运行、评估与修正，政策工具的特点、类型与运用，政策演进的思路等方面提出我国未来绿色技术创新政策的演进方向。

三 我国绿色技术创新政策的演进思路

（一）从传统规制向激励型规制转变

按照规制目标的不同，政府规制不仅是指针对自然垄断行业的经济性规制，还包括为实现环境保护和公共安全所设定的管理手段和活动限制。根据日本植草益的观点，社会性规制主要是针对存在外部性与信息不对称时需要采取的规制方式。绿色技术创新的"双重外部性"特征，决定了政府必须对其进行社会性规制。综观世界规制发展的历程，经历了从政府规制到规制俘获，再从规制俘获到放松规制，又从放松规制到激励性规制的过程。结合我国的绿色技术创新政策演变特点可以看出，我国正处于环境政策与创新政策数量不断增加，政策参与部门逐渐增多，环境规制强度与技术创新产权保护强度不断加强的阶段，随着政府规制范围的不断拓展与规制力度的逐步深入，面临我国市场发育不完善和不健全，规制成本将不断增加，规制失灵不可避免。为了提高政府规制的效率，实现绿色技术创新的"双赢"目标，需要政府根据我国经济转型的特殊性，完善相关制度，培育市场发育，解决因信息不对称可能造成的政府规制失灵，加快政府规制模式的转变。因此，政府在确定规制目标时，一方面要看到命令控制型直接管制在短期对实现绿色发展目标见效快的优势，也要正视其带来的高昂的社会规制成本，资源配置效率低下的不足；另一方面要从提高政府规制效率的角度出发，考虑绿色技术创新政策的长期效果和资源配置效率，结合市场激励性规制，最终实现传统规制向激励性规制的转变。

（二）从绿色技术的渐进性创新到根本性创新，实现污染治理到污染预防的转变

全球范围内特别是发达国家在应对环境公害泛滥的政策干预历程中，起初普遍采用单一的政府"命令控制"式管制方式，通过对企业采取直接的污染排放管控，达到污染减排与环境保护的目的。直接管制在特定的历史条件与经济发展阶段中，对有效遏制环境的继续恶化起到了一定的积极作用。但从实现环境保护的成本与收益分析来看，

也付出了高昂的成本代价。大量以污染控制为主的法律法规，忽视了不同企业技术水平与减排成本的差异，采用"一刀切"的行政命令方式，使企业多采用"末端处理"技术被动应对规制以实现政府制定的污染排放标准，最终不同减排技术与成本的企业都花费了更多的精力与成本用于减排，导致环境管制经济效率低下，多数企业缺乏足够的激励减少污染排放并寻求清洁技术，不利于环境的持续改善。另外，政府在环境治理过程中充当了"主角"，产生过高的干预与监管成本，未能有效协调环境保护与提升企业效率与市场竞争力的矛盾，长远看来不利于经济与环境保护的持续发展。理论与实践表明，命令控制型政策工具有利于末端减排，对于短期遏制环境的恶化具有较显著的效果。但由于该种方式产生的弊端也显而易见，为了提高环境保护的社会效率，实现经济发展与环境保护的统一，从长期来看，必须实现从污染治理到污染预防、清洁生产，全程控制与循环经济的环境保护思路与方式转换。

清洁生产方式强调污染的源头预防与削减，力争实现整个生产环节的全程控制，是对曾经单一的"末端控制"方式的环境管理的替代与延伸。清洁生产与循环经济存在密切的关联，都具有全程污染控制的思想，有所不同的是，循环经济更侧重资源的重复、循环利用，其环境管理范围从生产链条扩展至整个供应链，涵盖了企业"从摇篮到坟墓"的全过程。我国要实现以绿色发展为目标的技术创新，需要结合我国环境政策手段不够丰富，环境交易市场不够完善、健全的实际国情，在提高已有行政管制政策执行与实施效率的同时，不断发展加强市场化政策工具。通过逐步建立起市场激励型规制工具诱发企业实现从绿色技术的渐进性创新到根本性创新的转变，促进企业节能减排理念从"谁污染，谁付费"到"谁环保，谁受益"的转向。

（三）实现规制方式从计划向市场化，规制类型与手段从单一到复合的转变

绿色技术创新"双重外部性"体现为与环境污染有关的市场失灵和与新技术的创新和传播有关的市场失灵相互作用，双重市场失灵为减少污染排放、开发和采用环境友好型技术的公共政策组合提供了强

有力的依据。理论和经验证据都表明，技术进步的速度和方向受到市场和政府管制的影响，可通过经济激励政策作用于企业的成本—效益对企业的决策行为施加影响。在政府环境规制较弱或不存在的情况下，开发和应用绿色技术的研发投资很可能低于社会需要的投资水平，技术创新知识的外部溢出、信息不对称等问题进一步削弱了技术创新的激励。绿色技术创新所受的上述制约，需要政府进行必要的干预才能有效破解，然而，不同类型的环境规制政策具有不同的阶段适用性，命令控制型直接管制手段有见效快、易操作等优点，在经济向新常态的转变中发挥了重要的作用。但行政命令也存在抑制创新、损害效率、直接干预与"一刀切"等弊端。随着市场的各项制度不断健全，市场的发育进一步成熟，应当逐步减少计划式的行政命令手段，主要借助市场化激励手段，让受规制的企业在压力与动力并存的约束条件下追求经济和环境效益的最大化，促进整体效率的提高和技术创新，减少制度设计和执行带来的成本增加。制度的变迁存在社会"惯性"，制度改革带来的红利需要长期才能得以体现。我国的绿色技术创新制度在未来相当长一段时期内仍带有浓郁的计划性色彩，需要有一个漫长的适应和学习过程。但是，随着环境规制政策的不断严厉与我国绿色发展战略的深入贯彻，习惯于采用直接管制进行环境管理的政府必将通过不断的制度改革实现从规制手段从计划为主向市场为主的转变。

理论与实践共同表明，单一手段与类型的环境规制与创新支持政策其政策效果有限。采用多种规制与创新政策类型，实现不同规制类型与手段的组合运用，能够实现"1＋1＞2"的效果。不同环境规制政策对企业环境绩效与竞争力影响不同。我国环境规制政策以命令控制型为主，市场激励性政策刚刚起步，还处于不断摸索中。沟通响应与自愿型环境政策的执行也仅在污染严重的钢铁、冶金、造纸等行业的部分上市企业中自愿开展，政策影响效果和影响范围有限。命令控制型政策使企业更多地选择末端治理技术以满足政府的污染排放限额，在政府规制强度较弱时，对企业原有的生产方式没有产生较大的影响。市场导向型政策通过改变企业的成本收益，影响了企业的短期利润与长期竞争力，有利于激励企业加强污染源头防控，选择绿色技术，从根本上解决污染问题并提升环境投入效率。然而，市场导向性规制需要建立绿色技术开发与应用的市场环境，需要配套并完善技术、制度、市场及法律政策，特别需要加强政策实施与执行环节的严格监控。所以，环境规制没有固定的模式，也不存在单一的政策工具，市场导向型与命令控制型政策都有发挥作用的空间。

有个别研究认为，单一创新或环境政策不能激发更多绿色技术创新，只有设计科学的环境规制与政策组合，才能有效促进绿色技术的产生与扩散（聂爱云、何小钢，2012）。结合利益相关者理论与分析，提高环境污染税收强度、适度的创新补偿对企业的绿色技术创新具有显著的促进效果（曹霞、张路蓬，2015）。政府最优规制结构应为碳税和研发补贴，共同作用并激励绿色技术研发和创新（Acemoglu, D. et al. , 2012）。可见，实现政府干预为主导，市场激励为主体，综合使用多种命令控制型、市场激励型与自愿交互型环境规制类型和手段，采用创新补贴与绿色产权保护激励，是实现规制类型与手段从单一到复合转变的有效方式。

第三节 我国绿色技术创新政策重构的路径

随着我国对环境保护与创新发展的重视，绿色技术创新政策参与部门不断增加，政策种类与数量逐渐增多，规制方式开始呈现多元化的趋势。为了更好地促进我国绿色技术创新，助力绿色发展，汲取成熟性绿色发展体系国家的宝贵经验，结合我国绿色技术创新实践，对我国绿色技术创新政策进行优化设计与重新建构是非常必要的。本小节从绿色技术创新政策的科学制定、机制完善、政策类型的丰富与环境和创新管理手段的优化组合四个方面阐述我国绿色技术创新政策重构的具体路径。

一 科学制定绿色技术创新政策

从发展的趋势看，我国的绿色技术创新政策改进需要实现由单向决策到双向决策、单一部门向多部门共同参与决策、单一目标向多目标协调决策的转变。

（一）由单向决策向双向决策转变

绿色技术创新政策的制定属于社会性规制的范畴，目的是最大限度地消除经济生活中的外部性及信息不对称，实现社会利益的最大化。绿色技术创新的社会性规制涉及环境政策的选择与设计，并对不同创新主体进行利益分配。由于不同区域、行业以及个人的利益存在冲突，为增强绿色技术创新政策设计的适应性，须充分掌握政策涉及主体的利益诉求，在政策制定过程中建立各利益主体与规制者之间的有效沟通机制。绿色技术创新政策的选择和制定存在双重目标，政策的制定是否能够激励企业的绿色技术创新，是否有利于政策的具体实施与执行，需要深入相关企业与不同行业展开深入的调查，全面获取企业的技术能力与排污、治污水平，广泛听取来自不同行业相关领域专家、技术人员与民众的声音与建议，进行政策制定前的反复论证与咨询，通过政策制定的双向互动、多项互动，提高政策决策有效性。

（二）由单一部门主导向多部门协调转变

各级政府与职能部门的利益导向导致政策的制定趋向部门化，为了维护本部门的固有权力与特殊利益，政策权限成为单个部门实现其目的的重要手段，长期以来在很大程度上抑制了政策作用的有效发挥。绿色技术创新的政策制定理应由环境部门与科技部门负责带头起草，但因其涉及的行业与部门范围广泛，政策影响意义深远，不管是进行宏观调控的国务院、发改委、财政部门、知识产权局、环保部及科技部等，还是制定企业技术与排放标准的行业协会都与之存在直接或间接的政策关联。因而，很难通过单个部门的独立决策实现政策预期达到的综合效果。如环境部门强调企业是否安装了排污设备，排污水平是否达到排放标准与限额，治污效果如何，很少关注企业采用什么技术或工艺实现环境规制的要求；但对于科技部门而言，则更关心企业的生产工艺是否能够有效整合，采用的技术是否处于先进水平，对与之带来的企业成本变化更为漠视。在这样情景下单个部门独立制定的政策其实施效果可想而知。但是，如果政策制定涉及的科技、环保、财政等相关部门和行业领域能事前进行有效的沟通、协调，充分了解、共享政策制定需要的各项信息，尽量化解不同部门的目标与利益冲突，采取多个部门激励相容的政策设计，必将获得政策效果的优化，尽量避免或降低政策决策和执行过程中引起的政府失灵。所以，要提高决策的质量，需由传统的单一部门决策转向多部门协调决策，变信息分割与碎片化为信息的集成与共享。

（三）由单一目标向多目标协调转变

政策能够实现的目标多寡是衡量绿色技术创新政策质量高低的重要指标，"头痛医头，脚痛医脚"式的西医疗法难以从根本上解决政策制定过程中的所有问题。客观地分析问题，全面地提出可行决策，科学合理地制定决策并予以反馈是保证目标实现的核心环节。问题分析时的片面性、决策选择时的单向性使我们经常面对各种不同"问题"的解决而难以根治的窘境。环境问题频发的根源在于环境治理的短期目标与长期绿色发展战略之间的不统一。短期致力于减少排放的末端治理虽然减少了企业的绿色研发风险和投资，但随着环境规制强度的提高，企业的减排成本迅速增加，极大地改变了企业的边际收益与边际成本结构，减少了企业的长期市场竞争力。如果政策能够促使企业兼具污染治理与预防、技术开发与创造以及获得绿色技术扩散的商业化收益等多重目标，那么，根据波特假说所强调的重要思想，企业虽然在短期承受一定的成本压力，但长期来看，这种压力可以转化为企业进行技术研发的不竭动力，最终会通过增强其市场竞争力、提升绿色技术创新能力获得有益补偿，从而收益于环境政策的多重目标，也对其他企业起到示范与引领作用。由此，绿色技术创新政策目标需由污染治理向污染预防、清洁技术创新、全程管理、循环经济等多目标协调转变。

二　完善绿色技术创新政策运行机制

政策的实施、评估与改进是政策运行的必要环节。我国的绿色技术创新政策在实际运行中，应不断调整、改进运行方向，注重执行、检查、评估、改进多环节全过程运行，实现政策执行与监管的合一逐步向分离转变。

（一）从政策运行的少数环节向全过程转变

绿色技术创新政策在我国的运行过程集中在政策实施与效果检查两个环节，还没有形成统一、完整的政策运行机制。今后政策的运行除了继续加强监督检查外，应重点强调环境政策的评估与修正，及时发现存在的问题与不足，注重政策的多目标平衡与协调，实现绿色技术创新政策从执行到改进的全过程动态运行，见图8－3。

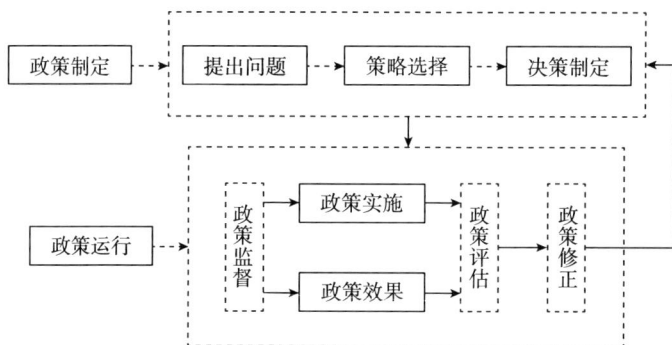

图8－3 绿色技术创新政策全过程运行机制

（二）实现政府职能从集聚向分离转变

绿色技术创新政策现有的运行采取决策、执行、监管三者合一的集聚模式，这种模式很大程度上促成寻租活动的加剧，造成社会资源的浪费，从而引发政府失灵。因此，我国绿色技术创新政策的政府规制急需实现政府职能从集聚向分离的转变。政策运行过程中多种职能权限的集聚，往往会模糊政府进行规制的规模范围，强化某项单一的政策职能，弱化其他的职能作用，忽视社会对政府的作用需求具有一定的弹性。结果，政府在市场经济中的作用经常有被夸大的风险，常常超过市场所需要的范围和程度，从而对市场带来诸多的负面效应，引发政府失灵。

政策制定与政策执行的分离是政策监管最突出的特点，是限制政府规制的范围与规模的有效手段。实践表明，政府规制改革的一条重要原则就是政策制定与执行的分离，不仅有利于提高政策决策的质量，还更大大提高了政策执行效率。政府职能的分离需完成两步环节，首先是立法机构的政策制定职能与行政管理部门的执行职能的分离，其次是行政管理过程中政策执行与监管的分离。我国以往以环境管理为主体的绿色技术创新政策实施中，存在大量政策制定与监管合一的现象，环保部门包揽了环境标准的制定、环境认证、污染排放监管等环境政策制定与监督的所有工作，既是规则制定者，又是执行者，缺失监督，由于一体化管理很难建立各环节不相容机制，政策实施效果差强人意，并容易产生腐败寻租问题。近年来环境管理与监督的分离取得一些进展，但环境监测站、技术评估中心仍为环境部门从属事业单位，与环境政策制定者为行政直属关系，没有实现根本的职能分离。因而，我国未来应继续深入推进绿色创新政策规制的职能分离，实现政策立法与政策监管各司其职，相互沟通、互相配合的有利局面。

三　丰富政策管理类型

我国绿色创新政策要不断汲取国际先进理念、实践经验并结合国情创新环境管理，如增加创新弃权书、强化信息披露、信息共享等各种手段的应用。创新弃权书是运用创新激励的一种环境手段，规制者与被规制企业以契约方式，约定在一定时间内，企业通过绿色技术创新实现从原有不节能、不环保的生产方式向绿色环保生产方式的转变，同时规制者在约定时间内，给予企业免除处罚的激励。创新弃权书是促进环境政策改革的新尝试，通过给予企业约定期间的处罚豁免作为企业绿色技术创新的激励条件，具有较强的可操作性和实效性，在促进绿色技术创新的同时也有利于企业绿色转型。信息披露是指利用传媒、企业会计年度报告、社会责任报告或其他方式对企业的环境投资与治理、研发投入与成果进行发布，告知公众企业活动的环境绩效及环境法规的执行情况。信息披露在国外的应用已经比较成熟，在我国只是刚刚起步。我国还未制定正式的信息披露政策法规，随着信息、网络通信及大数据技术的快速发展，社会公众的环保与责任意识不断提高，信息披露作为一种重要的环境政策工具，将会拥有广阔的发展空间。利用先进的信息网络，建立绿色技术创新各方技术与信息共享平台，通过信息网络实现交流信息量、交流速度的提升，并构建绿色技术研发、转化与需求之间的互动交流与共享机制，有利于加快技术创新的步伐，促进绿色技术的扩散。

此外，政策类型的丰富不仅体现为政策工具的多元化，还表现在对现有政策类型的扩展。随着5G、物联网、区块链等新的理念与技术的日益成熟，市场应用范围的逐步扩大，市场激励工具与沟通响应方式的应用手段和范围会大大扩展。要不断突破传统的地区和部门管理的限制，实现跨部门、跨地区全网络的覆盖。大胆尝试基于现有平台的信息共享，促进法律法规的协调一致性，构建共同执法、联合监督的一体化环境管理与合作中心。

四　强化政策特性的控制

绿色技术创新的政策特性主要包括政策的严格性、稳定性与灵活性。理想的政策工具连续、稳定，能使投资者对可能面临的风险进行合理的规划与规避；政策规制要足够严厉，能激励企业达到最优排放水平的创新；政府规制在实施时不能生搬硬套，要精准定位政策目标，足够灵活以鼓励持续创新，避免创新资源的错配，提供绿色技术不断进步的持续激励。

（一）严格执行规制政策

希克斯的引致创新理论指出，严格的规制政策将提高生产投入要素的价格，增加企业的环境治理成本，为保证市场竞争地位，企业必然寻求绿色技术改造或技术进步积极应对，从而获得长期的收益。因此，严厉的规制政策更能诱发绿色技术创新。

（二）保持政策的稳定

绿色技术创新政策的制定与实施，应遵循时间一致性，保持政策稳定性。绿色技术创新不同于传统创新，具有更大的投资风险，在政策不明朗，收益具有很大不确定性时，企业难以做出绿色技术投资决策。只有政府发出明确信号，建立完整的政策框架和实施强有力的政策措施保证政策持续、稳定的情境下，企业才能进行风险与收益之间的评估，减少投资不确定性带来的风险，最终将有利于激发企业的长期绿色研发投资决策。因此，应尽量保持政策的连贯与稳定，避免

"朝令夕改"。

（三）灵活实现政策目标

实现政策目标的灵活性是指创新者通过选择最优路径，采用更高质量的技术创新满足并超出政府环境规制限制要求。政府设定规制目标与标准以后，企业具体采用何种方式实现目标，应该给予一定的灵活实施空间，不应限制企业应采取的特定手段，墨守成规，抑制企业寻求更有效率的途径。如在污染排放税费的实施过程中，能对企业生产过程进行密切的监控与管理，并结合企业排污实际进行适时调整，让企业具有一定的灵活性，那么，企业就获得更大的减排激励。但需要指出的是，并非直接管制就一定死板，而市场激励规制就必然灵活。有些直接规制如基于污染发生率的性能标准就具有一定的灵活性，而基于产品技术标准的增值税则是规定性的市场规制，显然，直接规制给企业提供了更多潜在的技术选择空间，能激发更多的绿色技术创新。

五　优化环境与创新规制的组合

环境规制与创新支持政策各具特点，存在发挥作用的不同空间。没有一种工具手段是最优的，能满足技术条件、产业结构、制度因素等环境与创新生态的所有要求。在政策的制定和实施过程中，需要结合我国的实际国情，综合考虑不同的情境要求，实现政策手段的优化组合。

（一）依据规制情境选择市场激励与直接管制的优化组合

市场激励手段在灵活性与稳定性方面的表现优于直接管制，要想达到与市场激励相似的政策效果，直接管制则需要根据企业政策执行的动态变化不断改进、调整规制强度及规制的具体形式。市场激励与直接管制的具体形式不同，其灵活性、稳定性及严格性的表现也不尽相同。同属于市场激励性规制的排污权交易与税收工具，虽然在实现环境目标时具有类似的影响，但由于一种是数量规制，另一种是价格规制，政府如果不能结合企业的减排成本与环境影响实情进行动态调整，最终环境税收将使排放价格保持不变，而排污权交易则要根据信息变化自动调整。与此类似，对于技术标准与性能标准的直接管制，仅能促发技术使用者依据现有标准进行技术改进的激励，无法在不同阶段以成本最小化诱发技术的向前演进，很难诱发强大的规制响应。

环境规制的分类指导性导致政策的执行对企业的环境绩效与竞争力存在不同的影响。我国的环境规制以传统的命令控制型为主，市场导向型政策类型和工具不足。理论与实践表明，命令控制型政策更多促发企业选择末端治理技术，市场导向型规制政策则更有利于清洁生产技术的研发。环境问题要从根本上得以解决，实现生态文明与绿色发展，最终依赖于企业的环境技术实现末端治理向清洁生产过程的转变。因此，我国应在丰富命令控制型环境规制手段的基础上，不断探索与制定更多类型的市场激励性政策，实现直接管制与市场工具的结合，在我国环境技术交易制度与市场不断完善的条件下，逐步向基于经济与市场激励的环境规制政策过渡，最终实现绿色技术创新在政府规制下的市场化。

根据本书对环境规制影响绿色技术创新的实证结果可知，直接管制有助于末端处理，但对清洁技术与绿色产品创新具有一定的抑制效应，即命令控制型的手段只适用于短期污染的治理，不利于诱发长期的污染预防与清洁技术的发展和根本性的绿色技术创新。市场激励手段能够通过绿色研发（人力资本、物质资本、研发资本）促进清洁技术的发展，不能通过绿色技术扩散（技术交易、协同创新、FDI）对清洁技术产生推动作用，引发清洁技术的商业化应用。从而，环境规制政策需逐步减少命令与控制型的直接管制，通过对市场的建设与完善，不断加大企业的人力资本、物质资本与研发资本要素投入，引入更多市场激励性手段类型并逐步加大其适用范围，发挥市场激励对清洁技术的促进效果。同时，需进一步构建与完善技术交易体系，通过加强产、学、研深入合作加快协同创新，加大引进有助于提高我国绿色技术水平的FDI等方式推动我国清洁技术的应用与扩散，推动我国形成具有竞争力的绿色技术市场。

（二）创新支持政策的组合优化

根据本书关于创新支持对绿色技术创新的实证结果可知，我国工业企业的绿色技术创新具有显著的路径依赖特性，绿色技术的创新程度越高，对技术存量的依存性越强。研发资本对绿色技术创新助推效应的发挥具有一定的时滞性。创新补贴与知识产权保护两种创新支持政策对我国工业行业三种不同创新性的绿色技术创新的影响经历了从不显著到显著、从负向到正向的变化过程。知识产权保护与政府创新补贴两种创新支持政策对末端处理与绿色产品创新具有相互补充、互相强化的效应，对清洁技术绿色技术创新则产生相互的抵制与排斥。知识产权保护通过研发资本对末端处理、清洁技术与绿色产品创新三种绿色技术创新均存在较显著的助推作用，其影响效果明显大于创新补贴。知识产权保护水平对工业企业的末端减排与清洁技术工艺技术创新的影响处于"U"形拐点之前，存在一定的抑制效果，对绿色产品创新的影响处于倒"U"形拐点之前，存在正向的促进作用。

因此，未来我国应加大对企业进行技术研发的激励，特别是对具有一定技术积累和技术优势的企业通过财政支持与税收优惠加大支持力度。但要把握好政策支持的时点和对象，需注意知识产权保护与政府创新补贴政策的配合使用，避免政策运用过程中使用力度的不当导致效果的相互抵消，在短期内以政府的创新补贴政策为主，随着市场的不断发育和趋近成熟，不断减少政府的创新补贴，有步骤有计划地逐步加强知识产权保护力度，使企业从重视末端治理过渡到对生产工艺与生产流程的清洁技术发展阶段中，不宜快速加大知识产权保护力度，以确保绿色技术的推广与应用，待清洁技术发展较为成熟时，可考虑进一步加大知识产权保护水平，进一步降低政府创新补贴直至取消补贴，最终主要通过知识产权保护促进绿色产品的根本性创新。

（三）环境规制与创新支持的优化组合

综合本书潜变量调节模型与显变量交互效应模型实证结果可知，环境规制与创新支持政策对我国的绿色技术创新均存在一定的促进作用。两种绿色技术创新政策之间相互补充、相互促进，协调发展。创新支持在环境规制对绿色技术创新的促进中起到了积极的推波助澜作用。绿色技术创新水平越高，对创新政策的支持更大。直接管制作为主效应时，市场激励与创新补贴对直接管制与末端处理之间的促进作用起到了负向的强化；知识产权保护则对直接管制与清洁技术存在明显的正向促进，对直接管制与绿色产品创新存在显著的负向抑制；市场激励作为主效应时，直接管制、创新补贴与知识产权保护强化了市场激励对末端处理与清洁技术的影响，三种环境创新政策在末端处理与清洁技术两种绿色技术创新中具有反向的作用，直接管制与创新补贴对末端处理存在负向强化，而对清洁技术具有正向强化，政府创新补贴的负强化略小于直接管制。现有环境与创新政策组合的具体规制效果见表 8 - 4。

表 8 - 4   环境与创新政策组合效果

政策组合	末端处理	清洁技术	绿色产品创新
直接管制 + 市场激励	弱化促进	强化抑制	不显著
直接管制 + 创新补贴	抑制促进	抑制负向	不显著
直接管制 + 知识产权保护	不显著	弱化抑制	强化抑制
市场激励 + 创新补贴	强化抑制	强化促进	不显著
市场激励 + 知识产权保护	强化抑制	强化促进	不显著

由表 8 - 4 可以看出，市场激励弱化了直接管制对末端处理的促进作用，强化了直接管制对清洁技术的抑制作用，对直接管制对绿色产品创新的抑制作用影响不显著。创新补贴对直接管制对末端处理的促进作用存在挤出效应，对直接管制对清洁技术的抑制具有反向的推动，有助于直接管制对清洁技术的发展。知识产权保护弱化了直接管制对清洁技术的抑制，强化了直接管制对绿色产品创新的抑制。由此可以看出，直接管制有利于末端减排技术的进步，但如果同时采取创新补贴手段，则弥补了企业的排污成本，不利于末端处理技术的运用。直接管制手段不能促进清洁技术进步与激励根本性的绿色产品创新，它与强化知识产权保护水平组合，能够弱化对清洁技术的抑制，但加剧了对绿色产品创新的抑制。所以，直接管制 + 知识产权保护手段组合有利于发展清洁技术。创新补贴强化了市场激励对末端排污技术的抑制，对市场激励对清洁技术的促进具有明显的助推效果。因此，市场激励 + 创新补贴手段组合有利于发展清洁技术。知识产权保

护强化了市场激励对末端排污技术的抑制，对市场激励对清洁技术的促进具有明显的助推效果。所以，市场激励＋知识产权保护手段有利于发展清洁技术。

　　综合以上分析结果表明，短期内直接管制对提升我国末端减排技术、快速减少污染排放起到了积极的效果，但这种方式投入成本较大，资源配置效率较低，不能从根本上解决环境污染问题，不适合长期使用。从长期来看，我国需要不断扩展市场激励性手段的应用范围和深度，发挥市场激励手段对清洁技术进步的推动。然而，市场激励手段的应用需要配套制度的构建和完善，市场体系的日趋成熟。在直接管制手段逐渐弱化的过程中，逐步加强对绿色技术的知识产权保护力度，促进末端处理技术向清洁技术的过渡。待市场发育逐渐成熟，市场激励手段广泛运用时，配合创新补贴与力度更强的知识产权保护创新支持手段，可大力促进清洁技术的发展，实现污染治理向污染预防的转变。但要实现根本性的绿色产品创新，必须通过强化知识产权保护，使之达到一定的保护力度，才能有助于推动绿色产品创新。

附　　录

附录 A

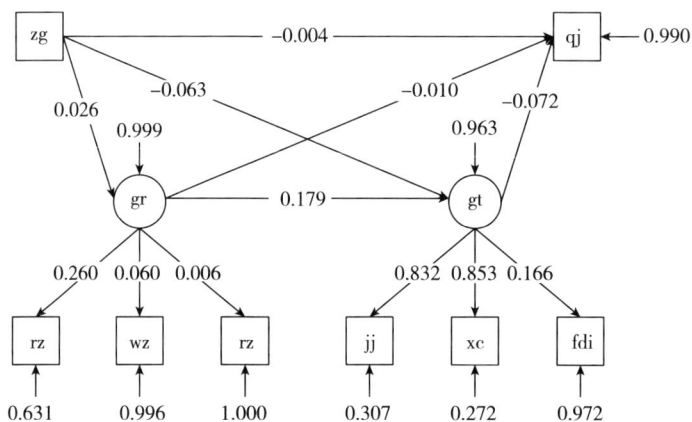

图 A – 1　2 步 2 重中介模型 **zg. qj** 路径

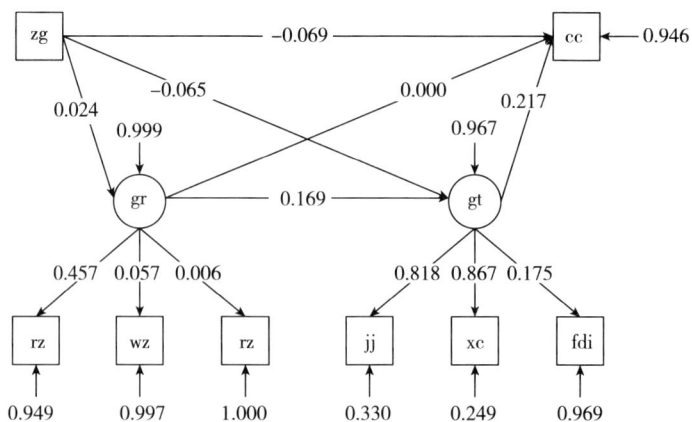

图 A – 2　2 步 2 重中介模型 **zg. cc** 路径

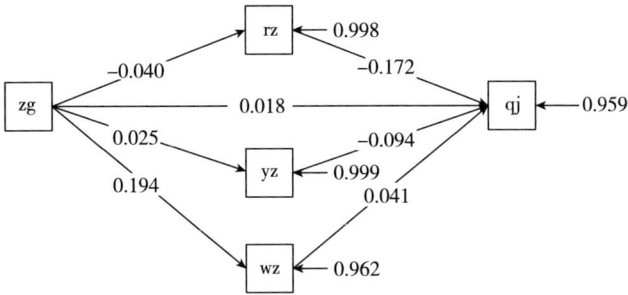

图 A - 3　单步 3 重绿色研发 zg. qj 路径关系

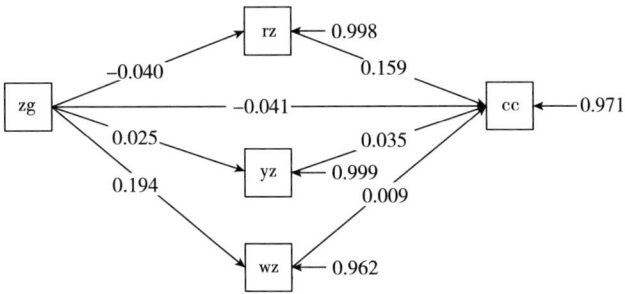

图 A - 4　单步 3 重绿色研发 zg. cc 路径关系

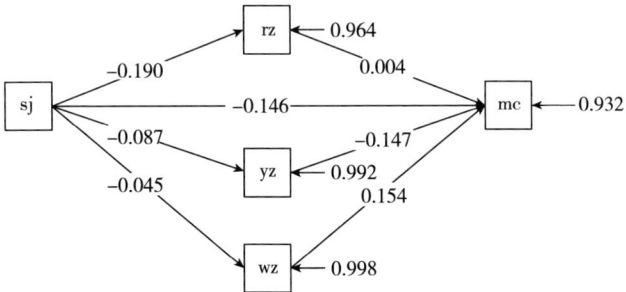

图 A - 5　单步 3 重绿色研发 sj. mc 路径关系

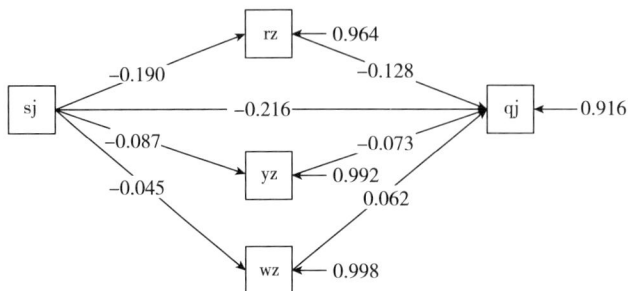

图 A – 6　单步 3 重绿色研发 sj. qj 路径关系

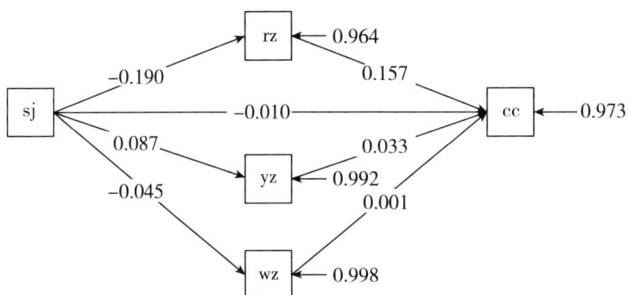

图 A – 7　单步 3 重绿色研发 sj. cc 路径关系

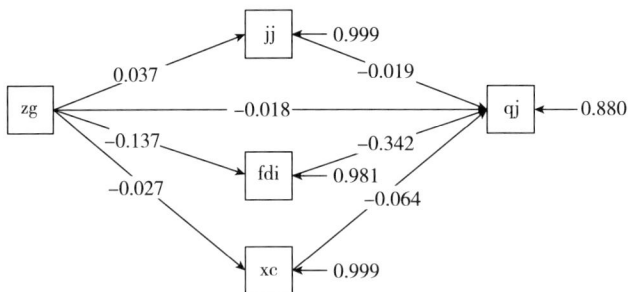

图 A – 8　单步 3 重绿色技术扩散 zg. qj 路径关系

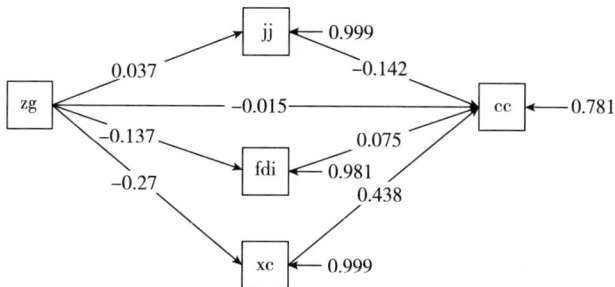

图 A – 9　单步 3 重绿色技术扩散 **zg. cc** 路径关系

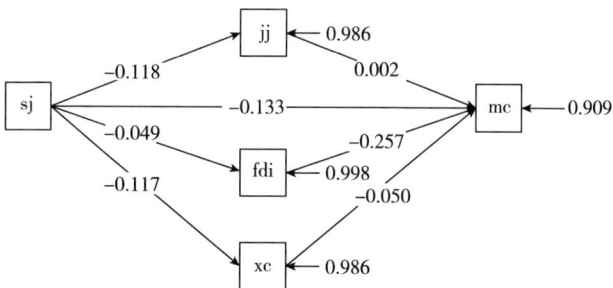

图 A – 10　单步 3 重绿色技术扩散 **sj. mc** 路径关系

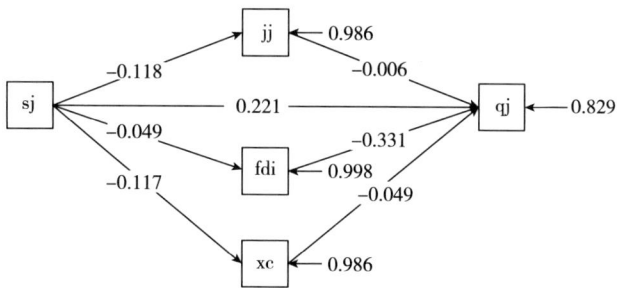

图 A – 11　单步 3 重绿色技术扩散 **sj. qj** 路径关系

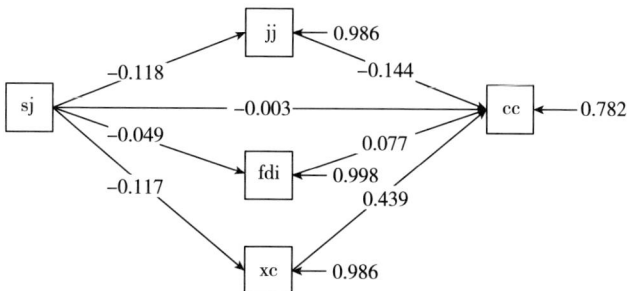

图 A – 12　单步 3 重绿色技术扩散 **sj. cc** 路径关系

附录 B

表 B – 1   1994—2017 年政策量化指标得分值

年份	政策数量	政策强度	政策措施		政策目标				政策执行与实施	年系数总量	年度累计分值
			行政措施	财税措施	污染防治	节能减排	技术创新	技术扩散			
1994	1	4	4	1	5	0	1	0	2	17	17
1995	2	8	8	4	7	4	9	0	6	46	63
1996	9	37	25	13	20	9	17	12	20	153	216
1997	5	14	22	15	2	5	17	14	9	98	314
1998	4	15	7	6	1	1	15	1	7	53	367
1999	8	18	34	28	7	2	17	17	11	134	501
2000	6	18	10	9	12	8	14	12	11	94	595
2001	2	6	2	4	9	8	3	3	7	42	637
2002	8	25	23	17	23	13	23	21	20	165	802
2003	8	19	12	17	29	26	25	19	7	154	956
2004	3	10	7	11	4	11	12	10	2	67	1023
2005	12	38	29	30	30	33	41	34	7	242	1265
2006	21	39	90	74	67	46	32	14	97	480	1745
2007	12	26	3	34	9	52	64	22	10	194	1939
2008	20	48	15	24	26	99	86	23	21	294	2233
2009	9	11	12	8	33	16	7	11	41	148	2381
2010	9	16	15	20	27	41	15	16	37	196	2577
2011	19	36	0	63	10	57	85	25	0	240	2817
2012	18	36	72	24	83	83	66	68	99	549	3366
2013	18	41	118	49	109	35	94	20	75	559	3925
2014	19	34	95	26	86	28	48	14	106	456	4381
2015	46	105	30	77	71	84	193	48	20	523	4904
2016	47	86	14	71	61	158	192	27	11	534	5438
2017	30	47	65	49	96	34	111	57	89	578	6016

资料来源：笔者整理计算。

表 B-2　我国各地区 1994—2017 年政策数量

年份 地区	1994	1995	1996	1997	1998	1999	2000	2001	2002	2003	2004	2005	2006	2007	2008	2009	2010	2011	2012	2013	2014	2015	2016	2017
山西		2	1	3				2	1		1	3	4	3	6	4	6	4	7	6	3	1	4	7
吉林				3	1				1		3	1	2	3	6	4	2	9	10	5	3	2	3	4
黑龙江								1	1		3	2	3	7	6	2	4	4	5	2	4	1	2	9
安徽						1			2	2	3	4	6	5	2	4	7	7	7	3	3	3	3	5
江西	1	1								2	2	1	6	5		1	3	1	6	5	1	3	4	3
河南		2					2	1	1	1	2	1	5	4	1	3	4	3	1	4	1	1	1	5
湖北	1	1		1			2		2		3	1	3	5	4	4	6	5		3	5	3	4	4
湖南								1	2		2	2	7	3	1	4	1	1	1	1	3	3	1	2
四川				2				1	1	2	1	2	7	8	2	1	1	3	3	4	6	1	4	4
贵州							1			1	1	1	5	3	1	4	2	4	1	2	2	3	1	1
云南	1				1			1	1		4	2	7	5	2	2	3	6	4	2		3		
陕西					1		1		1	2	4	3	5	3	1	3	7	2	6	2	3	3	4	3
甘肃				2							2	1	4	3	3	2	1	3	6	4	6	3	3	4
青海			2					2			2	2	5			2	1	5	2	2		4		4
宁夏		1	2				1			2	2	2	5					1	4		1	1	3	2

续表

年份\地区	1994	1995	1996	1997	1998	1999	2000	2001	2002	2003	2004	2005	2006	2007	2008	2009	2010	2011	2012	2013	2014	2015	2016	2017
新疆		1		1		1		3			3	1	4	1	2			5	3	2	2	1	2	4
广西			2	1					2		2	1	3	1	2	1	2	4	4	3		1	3	5
内蒙古							1	1	1	1		3	4	3	1			3	3	4	4		2	2
重庆					1		1		1		2	3	4	3	2	3	2	7	1	4	3	1		1
北京						1			2		2	2	5	4	2	1		3	1	4				
天津				1			1			1	4		1	3		3	1	2	3			1	3	4
河北				2			1	1	1	1	3	1	5	4	3	3	2	7	4	5	1	3	4	4
辽宁							1				3	1	5	3	1			4	5	2	3	3	4	4
上海	3									1		1	2	5	3	3	3	2	3			1		1
江苏				2					3		3	1	1	2	2	3	4	1	2	3	2	1	3	
浙江	1			1					2		2	4	3	6	2		6	1	3	5		7	3	4
福建				2					3	1	2	2	4	2	3		1	1	5	5	3	2	4	2
山东	1						1		1		2	1	9	6	2	3	2	7	3	6		4	3	5
广东		1								2	2	4	4	4					1		1			
海南						2	1				2	2	3	2	2		2							1

资料来源：笔者整理计算。

表 B - 3

1994—2017 年我国各地区 IPC 分类数

地区	IPC分类	1994	1995	1996	1997	1998	1999	2000	2001	2002	2003	2004	2005	2006	2007	2008	2009	2010	2011	2012	2013	2014	2015	2016	2017	分类合计
中部	A62D	2	3	6	5	2	3	3	9	7	7	0	3	9	8	21	40	34	43	25	30	46	85	79	57	527
	B09	9	2	8	6	5	8	21	19	36	52	37	28	51	41	65	128	145	207	220	227	422	491	795	623	3646
	C02	106	82	90	71	86	123	155	140	150	226	232	245	344	365	500	712	956	1180	1366	1901	2549	3771	5481	3800	24631
	F01N	13	9	20	16	12	30	37	22	22	27	43	34	60	63	75	103	121	215	259	320	393	461	662	352	3369
	F23G	4	6	5	4	12	25	19	11	18	14	25	26	27	36	39	65	83	90	140	142	293	371	726	535	2716
	F23J	13	18	20	13	31	22	54	36	30	44	68	69	61	90	100	92	142	119	247	257	393	498	725	447	3589
	小计	147	120	149	115	148	211	289	237	263	370	405	405	552	603	800	1140	1481	1854	2257	2877	4096	5677	8468	5814	38478
东部	A62D	2	3	12	4	8	7	10	20	18	42	26	47	53	80	118	184	123	199	157	155	226	194	273	148	2109
	B09	8	7	4	12	12	25	57	90	143	167	162	161	249	215	272	483	736	787	888	1257	1417	1872	2455	1754	13233
	C02	76	265	259	288	321	408	594	722	994	1159	1328	1641	4112	2582	3707	4776	6442	7657	9623	11188	13653	19307	25114	16164	132380
	F01N	10	41	46	34	45	63	79	56	85	105	119	145	175	184	239	331	483	703	855	1011	1089	1261	1850	883	9892
	F23G	2	22	20	21	17	42	59	90	98	94	112	103	157	161	222	296	348	503	746	771	901	1261	2043	1356	9426
	F23J	11	44	48	38	63	69	133	91	105	105	162	172	204	255	351	350	347	561	630	737	1055	1533	2069	1253	10379
	小计	109	382	389	397	466	614	932	1058	1428	1672	1909	2269	4950	3477	4909	6420	8479	10410	12899	15119	18341	25428	33804	21558	177419

续表

地区	IPC分类	1994	1995	1996	1997	1998	1999	2000	2001	2002	2003	2004	2005	2006	2007	2008	2009	2010	2011	2012	2013	2014	2015	2016	2017	分类合计
西部	A62D	2	0	3	0	2	3	1	3	5	7	3	3	5	14	11	32	26	45	37	41	84	57	79	47	510
	B09	7	3	3	2	2	10	15	18	27	26	19	36	27	28	44	111	104	136	207	232	332	410	471	410	2680
	C02	65	64	60	57	72	83	136	115	140	211	208	219	255	313	475	742	976	1215	1797	2083	2662	3960	5394	3808	25110
	F01N	10	17	7	15	15	26	28	21	18	19	48	84	65	50	59	110	132	201	229	212	460	527	343	210	2906
	F23G	2	4	4	3	5	7	12	12	17	16	21	33	25	45	22	31	51	70	89	119	212	349	487	302	1935
	F23J	9	10	11	9	11	21	23	14	17	21	38	57	48	42	53	69	75	121	135	187	255	344	534	322	2426
	小计	95	98	88	86	104	150	215	183	224	300	337	432	425	492	664	1095	1364	1788	2494	2874	4005	5647	7308	5099	35567
东北部	A62D	2	0	2	1	0	2	3	3	6	3	3	5	4	4	5	17	7	16	12	6	7	20	7	7	142
	B09	6	0	3	1	1	6	9	13	21	15	8	9	19	20	18	46	30	41	39	43	69	69	73	80	639
	C02	53	74	62	40	53	66	79	83	110	122	171	156	201	237	278	337	402	497	549	729	679	928	896	611	7413
	F01N	9	6	6	3	5	9	7	13	9	14	7	10	10	5	15	31	30	36	73	68	80	53	102	64	665
	F23G	2	4	3	2	5	15	4	5	8	8	10	12	12	14	20	14	9	20	21	13	43	42	77	30	393
	F23J	8	13	9	6	20	25	28	15	19	21	30	36	30	44	48	30	37	41	61	82	126	142	172	63	1106
	小计	80	97	85	53	84	123	130	132	173	183	229	228	276	324	384	475	515	651	755	941	1004	1254	1327	855	10358
年度合计		431	697	711	651	802	1098	1566	1610	2088	2525	2880	3334	6203	4896	6757	9130	11839	14703	18405	21811	27446	38006	50907	33326	

资料来源：笔者整理计算。

表 B－4　　1994—2017 年我国 31 个省（区、市）IPC 分类数

地区	IPC分类	1994	1995	1996	1997	1998	1999	2000	2001	2002	2003	2004	2005	2006	2007	2008	2009	2010	2011	2012	2013	2014	2015	2016	2017	合计
北京	A62D	1	3	3	0	3	2	5	6	2	16	9	5	20	14	22	47	38	55	30	40	43	26	41	17	448
	B09	4	0	0	1	4	2	17	18	27	39	36	40	56	48	69	95	127	166	193	224	214	342	431	260	2413
	C02	64	60	72	60	74	98	163	138	208	250	279	317	405	433	791	922	1230	1410	1519	1722	1947	2498	2995	1613	19268
	F01N	2	8	11	8	3	10	19	9	11	14	13	10	14	15	15	24	48	51	88	100	79	124	148	92	916
	F23G	5	7	5	7	2	14	24	17	16	29	28	31	25	32	66	66	60	86	92	91	106	160	277	138	1384
	F23J	7	5	9	11	6	8	31	15	15	17	48	41	46	49	128	50	50	112	89	119	161	224	324	182	1747
	小计	83	83	100	87	92	134	259	203	279	365	413	444	566	591	1091	1204	1553	1880	2011	2296	2550	3374	4216	2302	26176
上海	A62D	0	0	0	0	0	0	0	2	3	7	4	9	11	12	23	29	18	32	15	10	25	19	18	5	242
	B09	1	0	0	2	0	3	7	13	28	27	24	25	45	32	33	56	63	79	87	112	98	118	168	133	1154
	C02	24	36	24	33	35	53	62	111	163	170	206	304	303	345	493	639	686	895	986	999	1055	1305	1813	958	11698
	F01N	5	2	2	2	1	2	5	1	10	9	12	24	43	39	43	50	61	87	54	90	93	101	163	52	952
	F23G	1	2	0	2	1	4	6	8	17	7	5	11	21	24	16	34	35	39	55	65	72	96	117	73	711
	F23J	1	3	2	3	5	0	5	6	13	13	12	8	13	26	26	40	29	37	45	69	113	75	119	54	717
	小计	32	43	28	42	43	62	85	141	234	233	263	381	436	478	634	848	892	1169	1242	1345	1456	1714	2398	1275	15474

续表

地区	IPC分类	1994	1995	1996	1997	1998	1999	2000	2001	2002	2003	2004	2005	2006	2007	2008	2009	2010	2011	2012	2013	2014	2015	2016	2017	合计
天津	A62D	0	0	1	0	2	0	0	1	1	2	0	2	0	26	6	17	5	9	8	6	5	4	20	3	118
	B09	0	3	2	0	1	2	3	5	8	13	11	6	14	13	25	32	29	45	39	131	92	94	194	79	841
	CO2	17	14	10	16	9	24	26	39	46	98	88	95	121	200	146	192	266	377	531	669	831	1265	1468	684	7232
	F01N	1	3	4	0	5	3	3	8	7	10	4	7	3	8	14	10	22	18	31	75	67	88	114	40	545
	F23G	0	0	0	0	0	0	1	0	6	5	3	0	4	3	3	7	15	33	30	53	56	50	85	37	391
	F23J	1	3	2	1	1	0	5	9	4	1	8	4	10	10	17	8	10	8	28	21	55	92	137	35	470
	小计	19	23	19	17	18	29	38	62	72	129	114	114	152	260	211	266	347	490	667	955	1106	1593	2018	878	9597
重庆	A62D	0	0	0	0	0	1	0	0	0	0	2	0	1	2	0	2	1	5	4	3	10	5	3	3	40
	B09	0	1	0	0	0	1	1	3	4	2	2	5	6	3	2	10	15	16	22	33	50	109	67	34	386
	CO2	3	2	7	10	10	9	15	24	14	24	27	32	34	33	43	98	121	180	226	261	475	860	623	377	3508
	F01N	1	3	2	3	5	5	8	6	5	10	36	63	45	25	25	68	57	122	93	52	165	280	145	55	1279
	F23G	0	0	0	0	1	0	1	2	0	2	4	3	3	38	3	7	15	15	7	8	44	83	76	45	356
	F23J	0	1	0	0	1	0	3	0	0	2	4	1	0	3	2	4	11	9	12	14	17	51	49	17	201
	小计	4	7	9	13	16	16	28	35	23	40	73	104	89	104	75	189	220	347	364	371	761	1388	963	531	5770

续表

地区	IPC分类	1994	1995	1996	1997	1998	1999	2000	2001	2002	2003	2004	2005	2006	2007	2008	2009	2010	2011	2012	2013	2014	2015	2016	2017	合计
内蒙古	A62D	0	0	0	0	0	0	0	0	0	0	0	0	0	0	0	0	0	1	0	0	1	0	2	6	10
	B09	0	0	0	0	0	0	0	0	0	0	0	2	2	1	0	2	5	8	5	12	10	20	9	10	86
	C02	5	4	0	5	3	10	6	7	5	9	8	9	12	4	14	25	22	32	44	54	113	138	240	106	875
	F01N	1	0	1	2	0	3	2	0	0	1	1	1	2	1	1	2	3	1	3	5	20	14	6	2	72
	F23G	0	0	0	0	0	0	0	1	0	2	2	1	0	0	0	0	0	1	0	5	2	9	14	8	43
	F23J	1	2	1	2	5	2	0	1	1	1	4	2	3	1	2	4	7	10	10	12	7	15	24	25	142
	小计	7	6	2	9	8	15	8	9	6	11	15	15	19	7	17	33	37	53	62	88	153	196	295	157	1228
新疆	A62D	0	0	0	0	0	0	0	0	0	1	2	0	0	0	0	0	1	1	0	1	3	1	0	2	12
	B09	1	0	0	0	0	0	2	1	0	0	0	1	1	1	0	3	4	3	9	4	1	14	20	14	79
	C02	5	5	1	2	3	2	5	3	6	6	4	5	7	11	26	32	52	43	47	72	118	133	192	93	873
	F01N	0	2	0	3	1	2	3	2	0	0	0	2	0	1	3	3	2	4	6	8	4	1	2	0	49
	F23G	1	0	0	0	0	0	0	0	0	1	1	0	0	0	0	3	3	3	2	5	3	5	10	4	41
	F23J	1	0	1	2	1	2	3	1	2	5	2	6	5	5	11	10	7	18	11	8	24	29	32	16	202
	小计	8	7	2	8	5	6	13	7	8	13	8	14	13	18	40	51	69	72	75	98	153	183	256	129	1256

续表

地区	IPC分类	1994	1995	1996	1997	1998	1999	2000	2001	2002	2003	2004	2005	2006	2007	2008	2009	2010	2011	2012	2013	2014	2015	2016	2017	合计
宁夏	A62D	0	0	0	0	0	0	0	1	0	0	0	0	0	1	1	0	0	0	0	2	0	0	1	0	6
	B09	0	0	0	0	0	0	0	1	0	1	1	2	1	0	0	0	3	2	1	1	8	10	11	6	48
	C02	2	0	1	1	0	1	2	0	1	2	3	2	5	7	6	7	0	3	25	41	31	60	67	68	337
	F01N	0	1	0	0	0	0	0	0	0	1	0	1	0	0	0	0	0	0	0	4	3	2	4	4	20
	F23G	0	0	0	0	0	0	0	0	0	0	0	1	0	0	0	0	0	0	1	0	2	2	11	1	18
	F23J	0	0	2	0	0	1	1	1	0	1	1	6	2	1	0	1	1	2	0	5	20	5	10	14	74
	小计	2	1	3	1	0	2	3	4	1	5	5	12	8	9	7	8	4	7	27	53	64	79	104	93	503
广西	A62D	0	0	1	0	0	0	0	0	0	0	0	0	0	0	0	3	7	2	7	6	16	12	8	9	76
	B09	0	0	0	0	0	0	3	2	3	1	2	4	1	2	2	3	7	7	28	33	40	30	55	45	268
	C02	7	3	7	4	6	11	13	12	20	20	23	22	18	25	36	47	72	92	159	215	264	387	830	457	2750
	F01N	1	1	1	1	1	4	3	3	1	1	3	6	3	8	9	14	17	20	29	39	82	54	65	58	424
	F23G	0	1	1	0	0	3	7	1	3	0	4	17	3	2	7	5	4	11	13	27	38	100	127	54	429
	F23J	1	1	0	0	0	1	2	4	2	0	4	10	3	6	4	2	1	13	6	28	39	52	94	43	316
	小计	9	6	10	6	7	19	28	22	29	22	36	59	28	43	58	79	108	145	242	348	479	635	1179	666	4263

续表

地区	IPC分类	1994	1995	1996	1997	1998	1999	2000	2001	2002	2003	2004	2005	2006	2007	2008	2009	2010	2011	2012	2013	2014	2015	2016	2017	合计
西藏	A62D	0	0	0	0	0	0	0	0	0	0	0	0	0	0	0	0	0	0	0	0	0	0	0	0	0
	B09	0	0	0	0	0	0	0	0	0	0	0	0	0	0	0	0	0	0	0	0	0	0	0	0	0
	C02	0	0	0	0	0	0	0	0	1	0	0	0	0	0	0	1	0	0	6	1	4	4	3	2	22
	F01N	0	0	0	0	0	0	0	0	0	0	0	0	0	0	0	1	1	0	0	0	0	0	0	0	2
	F23G	0	0	0	0	0	0	0	0	0	0	0	0	0	0	0	0	0	0	0	0	0	0	0	0	0
	F23J	0	0	0	0	0	0	0	0	0	0	0	0	0	0	0	0	0	0	0	0	0	0	0	4	4
	小计	0	0	0	0	0	0	0	0	1	0	0	0	0	0	0	2	1	0	6	1	4	4	3	6	28
黑龙江	A62D	0	0	1	0	0	1	1	0	3	1	0	0	4	2	4	8	4	13	6	3	4	11	4	3	73
	B09	1	0	2	1	1	2	2	2	11	6	4	2	9	9	11	18	14	14	10	18	35	31	15	27	245
	C02	30	32	20	15	29	43	42	33	55	60	94	78	105	111	124	154	180	207	264	311	337	511	355	254	3444
	F01N	3	2	2	1	1	3	2	6	2	7	3	5	4	2	6	9	12	18	19	33	32	24	46	31	273
	F23G	2	2	0	1	3	8	3	2	3	3	5	3	5	6	8	4	0	6	7	5	21	10	25	11	143
	F23J	2	4	3	2	9	8	13	7	7	8	12	18	17	17	26	11	19	15	32	50	86	76	115	35	592
	小计	38	40	28	20	43	65	63	50	81	85	118	106	144	147	179	204	229	273	338	420	515	663	560	361	4770

续表

地区	IPC分类	1994	1995	1996	1997	1998	1999	2000	2001	2002	2003	2004	2005	2006	2007	2008	2009	2010	2011	2012	2013	2014	2015	2016	2017	合计
吉林	A62D	0	0	0	0	0	0	0	2	0	0	0	0	0	0	0	3	0	0	1	0	0	2	0	0	8
	B09	1	0	1	0	0	1	0	0	1	3	0	0	0	1	0	1	2	6	2	2	7	3	4	3	38
	C02	11	8	18	12	5	11	7	9	5	6	8	6	4	16	13	25	38	32	20	40	37	50	46	37	464
	F01N	0	0	3	1	0	1	3	1	1	0	2	0	1	2	0	4	4	1	6	13	23	6	22	16	111
	F23G	0	1	1	0	0	4	0	0	0	1	3	2	3	1	0	1	1	1	4	1	0	1	3	0	26
	F23J	2	3	4	1	3	6	7	4	1	6	5	2	0	6	3	5	3	3	5	5	7	12	4	7	104
	小计	14	12	27	14	9	23	17	16	8	16	16	10	8	26	16	39	48	43	38	61	74	74	79	63	751
辽宁	A62D	0	0	1	0	0	1	2	1	3	2	3	5	0	2	1	6	3	3	5	3	3	7	3	4	59
	B09	1	0	0	0	0	3	7	11	9	6	4	7	10	10	7	27	14	21	27	23	27	35	54	50	353
	C02	18	34	24	13	19	12	30	41	50	56	69	72	92	110	141	158	184	258	265	378	305	367	495	320	3511
	F01N	1	4	1	1	3	5	2	6	6	7	2	5	5	1	9	18	14	17	48	22	25	23	34	17	276
	F23G	1	1	2	2	2	3	1	3	5	4	4	7	4	7	12	9	8	13	10	7	22	31	49	19	225
	F23J	2	6	2	3	8	11	8	4	11	7	13	16	13	21	19	14	15	23	24	27	33	54	53	21	408
	小计	23	45	30	19	32	35	50	66	84	82	95	112	124	151	189	232	238	335	379	460	415	517	688	431	4832

续表

地区	IPC分类	1994	1995	1996	1997	1998	1999	2000	2001	2002	2003	2004	2005	2006	2007	2008	2009	2010	2011	2012	2013	2014	2015	2016	2017	合计
河北	A62D	0	0	0	1	0	0	0	1	1	0	1	1	2	2	2	7	0	4	4	5	7	5	5	4	52
	B09	0	0	0	1	0	1	1	3	4	11	7	6	10	6	8	5	12	17	19	39	32	44	78	50	354
	C02	14	13	19	9	21	20	22	25	37	34	41	41	48	63	70	100	124	145	179	242	251	452	673	389	3032
	F01N	4	2	6	5	2	7	8	3	5	4	9	6	9	4	11	8	17	27	23	27	42	35	59	18	341
	F23G	0	1	0	0	0	0	1	1	3	4	9	4	7	4	4	3	2	10	17	9	23	39	71	45	257
	F23J	4	5	9	5	13	10	14	7	15	13	12	13	10	13	11	16	11	19	39	29	41	64	111	73	557
	小计	22	21	34	21	36	38	46	40	65	66	79	71	86	92	106	139	166	222	281	351	396	639	997	579	4593
河南	A62D	1	0	2	1	0	0	0	1	0	2	0	0	2	3	5	1	4	4	2	5	2	11	19	6	71
	B09	0	0	1	1	1	1	5	9	3	8	6	6	14	4	10	24	26	58	42	40	74	98	149	120	700
	C02	12	16	19	16	13	28	20	20	25	47	42	42	69	76	123	142	188	248	247	407	491	600	1225	742	4858
	F01N	4	4	3	5	5	7	4	6	7	6	14	6	24	10	11	8	30	30	24	36	39	55	61	40	439
	F23G	0	1	1	0	0	1	1	4	1	1	7	7	4	9	10	8	17	19	21	20	52	52	88	72	396
	F23J	3	3	3	2	6	1	7	6	4	11	22	24	19	23	21	22	27	22	49	45	62	105	118	83	688
	小计	20	24	29	25	25	38	37	46	40	75	91	85	132	125	180	205	292	381	385	553	720	921	1660	1063	7152

续表

地区	IPC分类	1994	1995	1996	1997	1998	1999	2000	2001	2002	2003	2004	2005	2006	2007	2008	2009	2010	2011	2012	2013	2014	2015	2016	2017	合计
山东	A62D	0	0	2	0	0	1	0	3	0	0	2	3	4	0	7	10	4	12	17	16	38	24	46	25	214
	B09	0	0	0	0	2	4	6	7	14	14	24	23	31	27	27	51	60	72	100	146	160	179	300	154	1401
	C02	28	26	25	42	41	47	67	84	128	133	118	176	2331	306	387	455	608	685	1025	1358	1916	2012	2547	1632	16177
	F01N	7	4	7	6	11	12	11	9	6	17	23	28	23	26	30	33	51	110	97	158	198	158	230	109	1364
	F23G	4	0	4	2	0	0	2	9	7	9	10	8	25	15	23	32	35	59	76	87	110	147	221	145	1030
	F23J	8	15	10	6	15	16	28	18	14	18	17	28	33	53	43	69	56	130	75	147	179	228	246	142	1594
	小计	47	45	48	56	69	80	114	130	169	191	194	266	2447	427	517	650	814	1068	1390	1912	2601	2748	3590	2207	21780
山西	A62D	0	0	0	0	0	0	0	0	1	1	0	0	1	0	3	2	11	3	1	2	2	1	1	1	30
	B09	1	0	0	1	1	0	0	1	1	1	1	1	1	4	0	5	18	8	25	15	13	24	28	7	156
	C02	12	10	8	3	7	9	11	16	4	12	17	19	21	26	39	36	57	72	97	161	140	184	220	179	1360
	F01N	1	1	0	1	1	6	2	2	5	5	5	3	3	2	2	13	6	17	9	13	19	17	19	4	156
	F23G	0	1	0	0	2	8	3	2	2	1	2	3	1	3	3	2	7	2	14	8	16	17	6	19	122
	F23J	1	2	1	2	4	2	5	6	5	1	1	3	11	10	8	11	17	13	16	42	29	36	26	25	277
	小计	15	14	9	7	15	25	21	27	18	21	26	29	38	45	55	69	116	115	162	241	219	279	300	235	2101

续表

地区	IPC分类	1994	1995	1996	1997	1998	1999	2000	2001	2002	2003	2004	2005	2006	2007	2008	2009	2010	2011	2012	2013	2014	2015	2016	2017	合计
湖南	A62D	0	1	0	2	0	1	2	2	1	2	0	0	1	1	3	3	6	3	4	7	6	11	23	9	88
	B09	2	1	1	2	1	0	8	3	12	16	11	8	7	6	24	27	23	37	58	62	126	117	209	224	985
	C02	11	7	11	10	19	16	53	42	32	54	30	44	58	54	76	138	217	250	282	368	457	595	908	766	4498
	F01N	3	1	3	5	1	6	5	1	1	3	5	3	9	9	5	9	9	38	29	24	31	33	50	13	296
	F23G	2	0	1	2	3	1	5	1	3	2	3	5	1	4	3	9	7	12	21	29	55	98	140	109	516
	F23J	2	2	7	2	3	3	12	3	5	6	15	10	7	11	11	16	30	23	25	32	51	67	118	69	530
	小计	20	12	23	23	27	27	85	52	54	83	64	70	83	85	122	202	292	363	419	522	726	921	1448	1190	6913
湖北	A62D	0	1	2	1	0	0	0	3	1	1	0	0	1	1	2	17	6	13	10	9	14	9	6	6	103
	B09	3	1	1	1	1	1	3	2	6	14	10	8	9	12	12	23	25	42	56	38	85	86	128	79	646
	C02	17	9	17	14	18	20	34	38	36	49	59	62	98	98	141	178	214	303	371	468	538	798	1240	884	5704
	F01N	0	0	1	2	2	2	13	3	1	3	5	4	7	7	12	26	17	53	76	86	92	90	142	82	727
	F23G	0	0	1	0	0	1	0	0	1	2	4	3	2	4	5	18	10	8	26	14	40	51	84	35	311
	F23J	3	2	1	3	5	2	8	4	5	3	6	6	3	10	13	12	18	11	41	26	58	58	120	49	467
	小计	23	13	26	21	26	26	58	50	50	72	84	83	120	132	185	274	290	430	580	641	827	1092	1720	1135	7958

续表

地区	IPC分类	1994	1995	1996	1997	1998	1999	2000	2001	2002	2003	2004	2005	2006	2007	2008	2009	2010	2011	2012	2013	2014	2015	2016	2017	合计
安徽	A62D	1	0	0	0	0	1	0	0	0	0	0	2	0	0	3	4	2	7	0	3	15	31	22	27	118
	B09	0	0	1	0	0	0	3	2	0	3	2	3	8	4	6	17	24	34	22	46	67	105	218	121	686
	C02	4	3	10	10	8	10	10	12	14	23	16	29	40	48	81	114	178	253	335	471	818	1445	2128	1419	7479
	F01N	2	0	1	1	3	3	5	1	5	2	5	6	10	29	37	30	33	50	85	104	134	220	269	145	1180
	F23G	0	0	1	1	2	0	1	0	1	3	3	1	9	8	10	16	35	33	38	51	90	109	319	254	985
	F23J	0	0	1	0	1	0	1	3	1	1	4	3	3	9	15	9	23	26	72	45	78	121	169	157	742
	小计	7	3	14	12	14	14	20	18	21	32	30	44	70	98	152	190	295	403	552	720	1202	2031	3125	2123	11190
江苏	A62D	0	0	3	0	0	0	1	4	4	7	1	11	3	9	27	21	22	40	41	48	62	60	68	36	468
	B09	4	3	1	2	2	3	4	15	15	14	14	14	19	21	36	90	101	110	165	241	364	516	444	361	2559
	C02	27	30	31	46	44	58	91	84	129	129	191	213	261	405	683	918	1531	1809	2684	2842	3474	4885	5943	4264	30772
	F01N	8	9	9	3	4	9	6	10	13	14	21	23	33	30	51	95	158	201	262	288	352	378	597	306	2880
	F23G	3	8	5	4	9	15	7	19	13	10	26	21	23	23	29	59	85	133	233	229	289	352	609	396	2600
	F23J	3	4	5	4	6	11	13	8	12	19	28	36	30	35	62	75	88	127	170	176	231	367	501	309	2320
	小计	45	54	54	59	65	96	122	140	186	193	281	318	369	523	888	1258	1985	2420	3555	3824	4772	6558	8162	5672	41599

续表

地区	IPC分类	1994	1995	1996	1997	1998	1999	2000	2001	2002	2003	2004	2005	2006	2007	2008	2009	2010	2011	2012	2013	2014	2015	2016	2017	合计
浙江	A62D	1	0	2	0	2	1	2	1	1	2	4	2	5	3	12	21	13	22	19	14	13	14	31	13	198
	B09	2	0	0	2	2	2	5	5	9	21	10	10	20	17	33	25	42	86	102	127	149	231	273	261	1434
	C02	15	27	19	18	37	26	48	70	76	89	116	165	199	300	449	579	674	812	992	1201	1492	2599	3250	2283	15536
	F01N	2	3	2	2	9	5	3	3	9	8	11	10	17	22	17	37	59	123	158	153	135	223	233	126	1370
	F23G	0	0	1	3	0	0	10	5	4	6	10	10	25	21	37	29	42	51	75	121	120	163	262	206	1201
	F23J	1	1	6	3	7	4	14	13	7	5	12	8	17	16	20	33	40	60	81	74	101	195	250	200	1168
	小计	21	31	30	28	57	38	82	97	106	131	163	205	283	379	568	724	870	1154	1427	1690	2010	3425	4299	3089	20907
福建	A62D	0	0	0	0	0	0	0	0	0	1	0	1	2	1	4	6	6	6	4	4	14	20	11	6	86
	B09	0	0	1	2	1	1	2	5	3	5	7	2	5	4	5	9	14	37	29	40	63	94	146	68	543
	C02	5	27	9	4	7	17	11	15	30	27	33	48	55	72	125	165	269	345	390	512	603	1046	1545	857	6196
	F01N	0	1	1	2	1	3	3	2	3	3	4	6	2	4	10	15	15	31	27	23	23	43	102	37	361
	F23G	0	0	0	0	0	0	2	4	8	7	6	4	4	7	12	27	21	42	46	27	34	48	125	84	509
	F23J	1	1	0	0	0	1	1	4	3	3	3	2	4	10	8	13	7	18	23	23	42	64	113	74	418
	小计	6	8	11	9	9	22	19	30	47	46	53	63	72	98	164	235	332	479	519	629	779	1315	2042	1126	8113

续表

地区	IPC分类	1994	1995	1996	1997	1998	1999	2000	2001	2002	2003	2004	2005	2006	2007	2008	2009	2010	2011	2012	2013	2014	2015	2016	2017	合计
江西	A62D	0	1	1	1	2	0	0	1	1	0	0	1	0	1	1	2	1	0	1	1	3	9	4	5	36
	B09	1	0	1	0	0	3	0	0	2	1	3	0	3	1	2	13	13	8	5	6	15	27	44	42	190
	C02	9	5	3	4	4	5	9	6	9	10	15	19	38	22	32	80	73	76	65	105	184	300	471	324	1868
	F01N	0	1	4	0	0	2	3	2	0	1	4	7	2	2	2	4	10	8	11	11	23	16	53	21	187
	F23G	0	1	0	0	0	2	6	2	7	1	0	2	2	1	0	7	6	9	9	14	19	33	61	35	217
	F23J	0	2	0	1	0	0	1	3	2	8	3	3	1	4	3	6	5	6	7	12	22	23	55	22	189
	小计	10	10	9	6	6	12	19	14	21	21	25	32	46	31	40	112	108	107	98	149	266	408	688	449	2687
广东	A62D	0	0	0	2	1	1	0	1	2	5	2	8	6	11	14	19	14	15	14	8	15	15	28	35	216
	B09	0	1	0	2	0	4	5	8	26	17	25	28	38	35	29	93	274	153	125	173	217	219	364	337	2173
	C02	27	18	26	47	31	45	74	104	124	169	182	209	285	339	416	633	862	916	1029	1238	1743	2846	4317	3118	18798
	F01N	2	5	3	4	4	7	19	5	15	19	20	26	26	35	39	41	38	38	59	70	74	87	169	86	891
	F23G	1	3	3	1	3	6	5	13	11	12	11	7	19	24	20	30	44	37	112	82	69	174	227	213	1127
	F23J	0	1	3	2	2	8	14	7	4	9	9	15	28	22	17	31	41	27	56	52	99	168	215	160	990
	小计	30	28	35	58	41	71	117	138	182	231	249	293	402	466	535	847	1273	1186	1395	1623	2217	3509	5320	3949	24195

续表

地区	IPC分类	1994	1995	1996	1997	1998	1999	2000	2001	2002	2003	2004	2005	2006	2007	2008	2009	2010	2011	2012	2013	2014	2015	2016	2017	合计
海南	A62D	0	0	0	0	0	1	0	0	1	0	0	0	0	0	0	1	0	1	0	1	1	0	2	0	8
	B09	0	0	0	0	0	0	0	0	0	0	0	0	1	2	0	0	0	1	2	1	1	0	3	1	12
	C02	1	1	0	0	3	8	0	11	3	4	5	1	12	9	6	15	8	5	23	27	36	32	68	46	324
	F01N	0	0	0	1	1	0	0	0	0	0	0	0	0	0	0	0	0	0	8	5	1	1	1	0	18
	F23C	0	0	0	0	0	0	0	0	0	1	0	0	0	1	0	0	1	0	0	0	0	1	0	0	4
	F23J	0	0	0	0	0	0	0	0	0	0	0	1	0	0	0	1	0	0	0	0	0	2	0	3	7
	小计	1	1	0	1	4	9	0	11	4	5	5	2	13	12	6	17	9	7	33	34	39	36	74	50	373
贵州	A62D	0	0	0	0	0	0	0	0	0	0	0	0	0	0	0	1	0	0	0	2	1	2	2	2	10
	B09	0	0	1	0	0	1	2	0	1	5	1	3	0	4	11	15	11	10	24	15	24	32	35	34	229
	C02	3	5	4	1	5	2	12	2	1	12	8	14	18	36	31	46	37	75	95	124	109	182	217	174	1213
	F01N	0	1	1	0	2	1	5	1	1	2	0	0	4	2	0	1	1	0	23	13	12	30	16	12	128
	F23C	0	1	1	0	0	0	0	1	6	0	0	1	4	1	2	1	3	0	1	6	8	18	18	7	79
	F23J	0	0	3	0	2	2	2	1	2	2	4	13	12	10	8	10	3	1	11	8	6	15	30	17	162
	小计	3	7	10	1	9	6	21	5	11	21	13	31	38	53	52	74	55	86	154	168	160	279	318	246	1821

续表

地区	IPC分类	1994	1995	1996	1997	1998	1999	2000	2001	2002	2003	2004	2005	2006	2007	2008	2009	2010	2011	2012	2013	2014	2015	2016	2017	合计
云南	A62D	0	0	0	0	0	0	1	1	1	0	0	2	0	2	3	5	0	6	3	3	5	1	7	2	42
	B09	2	0	1	0	0	2	2	4	4	4	2	2	5	0	10	16	14	17	12	12	29	27	45	29	239
	C02	9	4	8	3	11	4	23	15	16	26	26	33	24	32	72	63	77	72	111	137	185	268	425	334	1978
	F01N	2	3	0	2	3	4	1	1	4	0	0	4	4	0	3	4	17	19	1	5	8	7	12	9	113
	F23G	0	0	0	0	0	1	3	3	3	4	2	0	1	0	3	3	3	4	4	2	7	22	50	39	154
	F23J	2	0	0	1	0	3	4	1	2	1	2	3	2	3	0	3	4	5	5	15	15	29	45	31	176
	小计	15	7	9	6	14	14	34	25	30	35	32	44	36	37	91	94	115	123	136	174	249	354	584	444	2702
四川	A62D	0	0	0	0	1	0	0	1	1	2	1	1	0	2	4	7	4	1	2	9	15	19	46	12	128
	B09	4	1	1	2	2	4	4	4	11	11	9	13	10	9	15	27	31	41	62	64	105	122	160	175	887
	C02	25	30	22	19	18	26	32	29	44	60	54	57	88	104	166	257	378	413	696	615	717	1185	1923	1492	8450
	F01N	2	4	1	1	3	3	5	6	4	1	5	5	5	9	11	9	17	20	53	60	127	100	69	48	568
	F23G	1	2	2	1	2	3	1	3	5	5	5	10	12	2	2	9	11	23	25	39	74	79	122	95	533
	F23J	4	2	0	1	0	6	5	2	3	5	9	10	17	7	11	19	20	30	41	42	77	95	119	84	609
	小计	36	39	26	24	26	42	47	45	68	84	83	96	132	133	209	328	461	528	879	829	1115	1600	2439	1906	11175

续表

地区	IPC分类	1994	1995	1996	1997	1998	1999	2000	2001	2002	2003	2004	2005	2006	2007	2008	2009	2010	2011	2012	2013	2014	2015	2016	2017	合计
陕西	A62D	0	0	0	0	1	2	0	0	3	2	0	0	3	6	3	8	13	28	18	15	31	15	9	10	167
	B09	0	1	0	0	0	2	1	3	1	2	2	2	1	8	4	26	11	21	40	48	44	39	47	47	350
	C02	11	4	5	9	5	11	14	13	16	33	24	34	28	42	58	97	162	223	293	457	507	560	667	520	3793
	F01N	0	2	0	2	0	3	1	0	2	2	2	2	2	3	6	6	17	15	19	25	33	38	18	19	217
	F23G	1	0	0	0	0	0	0	0	0	4	3	0	2	2	5	3	9	11	16	24	26	30	48	44	228
	F23J	1	2	1	1	2	2	0	1	5	4	4	6	4	4	13	15	17	26	26	40	43	40	102	58	417
	小计	13	9	6	12	8	20	16	17	27	47	35	44	40	65	89	155	229	324	412	609	684	722	891	698	5172
青海	A62D	0	0	0	0	0	0	0	0	0	0	0	0	1	0	0	0	0	0	0	0	0	0	0	0	1
	B09	0	0	0	0	0	0	0	0	0	0	0	1	0	0	0	1	0	1	0	4	4	4	2	0	17
	C02	0	0	0	0	0	0	2	0	0	1	2	0	2	2	1	3	1	12	13	9	16	31	26	34	155
	F01N	0	0	0	0	0	0	0	0	0	1	0	0	0	0	0	0	0	0	0	0	1	0	0	0	2
	F23G	1	0	0	0	0	0	0	0	0	0	0	0	0	0	0	0	0	1	0	0	2	0	0	0	4
	F23J	0	0	0	0	0	1	0	1	0	0	0	0	0	0	0	1	0	1	0	2	0	0	1	1	9
	小计	1	0	0	0	0	1	2	1	0	2	2	1	3	2	1	5	1	15	13	15	23	35	30	35	188

续表

地区	IPC分类 年份	1994	1995	1996	1997	1998	1999	2000	2001	2002	2003	2004	2005	2006	2007	2008	2009	2010	2011	2012	2013	2014	2015	2016	2017	合计
甘肃	A62D	0	0	2	0	0	0	0	0	0	2	0	0	0	1	0	1	0	1	3	0	2	2	1	1	16
	B09	0	0	0	0	0	0	0	0	3	0	0	1	0	0	0	8	3	10	4	6	17	3	20	16	91
	C02	3	7	5	3	10	7	12	9	16	18	29	11	19	17	22	66	54	70	82	97	123	152	181	151	1164
	F01N	3	0	1	1	0	1	0	2	1	0	1	0	0	1	1	2	0	0	2	1	5	1	6	3	32
	F23G	0	0	0	0	0	0	0	1	0	0	0	0	0	0	0	0	3	1	1	3	6	1	10	5	32
	F23J	0	2	3	2	0	1	3	1	0	0	4	0	0	2	2	0	4	6	13	13	7	13	28	12	116
	小计	6	9	11	6	10	9	15	13	20	20	35	12	19	21	25	77	64	88	105	120	160	172	246	188	1451
合计		580	608	642	611	735	994	1467	1514	1945	2377	2700	3160	6016	4658	6502	8810	11513	14313	17946	21300	26895	37464	50692	33276	256718

资料来源：笔者整理计算。

参考文献

安立仁、席酉民：《企业技术创新的内阻力及外动力分析》，《西安交通大学学报》1998 年第 2 期。

白俊红、蒋伏心：《协同创新、空间关联与区域创新绩效》，《经济研究》2015 年第 7 期。

比克新等：《制造业绿色创新系统研究与进展》，科学出版社 2016 年版。

毕克新等：《FDI 对我国制造业绿色工艺创新的影响研究——基于行业面板数据的实证分析》，《中国软科学》2011 年第 9 期。

曹霞、张路蓬：《环境规制下企业绿色技术创新的演化博弈分析——基于利益相关者视角》，《系统工程》2017 年第 2 期。

曹霞：《企业绿色技术创新扩散的演化博弈分析》，《中国人口·资源与环境》2015 年第 7 期。

陈峥嵘：《绿色专利优先发展政策体系研究》，《科技与法律》2016 年第 4 期。

程华、廖中举：《中国环境政策演变及其对企业环境创新绩效影响的实证研究》，《技术经济》2010 年第 11 期。

程宣启、朱军生：《市场竞争对企业绿色创新影响的实证研究》，《科技与经济》2015 年第 2 期。

党国英：《知识产权保护的技术创新效应研究》，博士学位论文，云南大学，2015 年。

董敏杰等：《环境规制对中国出口竞争力的影响——基于投入产出表的分析》，《中国工业经济》2011 年第 3 期。

段楠楠等：《考虑知识溢出效应的绿色技术创新企业关系演化分

析》，《科技管理研究》2016 年第 20 期。

傅家骥：《技术创新学》，清华大学出版社 1998 年版。

傅雨飞：《公共政策量化分析：研究范式转换的动因和价值》，《中国行政管理》2015 年第 8 期。

高迎春等：《清洁生产和末端治理环境绩效对比分析》，《地理研究》2011 年第 3 期。

关洪军：《企业绿色技术创新行为研究》，经济科学出版社 2017 年版。

郭英远等：《环境规制、政府研发资助与绿色技术创新：抑制或促进？——一个研究综述》，《华东经济管理》2018 年第 7 期。

何继善、戴卫明：《产业集群的生态学模型及生态平衡分析》，《北京师范大学学报》（社会科学版）2005 年第 1 期。

何小钢：《绿色技术创新的最优规制结构研究——基于研发支持与环境规制的双重互动效应》，《经济管理》2014 年第 11 期。

胡凯等：《知识产权保护的技术创新效应——基于技术交易市场视角和省级面板数据的实证分析》，《财经研究》2012 年第 8 期。

孔如萍：《环境规制诱导 R&D 投入促进绿色技术创新的实证研究》，博士学位论文，东北财经大学，2017 年。

李斌、陈崇诺：《异质型环境规制对中国工业能源效率影响的实证检验》，《统计与决策》2016 年第 3 期。

李平、慕绣如：《波特假说的滞后性和最优环境规制强度分析——基于系统 GMM 及门槛效果的检验》，《产业经济研究》2013 年第 4 期。

李巧华等：《企业绿色创新因素影响效应研究——以生产型企业为例》，《科技进步与对策》2015 年第 2 期。

李婉红：《排污费制度驱动绿色技术创新的空间计量检验——以29 个省域制造业为例》，《科研管理》2015 年第 6 期。

李婉红等：《环境规制工具对制造企业绿色技术创新的影响——以造纸及纸制品企业为例》，《系统工程》2013 年第 10 期。

李婉红等：《环境规制强度对污染密集行业绿色技术创新的影响

研究——基于 2003—2010 年面板数据的实证检验》，《研究与发展管理》2013 年第 6 期。

李晓钟、张小蒂：《外商直接投资对我国技术创新能力影响及地区差异分析》，《中国工业经济》2008 年第 9 期。

李怡娜、徐丽：《竞争环境、绿色实践与企业绩效关系研究》，《科学学与科学技术管理》2017 年第 2 期。

刘津汝等：《环境规制与政府创新补贴对企业绿色产品创新的影响》，《经济与管理研究》2019 年第 6 期。

刘勇：《绿色技术创新在我国绿洲区支柱产业中的实践与管理研究》，厦门大学出版社 2013 年版。

刘章生：《环境规制的绿色技术创新效应研究》，博士学位论文，华中科技大学，2017 年。

鲁家婷、吴景海：《我国绿色专利加速审查制度的改进研究》，《情报杂志》2017 年第 2 期。

吕永龙：《环境技术创新及其产业化的政策机制》，气象出版社 2003 年版。

聂爱云、何小钢：《企业绿色技术创新发凡：环境规制与政策组合》，《改革》2012 年第 4 期。

彭衡、李扬：《知识产权保护与中国绿色全要素生产率》，《经济体制改革》2019 年第 3 期。

彭衡、李扬：《发展中国家知识产权保护对绿色技术转移的影响机制研究》，《青海社会科学》2019 年第 2 期。

彭纪生等：《中国技术创新政策演变与绩效实证研究（1978—2006）》，《科研管理》2008 年第 4 期。

曲振涛、杨恺钧：《规制经济学》，复旦大学出版社 2006 年版。

沈国兵、张学建：《行业知识产权保护对中国出口竞争力的影响——基于行业增加值市场渗透率的分析》，《浙江学刊》2018 年第 2 期。

舒绍福：《绿色发展的环境政策革新：国际镜鉴与启示》，《改革》2016 年第 3 期。

宋德勇、赵菲菲：《环境规制、资本深化对劳动生产率的影响》，《中国人口·资源与环境》2018年第7期。

孙育红、张春晓：《改革开放40年来我国绿色技术创新的回顾与思考》，《广东社会科学》2018年第5期。

孙育红、张志勇：《绿色技术创新论》，中国环境出版社2017年版。

王锋正、姜涛：《环境规制对资源型产业绿色技术创新的影响——基于行业异质性的视角》，《财经问题研究》2015年第8期。

王建明：《环境信息披露、行业差异和外部制度压力相关性研究——来自我国沪市上市公司环境信息披露的经验证据》，《会计研究》2008年第6期。

魏守华等：《产学研合作对中国高技术产业创新绩效的影响》，《经济管理》2013年第5期。

吴金谦：《我国绿色专利发展路径研究》，博士学位论文，中国科学技术大学，2016年。

肖仁桥等：《企业绿色创新产出及其空间溢出效应研究——基于两阶段价值链视角》，《财贸研究》2019年第4期。

肖显静、赵伟：《从技术创新到环境技术创新》，《科学技术哲学研究》2006年第4期。

许启琪：《环境规制下绿色技术创新数理模型构建与实证检验》，博士学位论文，吉林大学，2015年。

许晓燕等：《绿色技术创新的影响因素分析——基于中国专利的实证研究》，《中南大学学报》（社会科学版）2013年第2期。

杨朝均、呼若青：《环境管制工具对工业绿色工艺创新影响的实证研究——基于省级面板数据》，《现代经济探讨》2017年第8期。

杨朝均等：《绿色工艺创新模式选择的影响因素研究——基于30个省份工业的实证分析》，《生态经济》2018年第9期。

杨东、柴慧敏：《企业绿色技术创新的驱动因素及其绩效影响研究综述》，《中国人口·资源与环境》2015年第11期。

杨晓风：《企业绿色能力评价研究》，博士学位论文，哈尔滨工程大学，2012 年。

余伟等：《不同环境政策工具对技术创新的影响分析——基于 2004—2011 年我国省级面板数据的实证研究》，《管理评论》2016 年第 1 期。

臧冲冲：《政府补助与企业绿色技术创新的相关性研究》，博士学位论文，北方工业大学，2018 年。

张倩：《环境规制对企业技术创新的影响机理及实证研究》，博士学位论文，哈尔滨工业大学，2016 年。

张伟等：《利用 FDI 增强我国绿色创新能力的理论模型与思路探讨》，《管理世界》2011 年第 12 期。

赵大伟：《中国绿色农业发展的动力机制及制度变迁研究》，《农业经济问题》2012 年第 12 期。

赵细康：《引导绿色创新：技术创新导向的环境政策研究》，经济科学出版社 2006 年版。

赵云皓等：《构建市场导向的绿色技术创新体系》，《环境与可持续发展》2018 年第 5 期。

郑晖智：《环境规制下的企业绿色技术创新与扩散动力研究》，《科学管理研究》2016 年第 10 期。

朱金鹤、王雅莉：《创新补偿抑或遵循成本？污染光环抑或污染天堂？——绿色全要素生产率视角下双假说的门槛效应与空间溢出效应检验》，《科技进步与对策》2018 年第 20 期。

［英］G. M. 彼得·斯旺：《创新经济学》，韦倩译，上海人民出版社 2013 年版。

Acemoglu, D., et al., "The Environment and Directed Technical Changes", *American Economic Review*, Vol. 102, No. 1, February 2012.

Alpay, E., et al., "Productivity Growth and Environmental Regulation in Mexican and US Food Manufacturing", *American Journal of Agricultural Economics*, Vol. 84, No. 4, February 2002.

Ambec, S., et al., "The Porter Hypothesis at 20: Can Environmental Regulation Enhance Innovation and Competitiveness?", *Review of Envi-*

ronmental Economics and Policy, Vol. 7, No. 1, June 2013.

Antonioli, D., et al., "Are Regional Systems Greening the Economy? Local Spillovers, Green Innovations and Firms' Economic Performances", *Economics of Innovation & New Technology*, Vol. 25, No. 7, January 2016.

Antonioli, D. and Susanna Mancinelli, "Is Environmental Innovation Embedded within High – performance Organisational Changes? The Role of Human Resource Management and Complementarity in Green Business Strategies", *Research Policy*, Vol. 5, No. 4, June 2014.

Barbieri, N., "Investigating the Impacts of Technological Position and European Environmental Regulation on Green Automotive Patent Activity", *Ecological Economics*, Vol. 117, September 2015.

Bauman, Y., et al., "Does Technological Innovation Really Reduce Marginal Abatement Costs? Some Theory, Algebraic Evidence, and Policy Implications", *Environmental & Resource Economics*, Vol. 40, No. 4, April 2008.

Beise, M. and Rennings, K., "Lead Markets and Regulation: A Framework for Analyzing the International Diffusion of Environmental Innovations", *Ecological Economics*, Vol. 52, No. 1, January 2005.

Berman, E. and Bui, L. T., "Environmental Regulation and Productivity: Evidence from Oil Refineries", *Review of Economics and Statistics*, Vol. 83, No. 3, 2001.

Brunnermeier, S. B. and Cohen, M. A., "Determinants of Environmental Innovation in US Manufacturing Industries", *Journal of Environmental Economics and Management*, Vol. 45, No. 2, March 2003.

Cainelli, G., et al., "Environmental Innovations, Local Networks and Internationalization", *Industry and Innovation*, Vol. 19, No. 8, November 2012.

Cainelli, G. and Mazzanti, M., "Environmental Innovations in Services: Manufacturing – services Integration and Policy Transmissions", *Re-*

search Policy, Vol. 42, No. 9, November 2013.

Carrión – Flores, C. E. and Innes, R. , "Environmental Innovation and Environmental Performance", *Journal of Environmental Economics and Management*, Vol. 59, No. 1, January 2010.

Chen, Y. S. and Lai, S. B. , "The Influence of Green Innovation Performance on Corporate Advantage in Taiwan", *Journal of Business Ethics*, Vol. 67, No. 4, July 2006.

Cheng, et al. , "The Link between Eco – innovation and Business Performance: A Taiwanese Industry Context", *Journal of Cleaner Production*, Vol. 64, No. 1, February 2014.

Corradini, M. , et al. , "Unveiling the Dynamic Relation between R&D and Emission Abatement: National and Sectoral Innovation Perspectives from the EU", *Ecological Economics*, Vol. 102, March 2014.

Costantini, V. , et al. , "Environmental Performance, Innovation and Spillovers. Evidence from a Regional NAMEA", *Ecological Economics*, Vol. 89, No. 4, May 2013.

Costantini, V. and Crespi, . F. , "Environmental Regulation and the Export Dynamics of Energy Technologies", *Ecological Economics*, Vol. 66, No. 2, June 2008.

Costantini, V. and Crespi, F. , "Public Policies for a Sustainable Energy Sector: Regulation, Diversity and Fostering of Innovation", *Journal of Evolutionary Economics*, Vol. 23, No. 2, 2013.

Costantini, V. and Mazzanti, M. , "On the Green and Innovative Side of Trade Competitiveness? The Impact of Environmental Policies and Innovation on EU Exports", *Research Policy*, Vol. 41, No. 1, February 2012.

Cuerva, M. C. , et al. , "Drivers of Green and Non – green Innovation: Empirical Evidence in Low – tech SMEs", *Journal of Cleaner Production*, Vol. 68, No. 1, April 2014.

De Marchi, V. , "Environmental Innovation and R&D Cooperation: Empirical Evidence from Spanish Manufacturing Firms", *Research Policy*,

Vol. 41, No. 3, April 2012.

De Marchi, V. and Grandinetti, R., "Knowledge Strategies for Environmental Innovations: The Case of Italian Manufacturing Firms", *Journal of Knowledge Management*, Vol. 17, No. 4, July 2013.

De Vries, F. P. and Withagen, C., "Innovation and Environmental Stringency: The Case of Sulfur Dioxide Abatement", *Center Discussion Paper Series*, No. 18, January 2005.

Dechezlepretre, A. and Sato, M., *The Impacts of Environmental Regulations on Competitiveness*, London: London School of Economics and Political Science, 2017, p. 137.

Del Rio et al., *Policy Strategies to Promote Eco – innovation*, UK: Palgrave Macmillan, 2009, p. 541.

Demirel, P. and Kesidou, E., "Stimulating Different Types of Eco – innovation in the UK: Government Policies and Firm Motivations", *Ecological Economics*, Vol. 70, No. 8, June 2011.

Dopfer, K., "The Origins of Meso Economics", *Journal of Evolutionary Economics*, Vol. 22, No. 1, January 2012.

Duchin, F., et al., "Technological Change, Trade and the Environment", *Ecological Economics*, Vol. 14, No. 3, September 1995.

Dutz, M. A. and Sharma, S., *Technology and Innovation*, Germany: Springer Netherlands, 2012, p. 153.

EEA, *Resource – efficient Green Economy and EU Policies*, Copenhagen: European Environment Agency, 2014.

Eiadat, Y. and Eyadat, H., "Green and Competitive? An Empirical Test of the Mediating Role of Environmental Innovation Strategy", *Journal of World Business*, Vol. 43, No. 1, March 2008.

Faucheux, S. and Nicola, I., "Environmental Technological Change and Governance in Sustainable Development Policy", *Ecological Economics*, Vol. 27, No. 3, December 1998.

Fischer, C. and Newell, R. G., "Environmental and Technology

Policies for Climate Mitigation", *Journal of Environmental Economics and Management*, Vol. 55, No. 2, March 2008.

Fischer, C. and Pizer, W. A. , "Instrument Choice for Environmental Protection When Technological Innovation is Endogenous", *Journal of Environmental Economics and Management*, Vol. 45, 2003.

Gagliardi, L. , et al. , "The Greener the Better? Job Creation and Environmentally Friendly Technological Change", *Industrial and Corporate Change*, Vol. 25, No. 5, October 2016.

Ghisetti, C. and Quatraro, F. , "Beyond Inducement in Climate Change: Does Environmental Performance Spur Environmental Technologies?, A Regional Analysis of Cross – sectoral Differences", *Ecological Economics*, Vol. 96, December 2013.

Ghisetti, C. and Pontoni, F. , "Investigating Policy and R&D Effects on Environmental Innovation: AMeta – analysis", *Ecological Economics*, Vol. 118, October 2015.

Gilli, M. , et al. , "Innovation Complementarity and Environmental Productivity Effects: Reality or Delusion? Evidence from the EU", *Ecological Economics*, Vol. 103, July 2014.

Gilli, M. , et al. , "Sustainability and Competitiveness in Evolutionary Perspectives: Environmental Innovations, Structural Change and Economic Dynamics in the EU", *Journal of Socio – Economics*, Vol. 45, August 2013.

Gray, D. and Libecap, "Economic Variables and Law Development: A Case of Western Mineral Property", *Economic History Journal*, Vol. 12, No. 4, January 1978.

Hart, S. L. , "A Natural Resource – based View of the Firm", *Academy of Management Review*, Vol. 20, No. 5, 1995.

Horbach, J. and Rennings, K. , "Environmental Innovation and Employment Dynamics in Different Technology Fields—An Analysis Based on the German Community Innovation Survey 2009", *Journal of Cleaner Production*, Vol. 57, October 2013.

Horbach, J. , et al. , "Determinants of Eco – innovations by Type of Environmental Impact—The Role of Regulatory Push/Pull, Technology Push and Market Pull", *Ecological Economics*, Vol. 78, June 2012.

Horbach, J. , "Determinants of Environmental Innovation—New Evidence from German Panel Data Sources", *Research Policy*, Vol. 37, No. 1, February 2008.

Horbach, J. , "The Impact of Innovation Activities on Employment in the Environmental Sector – empirical Results for Germany at the Firm Level", *Journal of Economics and Statistics*, Vol. 230, No. 4, April 2010.

Inoue, E. , et al. , "A New Insight into Environmental Innovation: Does the Maturity of Environmental Management Systems Matter?", *Ecological Economics*, Vol. 94, No. 2, October, 2013.

Jaffe, A. B. and Newell R. G. "A Tale of Two Market Failures: Technology and Environmental Policy", *Ecological Economics*, Vol. 54, No. 2, August 2005.

Jaffe, A. B. and Newell R. G. "A Tale of Two Market Failures: Technology and Environmental Policy", *Ecological Economics*, Vol. 54, No. 2, August 2005.

Jaffe, A. B. , et al. , "Environmental Policy and Technological Change", *Environmental and Resource Economics*, Vol. 22, No. 1, August 2002.

Jie, F. et al. , "The Analyses of Multiple Mediation Effects Based on Structural Equation Modeling", *Journal of Psychological Science*, Vol. 37, No. 3, July 2014.

Kesidou, E. and Demirel, P. , "On the Drivers of Eco – innovations: Empirical Evidence from the UK", *Research Policy*, Vol. 41, No. 5, June 2012.

Khanna, M. and Anton, W. R. , "Corporate Environmental Management: Regulatory and Market – based Incentives", *Land Economics*, Vol. 78, No. 4, 2002.

Lanoie, P. , et al. , "Environmental Regulation and Productivity:

New Findings on the Porter Hypothesis", *Journal of Productivity Analysis*, Vol. 20, No. 3, September 2008.

Lanoie, P., et al., "Environmental Policy, Innovation and Perform-ance: New Insights on the Porter Hypothesis", *Journal of Economics & Management Strategy*, Vol. 20, No. 3, July 2011.

Licht, G. and Peters, B., "Do Green Innovations Stimulate Employment? Firm Level Evidence from Germany", *WWW for Europe Working Paper*, No. 53, 2014.

Licht, G. and Peters, B., "The Impact of Green Innovation on Em-ployment Growth in Europe", *WWW for Europe Working Paper*, No. 50, 2013.

Marin, G. and Mazzanti, M., "The Evolution of Environmental and Labor Productivity Dynamics", *Journal of Evolutionary Economics*, Vol. 23, No. 2, November 2010.

Mario Daniele Amore and Morten Bennedsen, "Corporate Governance and Green Innovation", *Journal of Environmental Economics and Manage-ment*, Vol. 75, January 2016.

Martinelli, A. and Nomaler, "Measuring Knowledge Persistence: A Genetic Approach to Patent Citation Networks", *Journal of Evolutionary E-conomics*, Vol. 24, No. 3, April 2014.

Mazzanti, M. and Montini, A., "Embedding the Drivers of Emission Efficiency at Regional Level Analyses of NAMEA Data", *Ecological Eco-nomics*, Vol. 69, No. 12, October 2010.

Mazzanti, M. and Zoboli, R., "Economic Instruments and Induced Innovation: The European Policies on End – of – life Vehicles", *Ecological Economics*, Vol. 58, No. 2, June 2006.

Mazzanti, M. and Zoboli, R., "Environmental Efficiency and Labor Productivity: Trade – off or Joint Dynamics? A Theoretical Investigation and Empirical Evidence from Italy Using NAMEA", *Ecological Economics*, Vol. 68, No. 4, February 2009.

Mazzanti, M., et al., "Carbon Dioxide Reducing Environmental Innovations, Sector Upstream/Downstream Integration and Policy: Evidence from the EU", *Empirics*, Vol. 42, No. 4, August 2014.

Mohr, R. D., "Technical Change, External Economies, and the Porter Hypothesis", *Journal of Environmental Economics and Management*, Vol. 43, No. 1, January 2002.

Mu Rongping and Reinhard Meckl, *Innovationfor Green Growth*, Science Press, 2014, p. 87.

Nesta, L., et al., "Environmental Policies, Competition and Innovation in Renewable Energy", *Journal of Environmental Economics and Management*, Vol. 67, No. 3, May 2014.

OECD, "Issue Note Addressing Social Implications of Green Growth: Inclusive Labor Markets for Green Growth", *Green Growth and Sustainable Development Forum*, November 2014.

Pethig, R., "Pollution, Welfare, and Environmental Policy in the Theory of Comparative Advantage", *Journal of Environmental Economics and Management*, Vol. 2, No. 3, February 1976.

Popp, D., et al., "Energy, the Environment, and Technological Change", *Handbook of the Economics of Innovation*, Vol. 2, 2010.

Popp, D., "Induced Innovation and Energy Prices", *American Economic Review*, Vol. 92, No. 1, April 2002.

Popp, D., "Lessons from Patents: Using Patents to Measure Technological Change in Environmental Models", *Ecological Economics*, Vol. 54, No. 2, August 2005.

Popp, D., "Pollution Control Innovations and the Clean Air Act of 1990", *Journal of Policy Analysis and Management*, Vol. 22, No. 4, Autumn 2003.

Porter, M. E. and Van der Linde C., "Toward a New Conception of the Environment Competitiveness Relationship", *Journal of Economic Perspectives*, Vol. 9, No. 4, February 1995.

Porter, M. E. , "America's Green Strategy", *Scientific American*, Vol. 264, No. 4, April 1991.

Rehfeld, K. M. , et al. , "Integrated Product Policy and Environmental Product Innovations: An Empirical Analysis", *Ecological Economics*, Vol. 61, No. 1, February 2007.

Rennings K. , et al. , "The Influence of Different Characteristics of the EU Environmental Management and Auditing Scheme on Technical Environmental Innovations and Economic Performance", *Ecological Economics*, Vol. 57, No. 1, April 2006.

Rennings, K. , "Redefining Innovation—Eco – innovation Research and the Contribution from Ecological Economics", *Ecological Economics*, Vol. 32, No. 2, February 2000.

Requate, T. , "Dynamic Incentives by Environmental Policy Instruments—A Survey", *Ecological Economics*, Vol. 54, No. 2, August 2005.

Wagner, M. , "Empirical Influence of Environmental Eanagement on Innovation: Evidence from Europe", *Ecological Economics*, Vol. 66, No. 2, June 2008.

Wagner, M. , "On the Relationship between Environmental Management, Environmental Innovation and Patenting: Evidence from German Manufacturing Firms", *Research Policy*, Vol. 36, No. 10, December 2007.

Wang, Z. , et al. , "Energy Technology Patents – CO_2 Emissions Nexus: An Empirical Analysis from China", *Energy Policy*, Vol. 42, March 2012.

Weina, D. , et al. , "Green Inventions and Greenhouse Gas Emission Dynamics: A Close Examination of Provincial Italian Data", *Environmental Economics and Policy Studies*, No. 18, September 2015.

Ziegler, A. and Nogareda, J. S. , "Environmental Management Systems and Technological Environmental Innovations: Exploring the Causal Relationship", *Research Policy*, Vol. 38, No. 5, June 2009.

后　记

　　本书在国家哲学社科基金研究报告的基础上修改完善而成，经过近5年间断而又持续的深入研究，绿色技术创新也从起初一个新兴研究领域逐渐演变为众多学者竞相涉猎的热点问题。即便如此，深入探索绿色技术创新诱发机理的系统研究仍较为鲜见。相关研究仍围绕两条主线展开，一方面继续深入挖掘环境规制的市场激励方法，特别是污染的市场交易化方式对绿色技术创新的作用机理，另一方面则结合政府投资激励与研发补贴探索不同创新手段对绿色技术创新的诱发机理与实践效果。无论是对绿色技术创新诱发机制的理论规范分析，还是对特定区域或产业的实证检验，都仅从局部考察激励绿色技术创新的因素与效果，无法获得引致绿色技术创新"双重市场失灵"两类政策工具的综合影响及对全局的把握。本书对我国绿色技术创新诱发因素的基本理论作了较为全面的研究与探讨，不仅从不同类型的环境规制及环境规制对绿色技术创新的直接效应与间接效应深入分析，还从政府补贴与知识产权保护两类最主要的创新政策分别讨论，并结合环境规制与创新政策在实际应用中的协同性，系统研究了在我国政府政策主导下，对绿色技术创新行为诱发的双因素综合激励作用。希望本书的出版，能对我国绿色技术创新的理论研究与实践探索发挥一定的积极作用。

　　尽管本书在撰写的过程中竭力对诱发我国绿色技术创新的理论分析与实证探索力争具有系统性和全局性，但由于笔者认识问题的深度与时间及实际数据获取等种种限制，最终呈现给读者的成果与最初的设想还存在一定差距和不足。如对我国绿色技术创新政策的指标量化可能存在一定的主观性，针对不同技术密集类型与污染强度的工业部门，对环境规制，创新支持与两者的政策组合影响绿色技术创新三种不同类型的异质性影响有待进一步深入研究。同时，因笔者水平有限，书中难免存在错漏与不足，望读者朋友谅解并予以指正为谢。

党国英作者负责本书各章节内容的撰写工作，刘朝阳作者负责本书数据的查询、搜集与调研及全书的校对工作。

本书得以顺利出版，要衷心感谢为此付出努力和提供帮助的所有人。特别感激云南大学杨先明教授在我学术道路中给予的谆谆教诲与鼓励指引。感谢丈夫、儿子及亲人的理解与默默支持，感谢我的硕士生与经济管理学院领导和同事的关心和帮助。

党国英

2021 年 9 月